# 이 사전의 주요 기호

|  |  |
|---|---|
| ☞ | 해당하는 말을 찾아 가라는 표시 |
| [ ] | 길잡이말 표시 |
| [ ] | 발음 표시 |
| ( ) | 뜻풀이에서 의미 정보 표시 |
| 〔 〕 | 뜻풀이에서 쓰임의 환경 정보 표시 |
| × | 잘못 쓰이는 말 표시 |
| ~ | 길잡이말에서 연결문 표시, 관용구에서 생략된 말 표시 |
| - | 의존형태소 표시(어미) |
| ▪ | 예문 시작 표시 |
| 예 | 옆참고란의 예 표시 |
| 예 | 본문의 예 표시 |
| 1참고 | 의미 항목에 따른 참고 표시 |
| 전체참고 | 전체참고 |
| 관련어 | 관련어 |
| 비슷한말 | 비슷한말 |
| 준말 | 준말 |
| 본말 | 본말(본딧말) |
| 반대말 | 반대말 |
| 높임말 | 높임말 |
| 낮춤말 | 낮춤말 |
| 쓰기주의 | 표기법 주의 |
| 주의 | 주의 |
| 발음 | 표기법과 발음이 다른 경우 발음 표시 |
| 형태정보 | 어미에서 용언의 종류에 따라 형태가 달라지는 것들 |
| 도움말 | 특이한 용법이나 주의해야 하는 용법 설명 |

한국어 학습 초급용
# 어미·조사 사전

한국어 학습 초급용

# 어미·조사 사전

이희자·이종희

한국문화사

# 머 리 말

한국어를 배우고 익히는 데 있어서 가장 중요하고도 어려운 것이 어미와 조사이다. 한국어는 조사와 어미가 풍부하고 매우 정교하게 발달되어 있어 이를 정확하게 배워야만 자연스럽고 정확한 한국어를 구사할 수 있다.

이 사전은 '한국어 학습 **초급용** 어미·조사 사전'으로서, 어미·조사 및 관용 표현, 준꼴 등의 표제어를 빈도와 중요도를 기준으로 초급용을 선별하여, 그 갈래와 뜻풀이, 용례, 참고 정보 등을 기술하였다.

한국어를 배우는 초급자를 위하여 《이 책을 위한 한국어사전》을 따로 마련하여 이 책에 나오는 거의 모든 단어를 영어, 일어, 중국어로 번역하여 실어 주었다.

높임법 등의 문법은 쉽게 풀어서 설명하였다. 예를 들어 '해요체'를 '친한 사이 말 높임', '하십시오'체를 '말 아주 높임'이라 하고 이를 각각 누구에게 쓰는 말인지를 밝혀 누구나 쉽게 이해할 수 있도록 하였다. 또한 헷갈리는 말들을 구분할 수 있도록 도움말 박스를 사용하여 설명하였다. 어미, 조사의 뜻은 부득불 문법 용어를 사용하여야 할 경우를 제외하고는 한국어 학습자에게 맞도록 쉽게 풀이하였다. 용례는 대부분, 국내외 한국어 교재를 바탕으로 한 '한국어 학습용 말뭉치'와 초등 교육을 위한 '기초 학습용 말뭉치'에서 쉽고 전형적인 예를 골라 넣었다.

싣는 차례는 한국어 자모 순으로 하였다. 이용자의 편의를 위하여 띄어쓰기를 고려하지 않았다. 형태가 같은 것들이 있을 때는 어깨번호와 함께 '길잡이말'을 달아 구별이 쉽게 하였다. '길잡이말'

은 문법형태소들의 이름표와 같은 것으로 누구나 쉽게 찾고자 하는 말을 찾아갈 수 있도록 '길잡이 역할을 하는 말'을 이르는 것이다. 이는 두 가지 목적에서 붙였다. 첫째로는 꼴이 같은 형태들을 쉽게 구별하여 찾아가게 하는 '길잡이' 역할을 하도록 한 것이다. 둘째로는 실질 의미가 없는 문법 형태소들을 언급할 때 딱히 부를 명칭이 없었는데 이러한 불편을 덜기 위하여 일일이 모든 형태에 이러한 '길잡이말'을 붙여 그 '이름표' 구실을 하도록 한 것이다.

이 책은 《한국어 학습용 어미·조사 사전》 시리즈 중 **초급용**(표제어 300여 개)이다. 《한국어 **학습자용** 어미·조사 사전》(표제어 900여 개)은 이미 출간되었고, 곧 이어 《한국어 학습 **전문가용** 어미·조사 사전》(표제어 3000여 개)을 펴낼 것이다.

《이 책을 위한 한국어사전》을 펴내는 데에 도움을 주신 오승신 선생님, 모우리 미나 선생님·김현강 선생님, 이연화 선생님·유혜진 선생님께 감사드린다. 끝으로 이 사전을 출판하도록 해 주신 한국문화사의 김진수 사장님과 힘든 작업을 해 주신 하경민 씨에게 감사의 말씀을 전한다.

2008년 4월 10일
이희자·이종희 씀

# 차 례
## CONTENTS

머리말 ............................................................................. 5

일러두기 ......................................................................... 9

도움말 목록 .................................................................. 15

**ㄱ** 가 ............................................................................. 19

**ㄴ** ㄴ¹ ............................................................................ 53

**ㄷ** 다¹ ........................................................................... 90

**ㄹ** ㄹ¹ .......................................................................... 114

**ㅁ** -ㅁ ......................................................................... 150

**ㅂ** -ㅂ시다 .................................................................. 163

**ㅅ** 서¹ ......................................................................... 168

**ㅇ** 아¹ ......................................................................... 175

| ㅈ | -자¹ ················································· 248 |

| ㅊ | 처럼 ················································· 262 |

| ㅎ | 하고¹ ················································ 263 |

찾아보기 ························································· 269


별책 부록 『어미·조사사전을 위한 한국어 사전』

# 일러두기

이 사전의 구조는 다음과 같다. 일러두기는 아래의 표에 나오는 용어들의 순서대로 설명한다.

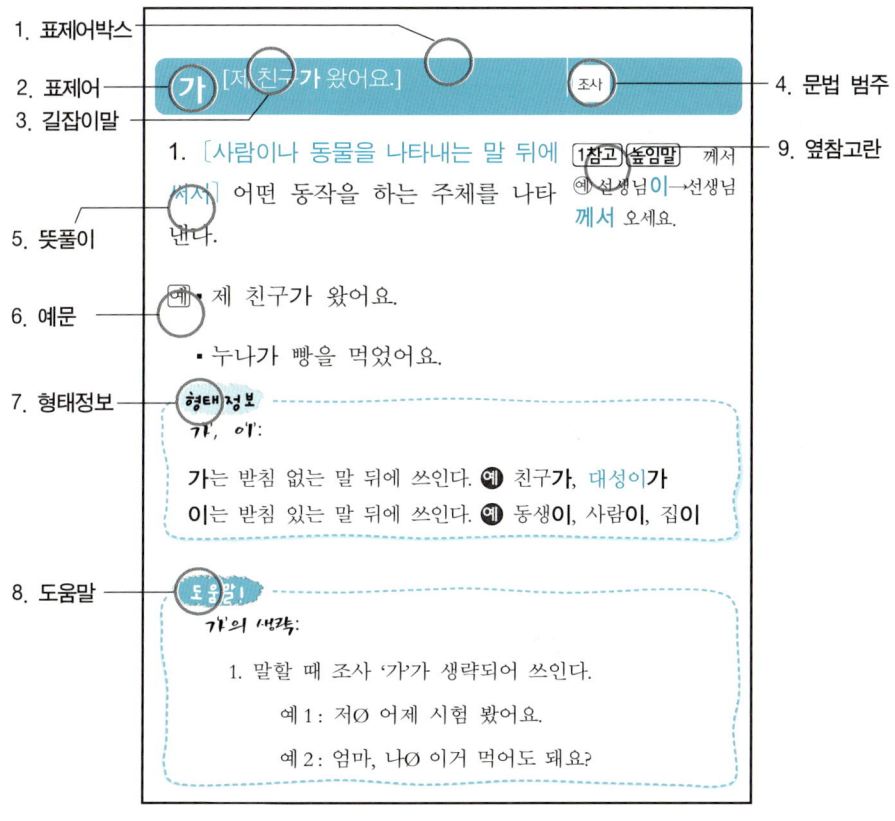

## 1. 표제어 정보의 색깔 박스

▶ 표제어를 포함하여 품사 등 이에 관련된 정보를 색깔 박스 속에 보였다.

## 2. 표제어

▶ 이 사전에는 어미, 조사, 준꼴, 어미·조사로 이루어진 관용 표현 등 약 300여 개의 표제어가 실려 있다.
▶ 한국어 학습 초급자에게 꼭 필요한 어미·조사들을 선정하였다.
▶ 어미는 붙임줄(-)이 붙고(예1), 조사는 붙지 않는다(예2). 조사로 이루어진 관용구는 물결표 표시(~)가 앞에 붙는다.(예3)

    예 1: -면, -아서 …
    예 2: 가, 과 …
    예 3: ~를 위하여

## 3. 길잡이말(guide words)

▶ 꼴이 같은 표제어를 구분해 주는 역할을 하는 말. 기존의 동형어 구별의 어깨번호의 기능도 하고, 꼴이 같은 형태들을 쉽게 구별하여 찾아가도록 하는 '길잡이' 역할도 하고, 실질 의미가 없는 문법 형태소들의 '이름표' 구실을 한다. '-다[가다]'에서 [가다]를 말한다. 위첨자로 [ ]에 표시하였고 해당 부분을 굵게 표시하였다.

## 4. 문법 범주 표시(품사)

▶ 각 표제어의 문법 범주를 표제어 칸에 표시해 주었다(일반어의 품사에 해당). 어미, 조사, 관용 표현, 준꼴의 네 가지로 나누었다.
▶ 어미는 연결 어미인지 종결 어미인지 분류를 하고, 종결 어미의 경우에는 이른바 화계(하십시오체, 해요체 등)를 누구에게 어떤 상황에서 사용해야 하는지 쉽게 풀어서 설명하였다. 예를 들어 '하십시오체'의 경우는 '[말아주 높임] 직장상사에게(공식적)', 그리고 '해체'는 '[친한사이 말낮춤] 친구에게'라고 표시하였다. 즉, '하십시오체'의 경우 '[말아주 높임]'이라는 높임의 등급을 풀어서 설

명하였고, 이 종결 어미는 보통 나보다 윗사람, 특히 직장상사나 어른에게 쓰는 것이고 '공식적'으로 사용한다는 정보를 준 것이다.

| ~체(높임의 정도) | 약물 | 누가 누구에게 |
|---|---|---|
| 하십시오체 | 말아주 높임 | 직장상사에게(공식적) |
| 하오체 | 말조금 높임 | 늙은 부부 사이(어른말) |
| 하게체 | 말조금 낮춤 | 장인이 사위에게 |
| 해라체 | 말아주 낮춤 | 할아버지가 아이에게 |
| 해체 | 친한사이 말낮춤 | 친구에게 |
| 해요체 | 친한사이 말높임 | 선배, 어른에게 |
| 하라체 | 높임 없음 | 글에서 독자에게 |

▶ 어미·조사로 이루어진 구는 관용표현 이라고 표시하였다.
▶ 어미를 비롯하여 여러 성분들이 줄어들어 하나의 어미처럼 사용되는 것은 '준꼴'이라고 하였는데, 이는 종결 기능인 것과, 연결 기능인 것을 나누어서 표시하였다.

## 5. 뜻풀이

▶ 뜻풀이는 한눈에 찾아보기 쉽게 하기 위하여 계층을 두어 설명하였다.
  첫째, 의미 항목이 많을 때, 하나의 공통된 의미로 추출해 낼 수 있으면 이를 박스(box)로 싸서 제목처럼 보이고 그 아래에서 아랍숫자를 사용하여 다시 의미를 설명했다.
  둘째, 연결 어미 '-게'에서 절 연결과 용언 연결의 용법과 같이 그 쓰임이 크게 다를 때 '바(bar)'를 사용하여 하위 분류를 하였다.

## 6. 예문

▶ 국내외 한국어 교재를 바탕으로 한 한국어 교육용 말뭉치와 초등 교육을 위한 기초 학습용 말뭉치에서 쉽고 전형적인 예를 골라 넣었다. 각 표제어의 예문 시작 표시는 예로 하고 새로 시작되는 예문마다 '·'로 시작 표시를 해 주었다. 예문에 나오는 고유명사는 몇몇 한국사람 이름과 외국사람 이름으로 고쳤다. 그리고 고유 명사는 색깔을 달리하여 일반 어휘와 구별되게 하였다.
▶ 한국 사람 이름: 김대성, 김유미, 김은정, 김진수, 대성, 민수, 미선, 영희, 은정, 이영숙, 영하, 진수, 준원, 철수 등.
▶ 외국 사람 이름: 데이비드, 다나까, 메리, 마이클, 존, 존슨, 제인, 하나코 등.
▶ 장소 이름: 런던, 서울, 시청, 신촌, 에베레스트, 한국 등.

## 7. 형태 정보

▶ 조사, 어미가 결합하여 쓰이는 말에 대한 정보를 형태 정보 박스에서 일일이 보여 주었다.
▶ 조사의 경우에 앞말이 받침이 있느냐 없느냐에 따른 이형태 정보를 주었다.

> **형태 정보**
> 가, 이:
>   가는 받침 없는 말 뒤에 쓰인다. 예 친구가, 대성이가, 진수가
>   이는 받침 있는 말 뒤에 쓰인다. 예 동생이, 사람이, 집이

▶ 어미의 경우에 동사, 형용사, '이다' 각각에 붙어 쓰이는 어미, 특정한 선어말 어미와만 같이 쓰이는 어미 등 그 결합 양상이 각기 다르므로 이에 대한 정보를 자세히 주었다. 'ㄹ'받침으로 끝나는 용언의 경우에도 매번 언급하였다.

> **형태 정보**
> -는다, -ㄴ다, -다:
>   -는다는 받침 있는 동사 뒤에 쓰인다. 예 먹는다, 잡는다
>   -ㄴ다는 받침 없는 동사와 'ㄹ' 받침으로 끝난 동사 뒤에 쓰인다.
>       예 간다, 본다, 산다(살다)
>   -다는 형용사 뒤에 쓰인다. 예 예쁘다, 짧다

▶ 이 사전에서는 사용자들의 편의를 위하여 대표형을 다음과 같이 정하여 설명하였다.
첫째, 어미의 경우, 음운 환경에 따른 이형태 중에서 매개모음이 없는 꼴을 대표형으로 정했다. 예를 들어, '-시-'와 '-으시-'는 매개모음이 없는 '-시-'를 대표형으로 정하였고, '-으시-'에서는 '-시-'를 참고하라고 하였다.
둘째, 모음이 양성이냐 음성이냐에 따른 이형태(예 : -아라/-어라, -아/-어) 중에서는 양성 모음(-아라, -아)을 대표형으로 정했다.
셋째, 조사의 경우, '이니/니, 이며/며, 이랑/랑…' 등은 어미와의 혼동을 피하기 위하여 '이-'가 있는 꼴을 대표형으로 정했다. 다만, '인용'의 '라고/이라고'는 '라고'를 대표형으로 정했다.

▶ 앞말에 받침이 있고 없음에 따른 이형태들은 받침 없는 말에 붙어 쓰이는 것을 대표형으로 잡아 설명하였다. '가/이, 를/을, 로/으로'에서 '가, 를, 로' 등. '과/와'는 '과'를 대표형으로 했다.

## 8. 도움말

▶ 특별히 설명을 필요로 하는 표제어에 도움말을 달아 보충 설명하였다. 혼동하기 쉬운 말과의 구별, 틀리기 쉬운 표현에 대한 설명, 비슷한 말끼리의 차이점 설명, 복잡한 이형태나 관련어 정보를 필요로 하는 것들에 대한 설명, 특이한 용법에 대한 설명 등을 첨가했다.(도움말 목록 참고)

## 9. 옆참고란

▶ '옆참고란'을 두어 일목요연하게 참고 정보를 기술하였다. 해당 표제어의 전체 참고 사항은 '전체참고'라고 하여 설명하였고, 각각의 의미 항목의 참고 정보는 해당 의미 항목 옆에 '1참고, 2참고…'라고 하여 설명하였다. 맞춤법과 발음이 달라서 흔히 틀리기 쉬운 몇몇 표제어의 경우에 '쓰기주의' 약물을 사용하여 이를 보였다.

▶ 전체참고에서는 표제어의 모든 의미 항목에 두루 적용되는 정보를 보였다.

▶ 1참고 등의 참고 정보 속에는 개별 의미 항목마다 보이는 특징들을 보였다.
▶ 1참고 2참고 등 각각의 의미 항목에 해당하는 참고 정보는 해당하는 곳의 아래에 주었다. 참고 사항의 배열 순서는 다음과 같다.

발음
쓰기주의
주의
높임말
준말 / 본말
비슷한말 / 반대말
관련어
전체참고
1참고

## 도움말 목록

'가'의 생략 ·······················································20
'나', '너', '저', '누구'와 '가'의 결합 ····················20
사람 이름과 '가'의 결합 ·································21
주어를 나타내는 '에서' ··································21
[조건]을 나타내는 '-거든'과 '-면'의 비교 ········24
'-겠-'의 의미 특성 ········································34
'-고 가다'와 '-아 가다'의 비교 ······················36
'-고 있다'와 '-아 있다'의 비교 ······················40
접속 조사로 쓰이는 '과', '이랑', '하고'의 구별 ····42
'군'의 쓰임 ···················································45
'-기'와 '-ㅁ'의 비교 ······································46
'까지', '마저', '조차'의 비교 ·························50
'께서'의 조사 결합 ········································53
동사, 형용사에 쓰이는 '-ㄴ'의 비교 ···············54
'-ㄴ지'와 '-ㄴ 지'의 구별 ·······························57
'-냐'와 '-느냐'의 구별 ··································64
'-느내', '-내', '-으내' ····································67
'-느라고'와 '-아서'의 차이 ····························70
'-느라고'와 '-려고'의 차이 ····························71
'가'와 주제를 나타내는 '는'의 쓰임의 차이 ······73
'-니까'와 '-므로'의 차이 ·······························89
'-니까'와 '-아서', '-기 때문에'의 차이 ············89
'-니'와 '-니까'의 차이 ··································90
'-던가'와 '-든가'의 비교 ·····························107
'-듯이'의 구별 ············································113
보조사 '따라'와 동사의 활용형 '따라'의 구별 ····114
'-ㄹ걸¹'과 '-ㄹ걸²', '-ㄹ 걸'의 구별 ············118
'-ㄹ게'의 인칭 제약 ····································121

'-ㄹ'로 시작되는 어미들의 맞춤법 ·················································121
'이다', '아니다'가 쓰인 서술문의 간접 인용 ·······························131
'-라고'와 '-라' ·······················································································131
명령문의 간접 인용 ············································································132
명령의 인용을 나타내는 '-라고'와 준꼴의 '-라' ·······················133
'-러'와 '-려고'의 비교 ········································································137
'로부터', '으로부터' ············································································144
'로서'의 쓰임 ························································································145
조사 '를'의 생략과 의미 ····································································148
조사 '를'이 다른 조사의 용법으로 쓰이는 것 ····························149
'-마'와 '-을게'의 비교 ········································································151
'마저'의 사용법 ····················································································153
'마저'와 '까지, 조차'의 비교' ···························································153
'만큼, -는 만큼'의 구별 ····································································154
보조사 '말고'의 특성 ··········································································155
보조사 '말고'와 동사 '말고'의 비교 ···············································156
'-고'와 '-며'의 비교 ············································································157
'-며'와 '-면서'의 비교 ········································································157
'면', '이면' ······························································································158
'조건'을 나타내는 '-면'과 '-다면'의 비교 ····································159
'-면 되다'와 '-아도 되다'의 비교 ···················································160
'-면서'와 '-며'의 비교 ········································································161
'밖에'와 '만'의 비교 ············································································164
'밖에'와 '외에' ······················································································164
'보고'와 '에게'의 비교 ········································································165
'보다'의 특성 ························································································166
'부터'의 쓰임 ························································································167
의존 명사 '뿐' ······················································································168
'-시-'의 쓰임 ·························································································173
'-시-'에 의한 높임법 ··········································································173
'-십시오', '-으십시오' ·········································································175
한국에서 이름 부르기 ········································································175

문장의 끝에 쓰이는 '-아' ································177
'-아'와 '-지'의 비교 ································178
단어를 만드는 '-아'의 쓰임 ··························180
'-아'와 '-고'의 비교 ································180
'-아다가'의 쓰임 ···································184
'-아 드릴까요'와 '-아 주세요' ························187
'-아라'와 '-아' ····································188
말다와 '-아라' ····································188
'-아서'와 '-고'의 비교 ·······························192
'-아서'와 '-니까'의 비교 ····························192
'-아서'와 '-아 가지고'의 비교 ·························193
'-아야'와 '-면'의 비교 ······························194
-아야지요: '-아야지'의 높임 ·························197
'-아요'와의 결합 ··································199
'-어요'와의 결합 ··································199
한국에서 이름 부르기 ·······························207
관용 표현을 만드는 '에' ····························210
'에'와 '에서'의 비교 ·······························211
[장소]를 나타내는 '에'와 '로'의 비교 ················211
[도구]를 나타내는 '에'와 '로'의 비교 ················212
[원인]을 나타내는 '에'와 '로'의 비교 ················212
'에게'의 준말 '게' ································214
'에'와 '에다가'의 비교 ·····························217
'에서'와 '에'의 비교 ·······························221
'에서부터'의 쓰임 ·································222
'-에요' ··········································223
'친한 사이 말낮춤'과 '친한 사이 말높임' ···········226
'나', '저', '너'와 '의'의 결합 ··························230
'의'의 생략에 대하여 ·······························230
'이다'의 품사 ·····································236
'이다'의 해요체 ···································236
'이다'의 어간 '이-'의 생략에 대하여 ·················237

'이야말로'와 '이야'의 비교 ······················································247
간접 인용의 '-자고' ·······························································251
'-자마자'와 '-는 대로'의 비교 ················································252
'-재'의 높임 -재요 ································································253
'까지'와 '조차'의 구별 ····························································254
'-지'의 높임 '-지요' ·······························································257
'-지'와 '-구나'의 비교 ···························································257
'-지 못하다'와 '못~' ······························································260
'-지 못하다'와 '-지 않다'의 비교 ············································261
'-지 않다'와 '안~' ·································································262
'-지 않다'와 같이 쓰이지 못하는 동사들 ···································262
'-지 않다'와 '-지 못하다'의 비교 ············································262
'하고'와 '라고'의 비교 ····························································265

## 가 [제 친구가 왔어요.]  조사

### 1. 주어를 나타낸다.

1. 〔사람이나 사물 뒤에서〕 문장의 주어를 나타낸다.

   예
   - 제 친구**가** 한국에 왔어요.
   - 취미**가** 뭐예요? ㄴ 이다
   - 날씨**가** 참 좋습니다.
   - 책**이** 책상 위에 있어요.

   [1참고] [높임말] 께서 ◉ 선생님이→선생님께서 오세요.

### 2. '아니다', '되다' 앞에 쓰인다.

1. 〔'아니다' 바로 앞에 오는 말에 붙어서〕 '부정이 되는 것임'을 나타낸다.

   예
   - 학생: 이게 선생님 구두예요? 선생: 아니요, 그건 제 구두**가** 아니에요.
   - 선생: 일본 사람이세요? 학생: 아니요, 저는 일본 사람**이** 아니에요.

2. 〔'되다' 바로 앞에 오는 말에 써서〕 '그렇게 되는 것임'을 나타낸다. ㄴ 쓰다

   예
   - 진수가 의사**가** 되었어요.
   - 김 선생님은 주식으로 부자**가** 되었다.
   - 날씨가 추워지면 집 밖의 물이 얼음**이** 돼요. ㄴ 되다

### 3. 의미가 첨가된다.

1. 그것을 특별히 선택하여 지적하는 뜻을 나타낸다. '다름 아닌 그것이'의 뜻.

**예**
- 김치는 역시 한국 김치**가** 맛있어.
- 다음은 누**가** 노래하니? 내**가** 할 차례야.
- 대성: 너희 집**이** 어디야? 유미: 저 집**이** 우리 집이야.

**[1참고]** 1. 이런 의미를 나타낼 때의 '가'는 생략될 수 없다. 2. 말하는이의 의도에 따라 강세가 놓이기도 한다.

### 형태 정보

**가, 이:**

가는 받침 없는 말 뒤에 쓰인다. **예** 친구**가**, 대성이**가**, 진수**가**

이는 받침 있는 말 뒤에 쓰인다. **예** 동생**이**, 사람**이**, 집**이**

### 도움말1

**'가'의 생략:**

1. 말할 때 조사 '가'가 생략되어 쓰인다.

    예 1: 저∅ 어제 시험 봤어요.

    예 2: 엄마, 나∅ 이거 먹어도 돼요?

    예 3: 진수∅ 내일 결혼한다면서?

2. 아래와 같이 '가'가 쓰이면, '다른 것이 아니라 바로 그것'이라고 지적하여 말하는 뜻이 된다.

    예 1': (다른 사람이 아니라) 제**가** 어제 시험 봤어요.

    예 2': 엄마, 내**가** 이거 먹어도 돼요?

    예 3': 영희**가** 내일 결혼한다면서?

### 도움말2

**'나', '너', '저', '누구'와 '가'의 결합:**

1. '나', '너', '저'는 각각 조사 '가'가 붙으면 '내가', '네가', '제가'가 된다.

예 1 : **내가** 할게요.　　　　나가 할게요.(×)

예 2 : **네가** 해라.　　　　　너가 해라.(×)

예 3 : **제가** 할게요.　　　　저가 할게요.(×)

2. '누구'에 '가'가 붙으면 '누가'가 된다.

예 3 : **누가** 해요?　　　　누구가 해요?(×)

### 도움말 3

**사람 이름과 '가'의 결합:**

1. 이름의 마지막 글자에 받침이 없으면 조사 '가'를 쓴다.

    예 1 : 민수**가**/영희**가**/하나코**가**/메리**가** 와요.

2. 한국 사람의 경우, 이름의 마지막 글자에 받침이 있으면 접사 '-이'를 붙이고 조사 '가'를 쓴다.

    예 1 : 은정이**가** 와요.(○) 은정이 와요.(×)/은정가 와요.(×)

3. 한국 사람의 성과 이름을 같이 말할 때는 접사 '-이'를 붙이지 않는다.

    예 2 : 김은정**이** 와요.(○) 김은정이가 와요.(×)

4. 외국 사람의 경우, 접사 '-이'를 붙이지 않는다. 조사 '이'만 쓴다.

    예 3 : 존**이** 와요. / 존슨**이** 와요. / 마이클**이** 와요.

### 도움말 4

**주어를 나타내는 에서:**

'학교', '회사'와 같은 단체 명사 뒤에서는 '에서'를 쓰기도 한다.

예 : 현대가→현대**에서** 자동차를 생산한다.

## 같이 [얼음같이 차갑다.] 〔조사〕

1. 〔명사, 대명사 뒤에 쓰여〕 어떤 모양이나 성질을 다른 것과 비교하여 그 정도임을 나타낸다. '처럼'의 뜻.

   발음 [가치]
   비슷한말 처럼 ⓔ 꽃같이 예쁘다. → 꽃처럼 예쁘다.

   예
   - 바람이 얼음같이 차갑다.
   - 사람들은 봄날같이 따뜻한 날씨를 즐겼습니다.
   - 물건들이 산같이 쌓여 있다.
   - 너같이 착한 사람은 처음 봤어.

   형태 정보
   받침이 있든 없든 **같이**가 쓰인다.
   ⓔ 너같이, 꽃같이

## -거나 [등산을 하거나 책을 읽어요.] 〔연결 어미〕

1. 〔앞, 뒤의 내용을 연결하여〕 선택될 수 있는 사실을 나열하는 것을 나타낸다. '~ 또는 ~', '~ 아니면 ~'의 뜻.

   비슷한말 -든가, -든지
   1참고 '-건'으로 줄어들지 않는다.

   예
   - 쉬는 날에는 등산을 하거나 책을 읽어요.
   - 아프거나 힘들 때는 어머니 생각이 나요.
   - 외출할 때는 모자를 쓰거나 선글라스를 낀다.

2. 〔주로 '-거나 -거나 하다'로 쓰여〕 선택될 수 있는 사실을 나열하는 것을 나타낸다. '~ 또는 ~', '~ 아니면 ~'의 뜻.

   2참고 '-건'으로 줄어들지 않는다.

   예
   - 휴식 시간에는 커피를 마시거나 담배를 피우거나

하죠.

- 일요일에는 낮잠을 자**거나** 텔레비전을 보**거나** 합니다.

3. [`-거나 -거나`로 쓰여] '어느 것이든지 가리지 않고'의 뜻. [3참고] [준말] -건
[3참고] 서로 반대되는 뜻을 가진 두 말에 쓰이기도 하고 '-거나 말거나'로 쓰이기도 한다.

예
- 믿**거나** 말**거나**.

- 누가 보**거나** 말**거나** 우리는 질서를 지켜야 합니다.

- 지하철 안에서는 서 있**거나** 앉아 있**거나** 모두들 책을 읽는다.

**형태 정보**

받침이 있든 없든 **-거나**가 쓰인다. **-거나**는 동사, 형용사, '이다', '-았-' 뒤에 쓰인다.

예 가**거나**, 먹**거나**, 예쁘**거나**, 짧**거나**, 동생이**거나**, 먹었**거나**

## -거든¹ [오늘 우리가 이겼거든.]

[종결어미] [친한사이 말낮춤] 친구에게

1. 앞에서 이야기가 된 내용에 대해 말하는이 자신이 생각한 까닭이나 이유를 들어 말하는 것을 나타낸다. '-란/-단 말이야'의 뜻.

[높임말] -거든요
[전체참고] 1. 말할 때 쓴다.
2. 대화의 맨 처음에 올 수 없다. 상황이 주어져야 쓰인다. 3. 문장 끝의 억양이 내려간다.

예
- 김진수: 내가 한턱낼게.

  이영숙: 네가 웬일이니?

  김진수: 오늘 우리가 이겼**거든**.

- 이영숙: 무슨 좋은 일이 있나 보다.

  김진수: 복권에 당첨됐**거든**.

- 이영숙: 너 얼굴이 안 좋아 보인다.

  김진수: 응, 어제 잠을 못 잤**거든**.

### 형태 정보

받침이 있든 없든 **-거든**이 쓰인다. **-거든**은 동사, 형용사, '이다', '-았-' 뒤에 쓰인다.

예) 가**거든**, 먹**거든**, 예쁘**거든**, 좋**거든**, 학생이**거든**, 먹었**거든**

## -거든² [먹기 싫거든 먹지 마라.]  〔연결어미〕

1. 조건을 나타낸다. '-면'의 뜻.

   〔비슷한말〕 -면
   〔전체참고〕 뒤에는 명령, 청유, 약속 등의 행위를 나타내는 절이 쓰인다.

   예) 
   - 먹기 싫**거든** 먹지 마라. → 말다
   - 비가 오**거든** 가지 마.
   - 죽기 싫**거든** 돈을 내놓아라.

### 형태 정보

받침이 있든 없든 **-거든**이 쓰인다. **-거든**은 동사, 형용사, '이다', '-았-' 뒤에 쓰인다.

예) 가**거든**, 먹**거든**, 예쁘**거든**, 좋**거든**, 학생이**거든**, 먹었**거든**

### 도움말

[조건]을 나타내는 -거든과 -면의 비교:

1. '-거든'은 어떤 조건이 실제 일어날 가능성이 있는 것일 때에 쓰인다(예 1 참고). '-면'은 예 2와 같이 가정하는 조건을 나타낼 수도 있다.

   예 1 : 내가 부자가 되**거든** 비싼 차를 사 줄게.(??)

   예 2 : 내가 부자가 되**면** 비싼 차를 사 줄게.(○)

2. 조건을 나타낼 때, '-거든'은 뒷절에 명령문이나 청유문이 쓰인다. '-면'에는 이런 제약이 없다.

　　예 3 : 비가 오**거든** 집에 가자.(○)/집에 간다.(×)

　　예 4 : 비가 오**면** 집에 가자.(○)/집에 간다.(○)

3. '-면'은 가정과 조건을 나타낼 수 있지만, '-거든'은 조건만 나타낼 수 있다. 정해진 사실에 대한 가정에는 '-거든'을 쓸 수 없다.

　　예 5 : 봄이 지나**면** 여름이 온다.(○)

　　예 6 : 봄이 지나**거든** 여름이 온다.(×)

## -건 [네가 믿건 말건 난 상관없어.] 〔연결어미〕

1. 〔'-건 -건'으로 쓰여〕 '둘 중에서 어느 것이어도'의 뜻. '-거나'의 준말.　　쓰이다

　〔전체참고〕 1. 말할 때 쓴다.
　2. '-거나'보다 준말 '-건'을 더 많이 쓴다.

예　• 네가 믿**건** 말**건** 난 상관없어.

　　• 누가 보**건** 말**건** 우리는 질서를 지켜야 합니다.

　　• 그 아이가 울**건** 말**건** 신경 쓰지 마세요.　　말다

2. 〔'-건 간에', 또는 '무슨', '어느' 등과 함께 쓰여〕 '어느 것이든지 (가리지 않고)'의 뜻.

예　• 그 영화는 아이**건** 어른이**건** 간에 누구나 다 좋아한대요.

　　• 남이야 무슨 일을 하**건** 너나 잘해.

### 형태 정보

받침이 있든 없든 **-건**이 쓰인다. **-건**은 동사, 형용사, '이다', '-았-' 뒤에 쓰인다.

　　예 가**건**, 먹**건**, 예쁘**건**, 좋**건**, 동생 것이**건**, 먹었**건**

## 게¹ [내게 주세요.]   조사

1. 〔'주다', '가르치다', '던지다'와 같은 서술어의 동작이 미치는 사람에게 쓰여〕 간접 목적어를 나타낸다.

   관련어 에게
   전체참고 '나', '너', '저'에는 '에게'가 쓰인다. 예 나에게/내게 주세요. 너에게/네게 줄게.

   예 • 책을 제게 주세요.
   • 김 선생님이 제게 한국말을 가르칩니다.
   • 제게 전화를 하시면 돼요.

2. 어떠한 기준이나 비교 대상을 나타낸다.

   2참고 '맞다', '알맞다', '어울리다'와 같은 서술어와 함께 쓰인다.

   예 • 이 옷이 제게 어울릴까요?
   • 지금 제게 필요한 것은 돈입니다.
   • 내게 중요한 것이 무엇인지를 생각해 봐야겠다.

3. 〔피동문에서 행위의 주체를 나타내는 말에 붙어〕 '~에 의해'의 뜻을 나타낸다.

   3참고 '빼앗기다', '밟히다', '쫓기다'와 같은 서술어와 함께 쓰인다.

   예 • 네게 잡힐 물고기가 어디 있겠니?
   • 내게 발견되어서 얼마나 다행인지 몰라요. — 모르다

4. 〔어떠한 행위를 하도록 시킴을 받는 대상을 나타내는 말에 붙어〕 '~로 하여금'의 뜻을 나타낸다.

   4참고 '읽히다', '입히다', '-게 하다' 등의 사동 표현에 쓰인다.

   예 • 선생님이 내게 책을 읽히셨다.
   • 우리 엄마가 제게 약을 먹이셨어요.

5. 〔어떠한 상태가 일어나는 고정된 위치를 나타내는 말에 붙어〕 '안에', '사이에'의 뜻을 나타낸다.

   5참고 '있다', '남다' 같은 서술어와 '있다', '없다'와 함께 쓰인다.

   예 • 제게 문제가 생겼어요.

- 네게 병이 있다니, 그게 사실이야?

6. 〔어떠한 느낌을 가지게 하는 대상을 나타내는 말에 붙어〕 '~에 대하여'의 뜻을 나타낸다.

[6참고] '느끼다', '실망하다'와 같은 서술어와 함께 쓰인다.

[예] - 나는 네게 실망했다.
- 나는 차츰 네게 흥미를 느낀다.

**형태 정보**

게는 '내', '네', '제' 뒤에 쓰인다.

[예] 내게, 네게, 제게

## -게² [자네가 먼저 먹게.]

[종결어미] [말조금낮춤] 장인이 사위에게

1. 〔동사나 동사처럼 쓰이는 일부 형용사에 쓰여〕 조금 낮추어 무엇을 시키는 뜻을 나타낸다.
 → 쓰이다

[전체참고] 1. 말할 때 쓴다. 2. 부르는 말로는 '여보게', 가리키는 말로는 '자네'와 어울려 쓰인다.

[예] - 자네가 먼저 먹게.
- 여보게, 술이나 들게.
- 너무 슬퍼하지 말게.

**형태 정보**

받침이 있든 없든 -게가 쓰인다. -게는 동사 뒤에 쓰인다.

[예] 가게, 먹게, 하게

## -게³ [너 집에 가게?]

[종결어미] [친한사이말낮춤] 친구에게

1. 앞의 사실이 그러하다면, 뒤의 사실은 당연히 이러하지 않겠느냐고 물어 보는 뜻을 나타낸다.

[높임말] -게요
[전체참고] 말할 때 쓴다.

| 예 | • 그러다가는 나만 고생을 하게?
   • 무엇을 잊어버렸는지 알면 괜찮게?
   • 그런 일을 할 수 있으면 내가 신이게?

2. **말하는이가 상황을 통해 추측한 것을 듣는이에게 확인하려고 물어 보는 것을 나타낸다.**

   | 예 | • 직장을 왜 구해? 회사를 또 옮기게?
   • 왜 일어나? 벌써 집에 가게?
   • (돈을 꺼내는 것을 보고) 나한테 돈 주게?

3. 〔'누가', '무엇', '언제', '어디', '왜' 등과 함께 쓰여〕 **물어 보는 뜻을 나타낸다. '-려고 해'의 뜻.**   [3참고] 끝을 올렸다가 내린다.

   | 예 | • 언제 집에 가게?
   • 그걸로 뭐 하게?
   • 그 많은 돈을 어디다 쓰게?

4. 〔의문문의 형식이지만 대답을 요구하지 않는 꼴로 쓰여〕 **강조하여 말하는 것을 나타낸다.**

   | 예 | • 그만한 일도 못 하면 어떡하게?
   • 이제 떠나서 언제 도착하게?

5. **한번 짐작해서 답해 보라고 물어 보는 뜻을 나타낸다.**   [5참고] '게' 앞의 말을 길게 하면서 올렸다가 내린다.

   | 예 | • 이게 뭐게?
   • 내가 누구게?
   • 지금 몇 시게?

> **형태 정보**
>
> 받침이 있든 없든 **-게**가 쓰인다. **-게**는 동사, 형용사, '이다', '-았-' 뒤에 쓰인다.
>
> 예 가게, 먹게, 예쁘게, 좋게, 학생이게, 먹었게

## **-게**⁴ [모두가 다 먹을 수 있게 많이 만들자.]   〔연결어미〕

### 1. 절과 절 사이에 쓰인다

1. 〔동사, '있다/없다' 뒤에 쓰여〕(쓰이다) 앞 내용이 뒤 사실에 대한 목적, 기준 등이 되는 것을 나타낸다. '~하도록/~할 수 있도록'의 뜻.

   예 • 모두가 다 먹을 수 있**게** 많이 만들자.
   • 나도 좀 알 수 있**게** 얘기해 줘.
   • 부모님이 깨시지 않**게** 조용히 방으로 들어갔다.

   〔1참고〕 〔비슷한말〕 -도록, -게끔

   〔1참고〕 앞뒤 내용이 바뀌어 종결 어미처럼 쓰인다. 예 저리 좀 비켜, 사람들이 지나가**게**.

### 2. 절과 보조 동사 사이에 쓰인다

1. 〔동작을 나타내는 동사, 형용사 뒤에서 '-게 하다, -게 만들다'와 같이 쓰여〕'누가 무엇을 하도록 시키다'의 뜻을 나타낸다.

   예 • 어머니는 내가 어릴 때부터 피아노를 치**게** 하셨다.
   • 처음에는 환자를 방 안에서만 걷**게** 해야 한다.
   • 손님을 거실에서 기다리**게** 한다.

   〔1참고〕 〔비슷한말〕 -도록, -게끔

2. 〔'-게 하다, -게 만들다'로 쓰여〕 그러한 상황에 이르**게** 되는 것을 나타낸다.

[예] - 기다리게 해서 미안합니다.

- 나는 아버지를 기쁘게 해 드리고 싶었다.

- 그 사람이 나를 화나게 했다.

3. 〔'-게 되다'로 쓰여〕 그러한 상황에 이르게 되는 것을 나타낸다.

[예] - 다음 달에 미국에 가게 되었어요.

- 회사가 문을 닫게 되었거든요.

- 장난감이 방 안에 가득하게 되었다.

### 3. 뒤에 오는 말을 꾸미는 데 쓰인다

1. 〔형용사 뒤에 쓰여〕 정도, 방식을 나타낸다. '-ㄴ 상태로', '-ㄴ 정도로'의 뜻.

[예] - 오늘 아침에 늦게 일어났어요.

- 뒷머리는 짧게 잘라 주세요. ●자르다

- 목이 아프게 큰 소리로 말했다.

2. 〔형용사 뒤에 쓰여〕 말하는이가 그러하다고 생각하는 것을 나타낸다. '-다고'의 뜻.

[2참고] [관련어] -다고
[2참고] 주절의 서술어에는 동사 '여기다', '보다', '생각하다' 등이 쓰인다.

[예] - 그는 사람들을 불쌍하게 여긴다.

- 나이가 들수록 아내가 소중하게 느껴진다.

- 사람들은 중요하게 생각하는 것이 다르다.

3. 〔말하는이의 판단을 나타내는 몇몇 형용사에 붙어 쓰여〕 '-ㄴ 사실을 말하면'의 뜻.

예
- 놀랍게도 그의 생일이 나와 똑같았다.
- 다행스럽게도 이 기사는 사실이 아니다.
- 슬프게도 우리는 다음 주에 헤어져야 한다.

[3참고] 1. 주로 '-게도'로 쓰인다. 2. 문장을 꾸미는 기능을 한다.

**형태 정보**

받침이 있든 없든 **-게**가 쓰인다. **-게**는 동사, 형용사 뒤에 쓰인다.

예 가게, 먹게, 예쁘게, 짧게, 길게

## -게 되다 [회사가 문을 닫게 되었어요.] 〔관용표현〕

1. 〔동사 뒤에 쓰여〕 그러한 상황에 이르게 되는 것을 나타낸다.

예
- 그들은 서로 사랑하게 **되었습니다**.
- 회사가 문을 닫게 **되었거든요**.
- 오늘부터 제가 여러분에게 한국어를 가르치게 **되었어요**.

## -게 생겼다 [귀엽게 생겼어요.] 〔관용표현〕

1. 〔형용사 뒤에 쓰여〕 얼굴이나 외모의 모습이 어떠하다는 것을 나타낸다.

예
- 유미는 귀엽게 **생겼어요**.
- 존은 멋있게 **생겼다**.

2. 〔동사 뒤에 쓰여〕 어떠한 일의 상태가 부정적인 상태에 이르게 되는 것을 나타낸다. '(어떤 일이 일어날) 가능성이 있다'의 뜻.

−게 하다

예
- 오늘 선생님께 야단맞**게 생겼**네.
- 이러다가는 우리 모두 지각하**게 생겼**다.

## −게 하다 [피아노를 치게 하셨다.] 〔관용표현〕

1. 〔동작을 나타내는 동사 뒤에 쓰여〕 '누가 무엇을 하도록 시키다'의 뜻.

예
- 어머니는 내가 어릴 때부터 피아노를 치**게 하셨**다.
- 처음에는 환자를 방 안에서만 걷**게 해야** 한다.
- 손님을 거실에서 기다리**게 한**다.

## −겠− [학교에 늦겠다.] 〔어미〕

### 1. 추정이나 의지를 나타낸다

1. 말하는이의 추측이나 추정을 나타낸다.    1참고 '-았-' 뒤에 쓰인다.

예
- 어서 가자, 학교에 늦**겠**다.
- 하늘을 보니 내일은 비가 오**겠**어요.
- 어제 왔던 사람들이 아마 200명은 넘었**겠**다.

2. 말하는이의 의도나 의지를 나타낸다.    2참고 주어가 1인칭인 서술문에서 동작을 나타내는 동사에 쓰인다.

예
- 내일 미국으로 떠나**겠**어.
- 제가 오늘은 저녁을 사**겠**어요.
- 나는 꼭 영화배우가 되**겠**다.

3. 가능성을 나타낸다.    3참고 동사에 쓰인다.

**예**
- 나도 그만큼은 먹**겠**다.
- 이 운동장은 사람이 2000명은 들어가**겠**다.

4. 듣는이의 의견을 물어 함께 하자고 요청하는 것을 나타낸다.

[4참고] 의문문에서 동작 동사에 쓰인다.

**예**
- 지금 나가는 길인데, 같이 가시**겠**어요?
- 오늘 점심은 뭘 드시**겠**어요?
- 유미야, 나 좀 도와 주**겠**니?

## 2. 관용적인 쓰임

1. 인사말과 같은 관용 표현에 쓰인다.

**예**
- 처음 뵙**겠**습니다.
- 말씀 좀 묻**겠**습니다.
- 잘 먹**겠**습니다.

2. [원인을 나타내는 '-아', '-아서'와 쓰여] 그런 상태가 될 것 같음을 나타낸다. '-ㄹ 듯하다'의 뜻.

[2참고] 관용표현 '-아서 죽겠다' 참고(p.193).

**예**
- 화가 나서 죽**겠**어요.
- 더워서 미치**겠**어.
  └─ 덥다
- 배고파 죽**겠**네.

**형태 정보**

받침이 있든 없든 **-겠-**이 쓰인다. **-겠-**은 동사, 형용사, '이다' 뒤에 쓰인다.

**예** 가**겠**다, 먹**겠**다, 예쁘**겠**다, 좋**겠**다, 학생이**겠**다

고

> **도움말**
>
> **'-겠-'의 의미 특성:**
>
> 1. -겠-은 과거, 현재, 미래에 모두 쓰이면서 추정의 의미를 나타낸다. 그러므로 -겠-은 시제 형태라고 할 수 없다.
>
>    예1: 그 곳은 어제 비가 많이 왔**겠**다.(과거의 추정)
>
>    예2: 그 곳은 지금 비가 오고 있**겠**다.(현재의 추정)
>
>    예3: 그 곳은 내일 비가 많이 오**겠**다.(미래의 추정)
>
> 2. -겠-은 두 가지 기본 의미, '추정'과 '의도'를 나타낸다.
>
> 3. 주어가 1인칭이고 서술어가 동작을 나타내는 동사이면, 주어의 의도를 나타낸다.
>
>    예4: 내가 선생님을 만나러 가**겠**다.

## 고¹ [도시고 시골이고 인터넷이 다 된다.] `접속조사`

1. ☞ **이고**(p.231)

   **예**
   - 시골**이고** 도시고 간에 인터넷이 다 된다.
   - 술**이고** 뭐고 모두 마셔 버렸다.
   - 언제까지고 이러고 살 수는 없잖아?

   > **형태 정보**
   >
   > **고', 이고':**
   >
   > **고**는 받침 없는 말 뒤에 쓰인다. 예 친구고, 김치고
   >
   > **이고**는 받침 있는 말 뒤에 쓰인다. 예 애인이고, 밥이고

## -고² [열이 나고 목도 아팠어요.] 〔연결어미〕

1. 두 가지 이상의 대등한 사실을 나열하는 것을 나타낸다.

   〔전체참고〕 말할 때 [구]로 발음되기도 한다.

   예 • 우리는 길에서 떡볶이도 먹고 튀김도 먹었다.
   • 어제부터 열이 나고 목도 아팠어요. → 아프다
   • 손이 부드럽고 따뜻하네요.

2. 앞의 행동이 뒤의 행동보다 시간의 순서에서 먼저 있음을 나타낸다. '-고 나서'의 뜻.

   〔2참고〕〔비슷한말〕 -고서

   예 • 우선 세수를 하고 밥을 먹습니다.
   • 밥을 먹고 영화를 보러 가요.
   • 그는 음식을 먹어 보고 맛이 없다고 했다.

3. 앞의 행동이 뒤의 행동의 수단이나 방법임을 나타낸다.

   예 • 자전거를 타고 잠깐 놀자.
   • 거기까지 버스를 타고 가요?
   • 부산까지 차를 몰고 갔어요.

4. 앞의 행동이나 그 결과가 뒤에 오는 행동에 그대로 지속되는 것을 나타낸다. '-은 채로'의 뜻.

   예 • 산에 등산화를 신고 갔어요.
   • 그는 여행 가방을 들고 기차에 올랐다.
   • 모자를 쓰고 나가라.

**형태 정보**

받침이 있든 없든 –고가 쓰인다. –고는 동사, 형용사, '이다', '–았' 뒤에 쓰인다.

예) 가고, 먹고, 예쁘고, 좋고, 학생이고, 먹었고

## –고 가다 [모자를 쓰고 갑니다.] 〔관용표현〕

1. 앞의 행동의 결과를 가진 채로 가거나 오거나 하는 것을 나타낸다.

   〔전체참고〕 1. 동작 동사와 쓰인다. 2. '–고 오다'로도 쓰인다. 예) 가방을 들고 오세요.

   예) • 모자를 쓰고 갑니다.

   • 영하가 준원이 손을 잡고 가요.

2. 앞선 동작이 완결된 채로 가거나 오거나 하는 것을 나타낸다.

   예) • 방을 치우고 갔어요.

   • 김 선생님을 만나고 왔어요.

**도움말**

'–고 가다'와 '–아 가다'의 비교:

1. '–고 가다/오다'는 어떤 동작이 완료된 후에 가거나 오거나 하는 것을 나타낸다(예 1).

2. '–아 가다/오다'는 어떤 동작이 완료되고 그 결과를 지닌 채 가거나 오거나 하는 것을 나타낸다(예 2).

   예 1: 책을 읽고 오세요.

   예 2: 책을 읽어 오세요.

3. 완료된 동작의 결과를 지닌 채로 가거나 오거나 하지 못할 때는 '–아 가다/오다'를 사용할 수 없다(예 4).

   예 3: 밥을 먹고 오세요.

   예 4: 밥을 먹어 오세요.(×)

## -고 계시다 [할머니께서 신문을 읽고 계십니다.] 〔관용표현〕

1. 〔동작이나 상황이〕 계속 진행되는 것을 나타낸다. 〔전체참고〕 1. 동사에 쓰인다. 2. 주어가 높임의 대상인 경우에 쓰인다.

   예
   - 할머니께서 신문을 읽고 **계십니다**.
   - 어머니께서 불고기를 만들고 **계세요**.

2. 〔'입다, 쓰다' 등의 동사와 함께 쓰여, 어떤 일을 한 결과의 상태가〕 계속 지속되는 것을 나타낸다.  ㆍ쓰이다

   예
   - 모자를 쓰고 **계신** 분이 우리 선생님입니다.
   - 아버지께서 집에서도 외투를 입고 **계십니다**.

## -고 나서 [밥 먹고 나서 과자를 먹어라.] 〔관용표현〕

1. 〔동사 뒤에 쓰여〕 '어떤 행동을 다 한 후에'의 뜻을 나타낸다.

   예
   - 밥 먹고 **나서** 과자를 먹어라.
   - 샤워를 하고 **나서** 과일을 먹었다.

## -고서 [문을 열고서 보아라.] 〔연결어미〕

### 1. '-고 나서'로 바꿔 쓸 수 없다

1. 앞의 사실을 방법으로 하여 뒤의 행동을 진행하는 것을 나타낸다. '-아 가지고'의 뜻. 〔1참고〕 '-고'의 힘줌말.

   예
   - 문을 열**고서** 보아라.
   - 팔짱을 끼**고서** 진수가 말했다.

2. 앞의 사실이 뒤의 사실과 대립 관계에 있음을 나타낸다. '-았는데도'의 뜻.

[2참고] 대립을 강조하기 위하여 '-고서도'로도 자주 쓰인다.

예
- 그는 이 사실을 알고서 모른다고 한다.
- 먹고서도 안 먹었다고 거짓말을 한다.
- 런던에 갔다 오고서도 기억을 잘 못한다.

### 2. '-고 나서'로 바꿔 쓸 수 있다

1. 앞의 행동이 끝나고 뒤의 행동이 진행되는 것을 나타낸다. '-고 나서', '-ㄴ 다음에'의 뜻.

[1참고] 앞의 행동이 끝났음을 강조하기 위하여 '-고서야'로도 쓰인다.

예
- 목욕을 하고서 저녁을 먹었다.
- 일을 끝내고서 집으로 갈 준비를 했다.

2. 앞의 사실이 뒤의 사실의 근거임을 나타낸다. '-기 때문에'의 뜻.

[2참고] 뒤에 명령, 청유를 나타내는 말과 쓰이지 않는다. 예) 그 약을 먹고서 나아라.(×)/낫자.(×)

예
- 그 약을 먹고서 나았어요.
- 밤새도록 노래를 부르고서 목이 쉬었다.

**형태 정보**

받침이 있든 없든 **-고서**가 쓰인다. **-고서**는 동사 뒤에 쓰인다.
예) 가고서, 먹고서

### -고 싶다 [저녁을 사고 싶습니다.]  관용표현

1. 〔동사 뒤에 쓰여〕 앞말이 뜻하는 행동을 하기를 원하는 것을 나타낸다. '-ㄹ 마음이 있다'의 뜻.

예
- 제가 저녁을 사고 싶습니다.

- 오늘은 술을 마시고 **싶은데요**.

- 어디에 가고 **싶으세요**?

## -고 싶어하다 [유미가 집에 가고 싶어해요.] 〔관용표현〕

1. 〔동사 뒤에 쓰여〕 3인칭 주어가 어떤 행동을 하기를 원한다고 보여지는 것을 나타낸다.

   예 • **유미**가 집에 가고 **싶어해요**.

   • 아내는 **한국**에서 살고 **싶어합니다**.

   • **김** 과장님은 술을 마시고 **싶어했습니다**.

〔전체참고〕 1. 주어가 3인칭일 때 쓰인다. 주어가 3인칭일 때 '-고 싶다'를 쓰면 안 된다. 예 **영수** 씨는 집에 가고 싶어요.(×) 2. 동작 동사와만 쓰인다. 예 착하고 싶어해요.(×)

## -고 있다 [밥을 먹고 있어요.] 〔관용표현〕

1. 어떤 동작이 진행 중임을 나타낸다.

   예 • **제인**: 뭐 하세요? **존**: 배가 고파서 밥을 먹고 **있어요**.

   • 그 때 전화를 하고 **있었어요**.

   • **진수**는 지금 테니스를 치고 **있어**.

〔높임말〕 -고 계시다 예 아버지께서 진지를 드시고 계세요.
〔전체참고〕 동사에 쓰인다.

2. 〔'입다', '쓰다', '들다' 등의 동사와 함께 쓰여〕 어떤 동작을 한 결과가 그대로 지속되는 것을 나타낸다.

   예 • 청바지를 입고 **있는** 여자.

   • 우리 팀은 흰색 모자를 쓰고 **있어요**.

   • 그 사고로 버스에 타고 **있던** 사람들이 많이 다쳤어요.

3. 어떤 지속적인 행위를 하는 것을 나타낸다.

예
- 마이클은 요즘 한국말을 배우고 있어요.
- 저는 서울에 살고 있습니다.
- 그 친구는 외국인 회사에 다니고 있지.

**도움말**

'-고 있다'와 '-아 있다'의 비교:

1. '-고 있다'는 어떤 동작을 완료한 후에 그 상태가 그대로 지속되는 것을 나타낸다(예 1).
2. '-아 있다'는 동작의 상태가 그대로 지속되는 것을 나타낸다(예 2).
3. '-고 있다'는 목적어가 있는 문장에, '-아 있다'는 목적어가 없는 문장에 쓰인다.

  예 1: 버스를 타고 있다.(버스를 탄 결과 그 상태가 지속되는 것)

  예 2: 버스에 앉아 있다/서 있다.('버스에 앉은 상태'로, '선 상태'로 있음을 나타낸다)

## 과¹ [흰색과 빨간색 티셔츠를 샀어요.]   접속조사

1. [여러 개의 사물을 나타내는 말에 붙어] 그것들을 같은 자격으로 이어 주는 뜻을 나타낸다. '그리고', '또한'의 뜻. → 잇다

   비슷한말 이랑 예 거기 선생님이랑 갔어요.
   비슷한말 하고 예 커피 한 잔하고 주스 주세요.

예
- 이 집은 부엌과 목욕탕이 있어요.
- 서울과 남부 지방은 비가 오겠습니다.
- 흰색과 빨간색 티셔츠를 샀어요.

## 과² [부모님과 함께 삽니다.]   조사

1. 어떤 행동을 함께 하는 대상임을 나타낸다. '~하고

서로'의 뜻.

**예**
- 부모님과 함께 삽니다. →살다
- 친구들과 농구를 해요. →하다
- 우리와 같이 영화 보러 가요.

[1참고] 흔히 '~과 함께/ ~과 같이' 꼴로 쓰임.

2. 상대로 하는 대상임을 나타낸다. '~하고 서로', '~를 상대로 삼아'의 뜻.

**예**
- 친구들과 싸우면 안 돼.
- 나는 언니들과 만나서 놀았어요.
- 나는 초등학교 동창생과 결혼했다.

[2참고] '사귀다, 만나다, 싸우다'와 같은 동사와 함께 쓰인다.

3. 어떠한 관계에 있는 대상임을 나타낸다. '~하고 서로'의 뜻.

**예**
- 이 섬들은 일본과 가깝다.
- 진수는 나와 나이가 같다.
- 그녀는 나와 사촌간이다.

[3참고] '가깝다, 밀접하다, 친하다'와 같은 동사와 함께 쓰인다.

4. 비교의 대상을 나타낸다. '~하고 서로, ~에 비할 때 서로'의 뜻.

**예**
- 인생은 마라톤 경기와 비슷하다.
- 그와 비슷한 예는 또 있다.
- 옛날의 한강 모습은 요즘과 매우 다르다.

[4참고] '같다', '다르다', '비슷하다', '비교하다'와 같은 말과 함께 쓰인다.

5. 기준으로 삼는 대상을 나타낸다. '~하고 서로'의 뜻.

**예**
- 신맛은 단맛과 잘 어울린다.

[5참고] '어울리다, 맞다'와 같은 동사와 함께 쓰인다.

- 너**와** 어울리는 색을 골라 봐. → 고르다
- 저 사람은 나**와** 잘 맞는다.

### 형태 정보

**과, 와**:

**과**는 받침 있는 말 뒤에 쓰인다. 예) 밥**과**, 떡**과**

**와**는 받침 없는 말 뒤에 쓰인다. 예) 언니**와**, 누나**와**

### 도움말

접속 조사로 쓰이는 '과', '이랑', '하고'의 구별:

1. '과', '이랑', '하고'는 모두 여러 개의 사물을 연결할 때 쓰인다.
2. '과'는 글과 말, 공식적인 말에 두루 쓰인다.

   예 1 : 오늘은 서울**과** 인천에 비가 오겠습니다./불고기**와** 냉면 주세요.

3. '이랑'과 '하고'는 주로 말할 때 쓰인다.

   예 2 : 뭘 드릴까요? 여기 커피 한 잔**하고** 오렌지 주스 주세요.

   예 3 : 거기 누구**랑** 갔어요?/나**랑** 내 동생**이랑** 갔어요.

4. 여러 개의 사물을 연결할 때 '과'는 마지막에 연결되는 말 뒤에는 쓰이지 않는다. '이랑'과 '하고'는 마지막에 연결되는 말 뒤에도 쓰일 수 있다.

   예 4 : ・밥**과** 국을 먹어요.(○)

   ・밥**과** 국**과** 먹어요.(×)

   예 5 : ・밥**하고** 국**하고**(국을) 먹어요.(○)

   ・밥**이랑** 국**이랑**(국을) 먹어요.(○)

## ~과 같은 [눈, 코, 입과 같은 것]

1. 〔여러 개를 나열한 후 마지막 말에 붙어〕'~ 등'의 뜻.

**예**
- 눈, 코, 입과 같은 것은 우리 몸의 앞쪽에 있다.
- 호랑이나 사자와 같은 동물은 무섭다.

## ~과 같이 [그림과 같이 가격에 따라 분류할 수 있다.]

1. 어떤 상황이나 행동과 다름이 없이 '바로 그대로'의 뜻.

**예**
- 그림과 같이 가격에 따라 컴퓨터를 분류할 수 있다.
- 앞에서 이야기한 바와 같이 여기에는 아직 남은 문제가 있다.

## ~과 달리 [일본 사람과 달리 밥을 숟가락으로 먹는다.]

관용표현

1. '~에 비하여 다르게'의 뜻.

**예**
- 한국 사람은 일본 사람과 달리 밥을 숟가락으로 먹는다.
- 서울은 다른 도시와 달리 시내에 산이 있다.

## -구나 [키가 크구나.]

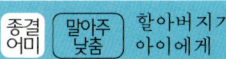

1. 새롭게 알게 된 사실에 대해 감탄하듯이 말하는 것을 나타낸다.

**예**
- 진수야, 키가 크구나.
- 정말 경치가 좋구나.
- 야, 이 식당은 정말 맛있구나.

[전체참고] 말할 때 쓴다.
[1참고] 주어가 '나'인 문장에서 새로 알게 되는 사실이 아닌 것에는 '-구나'를 쓸 수 없다. ㉮ 나는 집에 있구나.(×)/나는 학생이구나.(×)

- 약속을 잊어버렸구나.

2. 새롭게 알게 된 사실에 대해 확인하듯이 물어 보는 뜻을 나타낸다.

   예
   - 학교에서 무슨 일이 있었구나?
   - 너 아직 학생이구나?
   - 유미야, 산에 갔었구나?

   **형태 정보**

   -**구나**', -**는구나**':

   −**구나**는 형용사, '이다', '−았−', '−겠−' 뒤에 쓰인다.
   예 예쁘**구나**, 좋**구나**, 학생이**구나**, 먹었**구나**, 가겠**구나**

   −**는구나**는 동사 뒤에 쓰인다. 예 먹**는구나**, 가**는구나**

## −군 [날씨가 좋군.]

종결어미 · 친한사이 말낮춤 · 친구에게

1. 새롭게 알게 된 사실에 대해 감탄하듯이 말하는 것을 나타낸다.

   높임말 −군요
   전체참고 1. 말할 때 쓴다.
   2. '−군그래'로도 쓰인다.
   예 저기 있**군그래**.

   예
   - 새로 산 차가 좋군.
   - 아, 저기 있군.
   - 시간이 빠르기도 하군.

2. 새롭게 알게 된 사실에 대해 확인하듯이 물어 보는 뜻을 나타낸다.

   예
   - 그러니까 네가 잘못을 했군?
   - 언니랑 또 싸웠군?

- 어머니가 보고 싶겠군?

**형태 정보**

'-군', '-는군':

-군은 형용사, '이다', '-았-', '-겠-' 뒤에 쓰인다.

예) 예쁘군, 좋군, 학생이군, 먹었군, 가겠군

-는군은 동사 뒤에 쓰인다 예) 먹는군, 가는군

**도움말**

'-군'의 쓰임:

1. 주어가 1인칭인 문장에서 새로 알게 되는 사실을 나타낼 때 쓴다. 이미 알고 있는 내용에는 '-군'을 쓸 수 없다.

　예 1 : 나는 집에 있군.(×)/나는 학생이군.(×)

그러나 말하는이와 관련하여 새로 알게 되는 사실을 나타낼 때에는 쓰일 수 있다. 즉, 아래 예를 보면 '너'의 나이를 알게 되면서 '내가 너보다 선배임'을 알게 되었으므로 '-군'을 쓸 수 있다.

　예 2 : 네가 스물 한 살이면 내가 선배군.(○)

2. '-군'은 친한 사이에 서로 쓰는 말이고, '-구나'는 할아버지가 아이에게 쓰는 말이다.

## -기 [비가 오기 시작했다.]　　　어미

1. [동사나 형용사 뒤에 쓰여] (→쓰이다) 문장 안에서 주어, 목적어, 부사어 등 명사처럼 쓰이게 한다.

　예) ▪ 비가 오기 시작했다.

　　▪ 가루약은 먹기가 싫어요.

[전체참고] '-기'가 붙은 말이 명사의 기능을 한다. 따라서 '먹기가', '쓰기를'과 같이 조사가 붙어 쓰인다.
[관련어] -ㅁ

- 기

- 늘 건강하시**기** 바랍니다.

- 지하철이 들어오니 한 걸음 물러나시**기** 바랍니다.

- 두고 내리신 물건 없이 안녕히 가시**기** 바랍니다.

2. 〔표어나 속담 등에 쓰여〕 **일반화된 사실임을 나타낸다.**

예
- 한 줄 서기 운동.

- 누워서 떡 먹**기**.
  (눕다)

- 스스로 공부하**기**.

### 형태 정보

받침이 있든 없든 **-기**가 쓰인다. **-기**는 동사, 형용사, '이다', '-았-' 뒤에 쓰인다.

예) 가**기**, 먹**기**, 예쁘**기**, 좋**기**, 먹었**기**

### 도움말

**-기'와 '-ㅁ'의 비교: ☞ '-ㅁ'의 도움말 (p.150)**

1. '-기'는 많은 동사, 형용사에 두루 쓰이지만, '-ㅁ'은 제한되어 쓰인다.

2. '-ㅁ'과 달리, '-기'는 관용 표현으로 많이 쓰인다. 관용 표현들 참고.

   (-기 때문에, -기 위하여, -기 쉽다 등)

3. '-기'는 일반화된 객관적 사실이나 앞으로 기대되는 상황을 나타낸다. '-ㅁ' 은 동작이나 상태가 이미 완결된 구체적인 사실임을 나타낸다.

   예 : ・바다에서 수영하**기**가 더 힘들어요. (일반적 사실)
   ・진수는 어젯밤에 술을 마시고 수영했**음**을 고백했다. (구체적 사실)

## -기가 쉽다 [살이 찌기가 쉽다.] 〔관용표현〕

1. '그러한 경향이 있음'의 뜻.

예
- 겨울에 맨발로 나가면 감기에 걸리**기가 쉽다**.
- 운동이 부족하면 살이 찌**기가 쉽다**.

〔전체참고〕 '가'가 생략되어 '-기 쉽다'로도 쓰인다. 예) 감기에 걸리기 쉽다.

## -기 때문에 [잠만 자기 때문에 이야기 할 시간이 없다.] 〔관용표현〕

1. 원인을 나타낸다.

예
- 매운 걸 잘 못 먹**기 때문에** 김치찌개는 안 먹어요.
- 남편은 휴일에 잠만 자**기 때문에** 같이 이야기할 시간이 거의 없다.

〔전체참고〕 뒷절에 명령문이나 청유문은 쓰일 수 없다. 예)비가 오기 때문에 집에 있어라.(×)/있자.(×)

## -기로 하다 [수영장에 가기로 했어요.] 〔관용표현〕

1. 그러할 것을 결정하는 것을 나타낸다.

예
- 토요일에 수영장에 가**기로 했어요**.
- 오늘 에서 모이**기로 했어**.
- 다시는 담배를 피우지 않**기로 약속했다**.

## -기 시작하다 [비가 오기 시작해요.] 〔관용표현〕

1. 〔동사 뒤에 쓰여〕 '어떤 목적을 이루려고 하다'의 뜻.

예
- 어젯밤부터 열이 나기 **시작했어요**.
- 비가 오**기 시작해요**.

## －기에 [겉으로 보기에 비싸 보인다.] 〔관용표현〕

1. 〔'생각하다, 판단하다, 보다' 등의 동사 뒤에 쓰여〕 그 근거를 나타낸다.

   〔전체참고〕 동사 뒤에 쓰인다. 용언을 명사로 만드는 어미 '-기'에 조사 '에'가 붙어 쓰인 꼴이다.

   예 · 내가 생각하**기에** 누군가가 틀림없이 그 지갑을 훔쳐갔단 말이야.

   · 이 도자기는 겉으로 보**기에** 비싸 보인다.

## －기 위한 [놀이를 하기 위한 넓은 장소] 〔관용표현〕

1. 〔뒤에 오는 말을 꾸며〕 '어떤 목적을 이루려고 하다'의 뜻.

   〔전체참고〕 형용사와는 쓰일 수 없다.

   예 · 놀이를 하**기 위한** 넓은 장소를 찾았다.

   · 환경오염을 줄이**기 위한** 방법을 알아보자.

## －기 위해서 [한국말을 배우기 위해서 한국에 가요.] 〔관용표현〕

1. 행동의 목적을 나타낸다.

   〔전체참고〕 1. 형용사와는 쓰일 수 없다. 2. '-기 위하여/-기 위해'로도 쓰인다. 예 나는 의사가 되**기 위하여** 열심히 공부했다./ 잘 살**기 위해** 노력한다.

   예 · 한국말을 배우**기 위해서** 한국에 가요.

   · 나는 그를 만나**기 위해서** 노력을 했다.

## －기 전에 [세수를 하기 전에 이를 닦습니다.] 〔관용표현〕

1. 어떤 행동이나 상태가 뒤에 오는 사실보다 앞에 있는 것을 나타낸다.

   〔반대말〕 －ㄴ 후에 예 어머니는 가족들이 식사를 마친 후에 밥을 드셨다.

   예 · 세수를 하**기 전에** 이를 닦습니다.

- 밥을 먹기 전에 손을 씻어라.
- 한국에 오기 전에 미국에서 회사에 다녔어요.

**전체참고** 과거를 나타내는 '-았-'과 쓰일 수 없다. 예) 날이 새기 전에 떠났다.(○)/날이 샜기 전에 떠났다.(×)

## 까지¹ [처음부터 끝까지 다 읽었어.]  조사

1. ('까지'가 붙은 말이) 주어진 범위의 한계를 나타낸다.

   예
   - 처음부터 끝까지 다 읽었어.
   - 언제부터 언제까지 공부해요?
   - 집에서 학교까지 얼마나 걸려요?
   - 작년까지 회사에서 일했어요.
   - 지하철로 시청까지 오세요.

   **1참고** 1. 범위의 시작점을 나타내는 말과 함께 쓰인다. [에서부터 ~(에)까지] [~에서 ~까지] [~부터 ~까지]로 쓰인다. 2. 시작점을 알 수 있으면 '~에서부터'가 생략된 채 '~까지'만 나타난다. 예) 지하철로 시청까지 오세요.

2. 어떤 한계의 끝을 나타낸다.

   예
   - 나는 머리끝까지 화를 냈다.
   - 그는 한번 마음 먹으면 끝까지 해 낸다.

   **2참고** 시작점이 나타나지 않는다.

   **형태 정보**
   받침이 있든 없든 **까지**가 쓰인다.
   예) 학교**까지**, 집**까지**

## 까지² [비까지 오다니.]  조사

1. ('까지'가 붙은 말을) 함께 포함시키는 것을 나타낸다. '그 위에 더하여', '그 밖에 더 첨가시키거나, 현재의 상태나 정도에서 더 나아감'의 뜻.

   **관련어** 조차, 도, 마저, 까지도

**예**
- 추운 데다가 비**까지** 오다니.
  (추운 ← 춥다)
- 원피스에 목걸이, 귀걸이, 거기다 화장**까지** 했네.
- 저녁에다가 커피**까지** 잘 먹었습니다.
- 너**까지** 정말 그러기야?

[1참고] 1. '도'로 바꿔 쓸 수 있다. 2. '에서'나 '부터'가 쓰일 수 없다.

2. [높은 정도에 미치거나 정상적인 정도를 지나치는 등의] 극단적인 것을 나타낸다. '씩이나'의 뜻.

**예**
- 요즘 세상에 된장**까지** 직접 만드세요?
- 대학원**까지** 나왔다는 사람이 그것도 몰라요? (몰라요 ← 모르다)
- 좋게 얘기하면 되지 야단**까지** 칠 건 뭐 있어요?
- 내 친구가 이렇게**까지** 나를 사랑하는 줄은 몰랐다.

**형태 정보**

받침이 있든 없든 **까지**가 쓰인다.
  예) 언니**까지**, 동생**까지**

**도움말**

'까지', '마저', '조차'의 비교:

1. '마저'와 '조차'는 일반적으로 극단적인 상황을 나타낼 때 쓰인다.('까지(도)'는 그런 제약이 없다)

   예1 : 그 학생은 {(?)노래**마저** / (?)노래**조차** / 노래**까지도**} 잘 불렀다.

   예2 : 그 학생은 {노래**마저** / 노래**조차** / 노래**까지도**} 못 불렀다.

2. 아래의 예 3에서 '까지'는 말하는이가 싫어하는 경우와 좋아하는 경우에 모두 쓰일 수 있다. 그러나 '마저'나 '조차'를 쓰면 말하는이의 싫어하는 감정을 나타낸다.

> 예 3 : 바람이 부는데 비**까지** 오는구나.
>
> 예 4 : 바람이 부는데 비**마저**(/조차) 오는구나.

## 께 [선생님께 질문해요.] — 조사

**1. 행위자가 하는 행위를 받는 대상을 나타낸다.**

예
- 첫 월급을 타면 부모님께 핸드폰을 사 드려야지.
- 누나는 아버지께 커피를 갖다 드립니다.
- 선생님께 말씀 드렸니?
- 아버지께 편지를 보냈다.
- 부모님께 이 기쁜 소식을 알려야겠어요.

[전체참고] 1. 높임을 나타내어야 할 사람에 붙어 쓰인다. 2. '에게'의 높임말.
[1참고] '주다', '가르치다', '알리다'와 같은 서술어와 함께 쓰인다.

**2. '～에게서'나 '～로부터'의 뜻.**

예
- 아버지께 야단을 맞았다.
- 최 선생님께 수업을 듣고 있어요.
- 저는 그분께 많은 도움을 받았습니다.

[2참고] '맞다', '듣다'와 같은 서술어와 함께 쓰인다.

**3. 어떠한 느낌을 가지게 하는 대상을 나타낸다.**

예
- 다만 아버지, 어머니께 죄송해요.
- 저도 사장님께 늘 고마워하고 있어요.
- 저는 늘 김 선생님께 감사하고 죄송해요.

[3참고] '느끼다', '실망하다'와 같은 서술어와 함께 쓰인다.

**4. 어떠한 기준임을 나타낸다.**

예
- 한복이 교수님께 잘 어울려요.

[4참고] '맞다', '알맞다', '어울리다'와 같은 서술어와 함께 쓰인다.

께서

- 지금은 선생님께 맞는 사이즈가 없어요.

5. 〔편지와 같은 글에서 받는 사람이 높여야 할 대상일 때〕 그러한 대상을 나타내는 말.

예
- 고마우신 부모님께!
- 김진수 선생님께, 선생님 안녕하세요.
- 할아버지께 올립니다.

> **형태 정보**
> 받침이 있든 없든 께가 쓰인다.
> 예 할머니께, 선생님께

## 께서 [선생님께서 글씨를 쓰십니다.] 조사

1. 〔높여야 할 사람을 나타내는 말 뒤에 붙어〕 그가 한 행위를 높여서 나타낸다.

[전체참고] 1. 높임을 나타내야 할 사람에 붙여 쓰인다. 2. '가'의 높임말. 3. 서술어에는 보통 높임을 나타내는 '-시-'를 붙인다.

예
- 선생님께서 칠판에 글씨를 쓰십니다.
- 할머니께서 제 등을 쳐서 깜짝 놀랐어요.
- 아버지께서 신문을 보고 계십니다.
- 어머니께서 과일을 잡수십니다.

2. 어떤 상태에 있는 주체를 높여서 나타낸다.

예
- 할머니께서 편찮으세요.
- 선생님께서 늘 건강하시길 빌겠어요.

**형태 정보**

받침이 있든 없든 **께서**가 쓰인다.

예) 아버지**께서**, 손님**께서**

**도움말**

**'께서'의 조사 결합:**

'가'는 다른 조사와 결합할 수 없지만, '께서'는 다른 조사와 결합할 수 있다.

예1: 김 선생님**께서는** 아직 안 오셨어요.

예2: 아주머니**께서만** 알고 계세요.

예3: 그거야 형님**께서도** 잘 아십니다. — 알다

## ㄴ¹ [난 안 가.]   조사

1. 조사 '는'의 준말. ☞ 는¹(p.71)   [전체참고] 말할 때 쓴다.

예)
- **난** 안 가.
- 사실 **전** 운전할 줄 몰라요. — 모르다
- 누**난** 어디 갔니?
- 빨**린** 달린다만 위험하구나.
- 그리**곤** 아무 말도 없이 가 버렸어요.

**형태 정보**

ㄴ은 받침 없는 말에 붙어 쓰인다.

예) **난**(나는), **전**(저는)

## -ㄴ² [예쁜 여자]  〔수식어미〕

1. 수식되는 대상의 일반적 속성이나 현재 상태를 나타낸다.

**예**
- **긴** 머리, 짧은 치마, 예쁜 여자.
  └• 길다
- 의사**인** 남편과 교수**인** 부인.
- 난 키가 작**은** 여자가 좋아.
- 짧**은** 바지.

**형태 정보**

'-ㄴ', '-은', '-는':

-ㄴ은 받침 없는 형용사와 'ㄹ' 받침으로 끝나는 형용사와 '이다' 뒤에 쓰인다. 예 비싼, 긴(길다), 학생인

-은은 받침 있는 형용사 뒤에 쓰인다. 예 좋은, 짧은

-는은 동사 뒤에 쓰인다. 예 가는, 먹는

**도움말**

동사, 형용사에 쓰이는 '-ㄴ'의 비교:

1. 동사에 쓰이는 '-ㄴ'은 과거를 나타낸다.
2. 형용사에 쓰이는 '-ㄴ'은 시제와 관계없이 수식되는 대상의 속성이나 상태를 나타낸다.

    예 1: 내가 어제 **산** 책('사다': 동사로서 과거를 나타냄)

    예 2: **비싼** 책('비싸다': 형용사로서 속성, 상태를 나타냄)

## -ㄴ³ [어제 그린 그림]   〔수식어미〕

1. '앞의 행동이 뒤의 행동보다 먼저 있었음'을 나타낸다. 과거 시제를 나타낸다.   〔전체참고〕 동사에만 쓰인다.

   **예**
   - 어제 그린 그림이 이제 다 말랐네. → 마르다
   - 그가 돌아온 시간은 새벽 2시였다.
   - 우리들이 처음 만난 것은 지난 가을이었지.

2. 행동은 과거에 일어난 것이지만 그 결과로서의 상태가 현재까지 지속되고 있음을 나타낸다.   〔2참고〕 '-아 있다'나 '-고 있다'로 풀이된다.

   **예**
   - 저기 회색 모자를 쓴 사람이 바로 우리 아버지야.
   - 눈 쌓인 길을 걸었다. → 걷다
   - 남은 것이라곤 동전 몇 개뿐이다.

   **형태 정보**
   - '-ㄴ', '-은':
     - -ㄴ은 받침 없는 동사와 'ㄹ' 받침으로 끝나는 동사 뒤에 쓰인다.  예) 간, 산(살다)
     - -은은 받침 있는 동사 뒤에 쓰인다.  예) 먹은, 잡은

## -ㄴ 뒤에 [비가 온 뒤에 추워졌다.]   〔관용표현〕

1. 〔동사 뒤에 쓰여〕 '시간이 얼마 지나간 후에'의 뜻. → 쓰이다

   **예**
   - 비가 온 뒤에 추워졌다.
   - 진수가 미국으로 떠난 뒤에 유미는 다른 남자와

결혼했다.

## －ㄴ 적이 있다 [서울에 가 본 적이 있다.] 〔관용표현〕

1. 〔동사 뒤에 쓰여〕 '어떤 상황이 벌어진 때가 있다'의 뜻. 〔전체참고〕 '-ㄴ 적이 없다'도 쓰인다. 예) 혼자서 여행을 해 본 적이 없어요.

예)
- 고등학생 때 아르바이트를 한 적이 있습니다.
- 생선회를 먹어 본 적이 있어요.

## －ㄴ지 [어떤 생각인지 말해 주세요.] 〔연결어미〕

1. 〔'-ㄴ지 알다/모르다'로 쓰여〕 막연한 의문을 나타낸다. 〔1참고〕 1. '무엇, 어떤, 얼마나' 등과 같이 쓰이거나 '-ㄴ지 ~ㄴ지'로 쓰인다. 2. '-ㄴ지'가 뒤에 오는 '알다/모르다'의 목적어로 쓰인다.

예)
- 우리의 할 일이 무엇인지 아세요? → 알다
- 어떤 생각인지 말해 주세요.
- 이 강이 얼마나 깊은지 알 수가 없다.
- 제 키가 큰 편인지 작은 편인지 모르겠어요.

2. 〔'얼마나 ~ -ㄴ지'로 연결 어미처럼 쓰여〕 매우 그러하다고 강조하는 것을 나타낸다. 〔2참고〕 주로 '-ㄴ지 모르다'로 쓰인다.

예)
- 이게 값이 얼마나 비싼지 몰라. → 모르다
- 요즘 어린이들은 얼마나 똑똑한지 모릅니다.
- 책을 사 주면 얼마나 고마운지 이루 말할 수가 없었다. → 고맙다

3. 근거나 원인을 나타낸다.

**예**
- 이 기계가 웬일**인지** 갑자기 멈췄다.
- 마침 점심시간이기 때문**인지** 교실에는 아무도 없었다.
- 그는 모르는 게 많**은지** 자꾸 질문을 했다.

### 형태 정보

**-ㄴ지, -은지, -는지:**

-ㄴ지는 받침 없는 형용사와 'ㄹ' 받침으로 끝나는 형용사와 '이다' 뒤에 쓰인다. 예 비싼지, 긴지(길다), 학생인지

-은지는 받침 있는 형용사 뒤에 쓰인다. 예 높은지, 넓은지

-는지는 동사 뒤에 쓰인다. 예 가는지, 먹는지

### 도움말

**-ㄴ지와 -ㄴ 지의 구별:**

1. '-ㄴ지'는 연결 어미이므로 붙여 쓴다. 의문을 나타내는 데에 쓴다.

    예 1: 이게 무엇**인지** 아세요?

2. '-ㄴ 지'는 '-ㄴ'은 명사를 꾸미는 어미이고 '지'는 '시간'을 뜻하는 의존 명사이므로 반드시 띄어 쓴다.

    예 2: 한국에 **온 지** 벌써 1년이 되었어요.

3. '지'가 '시간'을 뜻하는 경우에만 띄어 쓴다.

---

**-ㄴ 지** [한국에 온 지 일 년이 지났어요.]

1. 〔동사와 같이 '~ㄴ 지 얼마가 되다, 지나다'의 꼴로 쓰여〕 어떤 일이 있었던 때로부터 지금까지의 동안
    - 쓰이다

−ㄴ 후에

을 나타낸다.

[전체참고] '지'가 시간과 관련이 있을 때는 띄어 쓴다. 어미 '-ㄴ지' 참고할 것.

예
- 한국에 온 지 일 년이 지났어요.
- 오늘은 우리가 만난 지 100일째 되는 날이다.
- 약을 먹은 지 얼마나 되셨어요?

## −ㄴ 후에 [수업이 끝난 후에 만나요.] 〔관용표현〕

1. 〔동사 뒤에 쓰여〕 '앞의 일이 끝나고 난 다음에'의 뜻.

[비슷한말] -ㄴ 다음에 예 밥을 먹은 다음에 커피를 마십니다.

[반대말] -기 전에 예 밥을 먹기 전에 물을 마십니다.

예
- 수업이 끝난 후에 현관 앞에서 만나요.
- 식사를 한 후에 약을 드십시오. → 들다
- 밥을 먹은 후에 커피를 마십시다.

## 나¹ [커피나 녹차] 〔접속조사〕

1. ☞ 이나¹(p.232)

예
- 커피나 녹차가 있어요.
- 버스나 기차를 타고 가요.
- 담배나 술을 끊어야겠어요.

**형태 정보**

나¹, 이나¹:

나는 받침 없는 말 뒤에 쓰인다. 예 버스나, 기차나, 너나

이나는 받침 있는 말 뒤에 쓰인다 예 트럭이나, 밥이나

## 나² [커피나 마시자.]  〔조사〕

1. ☞ **이나**²(p.232)

예
- 우리 차나 한 잔 할까요?
- 까만 구두는 아무 옷에나 잘 맞아요.
- 우선 먹고나 보자.

**형태 정보**

나, 이나:

　　나는 받침 없는 말 뒤에 쓰인다. 예 커피나, 차나

　　이나는 받침 있는 말 뒤에 쓰인다 예 과일이나, 떡이나

## -나³ [자네 이제 오나?]  〔종결어미〕〔말조금낮춤〕 장인이 사위에게

1. 물어 보는 뜻을 나타낸다. '-는가'의 뜻.
〔관련어〕 -는가¹
〔전체참고〕 말할 때 쓴다.

예
- 자네, 이제 오나? 어서 들어가게.
- 돈은 가지고 왔나?
- 자네도 한 잔 하겠나?

**형태 정보**

-나, -ㄴ가:

　　-나는 동사, '있다/없다', '-았-', '-겠-' 뒤에 쓰인다.

　　　예 가나, 먹나, 있나, 없나, 보았나, 하겠나

　　-ㄴ가는 '이다'와 형용사에는 뒤에 쓰인다.

　　　예 자네가 선생인가?(○)/자네가 선생이나?(×)

　　　예 추운가?(○)/춥나(×)

## －나⁴ [무슨 일이 있나?]  종결어미 | 친한사이 말낮춤 | 친구에게

1. 말하려는 내용에 대해 말하는이 자신이 의문을 가지고 있음을 나타낸다.

   [높임말] －나요 [예] 무슨 사고가 생겼나요?
   [전체참고] 말할 때 쓴다.

   [예]
   - 무슨 사고가 생겼나?
   - 시간이 벌써 이렇게 되었나?
   - 이 사람이 어딜 갔나?
   - 이 일을 어쩌나?

2. [의문문의 형식이지만 대답을 요구하지 않는 꼴로 쓰여] 강조하여 말하는 것을 나타낸다.
   └─ 쓰이다

   [예]
   - 누구는 그런 걸 몰라서 가만있나?
                      └─ 모르다
   - 누가 스포츠 정신을 모르나?
   - 내가 먹고 싶어서 먹었나?

   ─────────────────────────────
   *형태 정보*

   －나, －ㄴ가:

   －나는 동사, '있다/없다', '－았－', '－겠－' 뒤에 쓰인다.
   [예] 가나, 먹나, 있나, 없나, 보았나, 하겠나

   －ㄴ가는 '이다'와 형용사에는 뒤에 쓰인다.
   [예] 진수 씨가 선생님인가?(○)/진수 씨가 선생님이나?(×)
   [예] 추운가?(○)/춥나(×)

## -나⁵ [비는 오나 바람은 불지 않는다.] 〔연결어미〕

1. **앞뒤의 사실을 대립적으로 이어 주는 것을 나타낸다.**
   → 잇다
   
   [1참고] '-았-'이 쓰인다.
   [비슷한말] -지만
   
   예
   - 비는 오나 바람은 불지 않는다.
   - 밤 늦게까지 기다렸으나 그는 들어오지 않았다.

2. **〔주로 상대적인 뜻을 가진 두 말이 '-나 -나' 꼴로 쓰여〕 '언제든지', '항상'의 뜻을 나타낸다.**
   
   [2참고] '-았-'이 안 쓰인다.
   
   예
   - 미우나 고우나 그저 제 딸은 다 예쁜 법이야.
     → 밉다  → 곱다
   - 앉으나 서나 당신 생각.
   - 들으나 안 들으나 마찬가지인 소리를 왜 하세요?
     → 듣다

3. **〔'어느, 어디, 무엇' 등과 같이 쓰여〕 '~을 가릴 것 없이, 모두'의 뜻.**
   
   [3참고] '-았-'이 안 쓰인다.
   [비슷한말] -어도
   
   예
   - 어느 집엘 가나 사는 건 다 비슷하다.
     → 살다
   - 이 도시는 어디를 가나 아름다운 동상들이 많다.
     → 아름답다
   - 무엇을 먹으나 다 마찬가지다.

> **형태 정보**
> 
> '-나', '-으나':
> 
> -나는 받침 없는 동사, 형용사와 'ㄹ' 받침으로 끝나는 동사, 형용사와 '이다' 뒤에 쓰인다.
> 
> 예 가나, 사나(살다), 비싸나, 다나(달다), 학생이나
> 
> -으나는 받침 있는 동사, 형용사 뒤에 쓰인다. 예 먹으나, 높으나

―나 보다

## -나 보다 [비가 오나 봐요.] `관용표현`

1. 〔동사 뒤에 쓰여〕 그런 것 같다고 짐작하여 말하는 것을 나타낸다.

   `전체참고` 1. 형용사와 '이다' 뒤에서는 '-(으)ㄴ가 보다'가 쓰인다. ⓔ 너 아픈가 보다.

   예 • 밖에 비가 오나 봐요.

   • 지금 퇴근하나 보죠?

   • 너 오늘 할 일이 없나 보구나.

## 나마 [이거나마 먹어라.] `조사`

1. ☞ 이나마(p.234)

   예 • 우선 이거나마 먹어라.

   • 그렇게나마 해 주시면 고맙겠습니다.

   • 잠시나마 즐거웠어요. ●― 즐겁다

   *형태 정보*
   나마, 이나마:
   
   나마는 받침 없는 말 뒤에 쓰인다. ⓔ 이거나마
   
   이나마는 받침 있는 말 뒤에 쓰인다. ⓔ 이것이나마

## -나마나 [극장에 가나마나 표가 없다.] `연결어미`

1. 어떤 행동을 하여도 아니한 것이나 다름없을 정도로 뻔함의 뜻을 나타낸다.

   예 • 보나마나 아직도 자고 있을 거야.

- 극장에 가나마나 표가 없어서 못 들어갈 거야.

- 들으나마나 또 그 때문일걸.
  들다

### 형태 정보

'-나마나', '-으나마나':

-나마나는 받침 없는 동사, 형용사와 'ㄹ' 받침으로 끝나는 동사, 형용사와 '이다' 뒤에 쓰인다.

   예 가나마나, 사나마나(살다), 비싸나마나, 학생이나마나

-으나마나는 받침 있는 동사, 형용사 뒤에 쓰인다.

   예 먹으나마나, 높으나마나

## -냐 [너 어디 아프냐?]

종결어미 | 말아주 낮춤 | 할아버지가 아이에게

1. 반말로 물어 보는 뜻을 나타낸다.

예
- 너 어디 아프냐?
- 네가 웬일이냐?
- 이럴 때 너희는 어떻게 해야 옳으냐?
- 네 소원이 무엇이냐?

전체참고 1. 말할 때 쓴다. 2. '어디 아프니?'에서의 '-니'가 '-냐'보다 더 친근하고 부드러운 느낌을 준다.

### 형태 정보

'-냐', '-으냐' '-느냐':

-냐는 받침 없는 형용사, 'ㄹ' 받침으로 끝나는 형용사와 '이다' 뒤에 쓰인다. 예 비싸냐, 기냐(길다), 학생이냐

-으냐는 받침 있는 형용사 뒤에 쓰인다. 예 높으냐, 짧으냐

-느냐는 동사 뒤에 쓰인다. 예 가느냐, 먹느냐

> **도움말**
>
> **'-냐'와 '-느냐'의 구별:**
>
> 1. **-냐**와 **-느냐**는 앞에 오는 말이 형용사인지 동사인지, 시간을 나타내는 어미가 어떤 것인지에 따라 선택된다.
>
> 2. **-냐**는 받침 없는 형용사, 'ㄹ' 받침으로 끝나는 형용사, '이다' 뒤에 쓰인다.
>
> 3. **-으냐**는 받침 있는 형용사 뒤에 쓰인다.
>
> 4. **-느냐**는 동사(받침이 있건 없건 상관없다), '있다/없다', '-았-', '-겠-' 뒤에 쓰인다.
>
>    예: **-냐**: 비싸냐, 기냐(길다), 학생이냐
>    
>    **-으냐**: 높으냐, 많으냐, 작으냐
>    
>    **-냐**: 가느냐/먹느냐, 있느냐, 먹었느냐, 오겠느냐
>
> 5. 동사 다음에 '-냐'를 쓰는 것은 잘못이다.
>
>    예 1: 밥을 먹었냐(×)/먹었느냐?(○)
>    
>    예 2: 할 수 있냐(×)/있느냐?(○)
>    
>    예 3: 어디에 가냐(×)/가느냐?(○)

## -네¹ [자네를 이해하네.]

**종결어미** | **말조금 낮춤** | 장인이 사위에게

**1. 어떠한 사실을 알리면서 서술하는 것을 나타낸다.**

[전체참고] 1. 말할 때 쓴다.
2. 가리키는 말은 '자네'를 부르는 말은 '여보게'를 쓴다.

예
- 이제는 자네를 이해하네.
- 자네에게 물어 볼 말이 있네.
- 여보게, 나는 내일 아침에 가네.

**형태 정보**

받침이 있든 없든 -네가 쓰인다. -네는 동사, 형용사, '이다', '-았-', '-겠-' 뒤에 쓰인다.

예) 오네, 먹네, 예쁘네, 좋네, 학생이네, 먹었네, 오겠네

## -네² [밖에 비가 오네.]

[종결어미] [친한사이 말낮춤] 친구에게

1. 말하는이가 직접 경험하여 새롭게 알게 된 사실을 감탄하여 말하는 것을 나타낸다.

[높임말] -네요 예) 밖에 비가 오네요.
[전체참고] 말할 때 쓴다.

예)
- 어, 밖에 비가 오네.
- 벌써 7시네.
- 이 꽃이 이렇게 예쁜 줄은 몰랐네. → 모르다

2. ['-겠네'로 쓰여] 말하는이가 추측한 것을 듣는이에게 동의를 구하여 물어 보는 뜻을 나타낸다.

[2참고] 올리는 억양과 함께 쓰인다.

예)
- 그럼 여기서도 가깝겠네?
- 내가 이거 먹어도 되겠네?

**형태 정보**

받침이 있든 없든 -네가 쓰인다. -네는 동사, 형용사, '이다', '-았-', '-겠-' 뒤에 쓰인다.

예) 오네, 먹네, 예쁘네, 좋네, 학생이네, 먹었네, 오겠네

## -느냐 [어디를 가느냐?]

[종결어미] [말아주 낮춤] 할아버지가 아이에게

1. 반말로 물어 보는 뜻을 나타낸다.

[전체참고] 1. 말할 때 쓴다.
2. '어디 가니?'에서의 '-니'가 '-느냐'보다 더 친근하고 부드러운 느낌을 준다.

예)
- 얘야! 어디를 가느냐?

―느냐고

- 무슨 특별한 취미는 없**느냐**?
- 무슨 일로 왔**느냐**?
- 이제부터는 열심히 하겠**느냐**?

> **형태 정보**
>
> **-느냐, -냐:**
>
> **-느냐**는 동사, '있다/없다', '-았-', '-겠-' 뒤에 쓰인다.
>   예) 가**느냐**, 먹**느냐**, 있**느냐**, 잡았**느냐**, 가겠**느냐**
>
> **-냐**는 받침 없는 형용사, 'ㄹ' 받침으로 끝나는 형용사와 '이다' 뒤에 쓰인다. 예) 비싸**냐**, 기**냐**(길다), 학생이**냐**

## ―느냐고 [뭐라고 부르느냐고?]   종결어미 친한사이 말낮춤 친구에게

1. **질문한 내용에 대해 다시 물어 보는 뜻을 나타낸다.**

   예) • 진수: 이걸 뭐라고 부르니? 유미: 뭐라고 부르**느냐고**?
   - 무슨 상관이 있**느냐고**?
   - 밥 먹었**느냐고**?

   [높임말] ―느냐고요
   [전체참고] 말할 때 흔히 [느냐구]로 발음되기도 한다.

2. **말하는이가 듣는이의 반복 요청을 받고 반복하여 서술하는 것을 나타낸다.**

   예) • 유미: 어제 잘 들어갔어? 진수: 뭐라고?
   　　유미: 어제 잘 들어갔**느냐고**.
   - 너는 잘 할 수 있**느냐고**.

   [2참고] 내리는 억양과 함께 쓰인다.

### 형태 정보

'-느냐고', '-냐고', '-으냐고':

-느냐고는 동사, '있다/없다', '-았-', '-겠-' 뒤에 쓰인다.

예 가느냐고, 먹느냐고, 있느냐고, 먹었느냐고, 살겠느냐고

-냐고는 받침 없는 형용사 뒤에 쓰인다. 예 예쁘냐고, 크냐고

-으냐고는 받침 있는 형용사 뒤에 쓰인다. 예 많으냐고, 짧으냐고

## -느내 [어디로 가느내?]

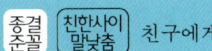 친구에게

1. 제삼자가 묻는 말을 상대방에게 전달하여 물어 보는 뜻을 나타낸다.

   [높임말] -느내요
   [관련어] -대, -래, -재
   [전체참고] 1. 말할 때 쓴다.
   2. '-느냐고 해'의 준꼴.

   예
   - 오늘 회식은 어디로 가느내?
   - 오늘 점심 어디서 먹느내?
   - 언제 출발하겠느내?

### 형태 정보

'-느내', '-내', '-으내':

-느내는 동사, '있다/없다', '-았-', '-겠-' 뒤에 쓰인다.

예 가느내, 먹느내, 있느내, 먹었느내, 살겠느내

-내는 받침 없는 형용사 뒤에 쓰인다. 예 예쁘내, 짧내

-으내는 받침 있는 형용사 뒤에 쓰인다. 예 작으내, 높으내

## -느니¹ [그런 사람과 결혼하느니 혼자 살겠어요.]

 연결어미

1. 〔동사의 현재 시제에만 쓰여〕 비교되는 행동을 나타내는 것으로, 앞의 것보다 뒤의 것이 낫다의 뜻. '-할

−느니

바에야 차라리 뒤의 것을 하겠다'의 뜻.

**예**
- 그런 사람과 결혼하느니 차라리 혼자 살겠어요.
- 앓느니 죽겠네.
- 라면을 먹느니 차라리 안 먹어.

**관련어** −느니보다는
**전체참고** 1. '−느니보다는'으로도 쓰인다. 예 그 사람과 결혼하느니보다는 차라리 혼자 살겠어요.
2. 뒤에 '차라리, 아예' 등이 쓰인다.

### 형태 정보

받침이 있든 없든 **−느니**가 쓰인다. **−느니**는 동사 뒤에 쓰인다.

예 가느니, 사느니(살다), 먹느니, 잡느니

## −느니² [극장에 가느니 마느니 모두 의견이 달랐다.] 〔연결어미〕

1. 〔흔히 '−느니 −느니'로 쓰여〕 서로 대립되는 말을 나열하는 뜻을 나타낸다.

**전체참고** 1. 앞뒤에 대립되는 말이 쓰인다. 2. 인용한 것을 나타낼 때에는 '−다느니'나 '−라느니' 등으로 쓰인다.

**예**
- 극장에 가느니 마느니 모두 의견이 달랐다.
  (마느니 → 말다, 달랐다 → 다르다)
- 그 옷이 어울리느니 안 어울리느니 해 봤자 제 마음에 들어야지.
- 남편 직업에 따라 결혼을 잘 했느니 못 했느니 따지는 사람들도 있다.

### 형태 정보

'−느니', '−니', '−으니':

**−느니**는 동사, '있다/없다', '−았−', '−겠−' 뒤에 쓰인다.
예 가느니, 먹느니, 있느니, 먹었느니, 살겠느니

**−니**는 받침 없는 형용사 뒤에 쓰인다. 예 예쁘니, 크니

**−으니**는 받침 있는 형용사 뒤에 쓰인다 예 작으니, 높으니

## -느라 [농장을 돌보느라 바쁘다.] 〔연결어미〕

1. 앞절이 뒷절에 대한 이유나 원인임을 나타낸다. '~하는 일 때문에'의 뜻.

   〔본말〕 -느라고
   〔전체참고〕 뒤에 명령문이나 청유문이 올 수 없다.

   예 • 저희 부모님은 농장을 돌보시느라 바쁘십니다.
   • 아버지께서는 출근 준비를 하시느라 바쁘셨다.

2. 앞절이 뒷절의 목적임을 나타낸다. '-기 위해'의 뜻.

   예 • 하숙집을 찾느라 여기저기 돌아다녀요.
   • 친구를 기다리느라 카페에 앉아 있었다.

   〔형태 정보〕
   받침이 있든 없든 -느라가 쓰인다. -느라는 동사의 현재형 뒤에만 쓰인다.
   예 가느라, 먹느라

## -느라고 [영화를 보느라고 점심을 못 먹었다.] 〔연결어미〕

1. 이유를 나타낸다. '~하는 일 때문에'의 뜻.

   〔준말〕 -느라
   〔전체참고〕 1. 앞절, 뒷절의 주어가 동일해야 한다. 2. 뒷절에 명령문이나 청유문이 올 수 없다.
   〔1참고〕 '이유'를 나타내는 경우, '-느라고'절의 내용이 뒷절에 부정적인 영향을 끼친다.

   예 • 영화를 보느라고 점심을 못 먹었다.
   • 그 동안 어머니 모시느라고 고생 많았지?
   • 대학 다니느라고 돈을 못 벌었어요.
   • 어제는 손님 대접하느라고 술을 마셨어요.

2. 목적을 나타낸다. '-기 위해'의 뜻.

   예 • 학비를 대느라고 시골 땅을 다 팔았다.

-느라

- 돼지를 키우**느라고** 먹이를 구하러 다녔다.

### 형태 정보

받침이 있든 없든 **-느라고**가 쓰인다. **-느라고**는 동사의 현재형 뒤에만 쓰인다.

예) 가느라고, 먹느라고

### 도움말 1

'-느라고'와 '-아서'의 차이:

'느라고'는 앞에 오는 말과 뒤에 오는 말이 동시에 일어남을 나타낸다.

예 1: 어제 텔레비전을 보느라고 공부를 못했다.

예 2: 어제 텔레비전을 봐서 공부를 못했다.

예 1은 공부를 못하게 된 그 시간대에 텔레비전을 보았음을 나타낸다.

예 2는 텔레비전을 본 결과 공부를 못했음을 나타낸다.

즉, '느라고'는 '아서'와 달리 뒤에 오는 동작과 시간상 일치되는 동작을 하고 있음을 나타낸다.

예 3: 진수: 더 드세요. 유미: 아니요, 너무 많이 먹어서 배가 불러요.

예 4: 진수: 더 드세요. 유미: 아니요, 너무 많이 먹느라고 배가 불러요.(×)

많이 먹은 결과 배가 부른 것이다. 따라서 '느라고'를 쓸 수 없다.

예 5: 글씨를 쓰느라고 듣지 못했어요.

예 6: 글씨를 써서 듣지 못했어요.(×)

글씨는 쓰는 것과 듣는 것이 같은 시간에 일어나므로 '느라고'가 자연스럽다.

### 도움말 2

**'-느라고'와 '-려고'의 차이:**

'-느라고'는 창문을 연 이유를 나타낸다. 그리고 '-려고'는 창문을 연 목적을 나타낸다.

예1: 누가 창문을 열었지?
- a. 제가 청소하느라고 열었어요.
- b. 제가 청소하려고 열었어요.

a는 청소를 하는 것과 창문을 연 것이 동시에 일어난 일이다. 그러나 b는 창문을 연 목적만을 나타내므로 청소를 했을 수도 있고 아직 하지 않았을 수도 있다.

예2: a. ??청소하느라고 창문을 열었지만 청소를 못했어요.
　　　b. 청소하려고 창문을 열었지만 청소를 못했어요.

---

## 는¹ [저는 학생입니다.]　　　조사

### 1. '주제'를 나타낸다

1. (어떤 상황에서) 주어진 것에 대해 말할 때 '는'을 사용한다. '~에 대해 말할 것 같으면'의 뜻.

　예
　- 저는 학생입니다.
　- 여기는 2123국에 1234번입니다.
　- 저것은 한국말로 뭐라고 해요?

2. (이야기에서) 앞에서 말한 것을 다음에 그것에 대해 다시 말할 때 '는'을 사용한다.

[관련어] 가

[전체참고] 말할 때는 'ㄴ'으로 줄어들어 쓰이기도 한다. 예 저는→전

[1참고] '는' 대신에 '가'를 쓰지 못한다. 예 제가 학생입니다.(×)

[2참고] '는' 대신에 '가'를 쓰지 못한다.

예 • 옛날에 김대성이라는 사람이 살고 있었습니다. 그는 물건들을 사고파는 일을 하였습니다. 어느 해, 대성은 멀리 길을 떠났습니다. 며칠 뒤, 대성은 바다 한가운데에서 큰 바람을 만났습니다.　●사고팔다

3. 일반적인 상식에 근거하여 이를 주제로 쓸 때 사용된다.

예 • 해는 동쪽에서 뜬다.

• 지구는 둥글다.

• 인간은 생각하는 동물이다.

## 2. '대조'를 나타낸다

1. 〔문장의 어디에서나 쓰여〕 어떤 사실이 다른 것과 대조되는 것을 나타낸다.　●쓰이다

[참고] '편지는 자주 보내요'는 '전화는 자주 못해요'와 같은 뜻이 들어 있다.

예 • 집에 편지는 자주 보내요.

예 • 앞머리는 조금만 자르고, 뒷머리는 짧게 잘라 주세요.

[참고] 앞절과 뒷절에 대조되는 내용이 올 때 '뭐는 ~, 뭐는 ~'으로 쓰인다.

• 말은 잘하는데 행동은 안 해.

• 김치가 처음에는 맛있었는데 나중에는 너무 시어서 맛이 없었다.　●시다

### 형태 정보

'는', '은':

　　는은 받침 없는 말에 붙어 쓰인다. 예 나는, 사과는

　　은은 받침 있는 말에 붙어 쓰인다. 예 이것은, 밥은

### 도움말

**'가'와 주제를 나타내는 '는'의 쓰임의 차이:**

1. 이야기에서 처음으로 나오는 사람이나 사물을 나타낼 때 '가'가 쓰인다.

2. 앞에 나온 사람이나 사물이 다시 나올 때에는 '는'이 쓰인다.

> **학생들이** 교실에서 한국어를 배우고 있어요. **학생들은** 한국어를 듣고 말하고 씁니다. 아주 잘 합니다.

3. 일반적인 진리나 명제에서 주체를 나타낼 때 '는'이 쓰인다.

   예: · 지구**는** 둥글다.

   · 해**는** 동쪽에서 뜬다.

   · 삼각형의 세 각의 합**은** 180도이다.

## -는² [공부하는 사람들]  〔수식어미〕

1. 어떤 동작이나 상태가 현재 진행 중임을 나타낸다.

   예 · 지금 내가 먹**는** 게 비빔밥이에요.

   · 도서관에는 공부하**는** 사람들이 많아요.

   · 자전거를 타고 가**는** 사람이 있었다.

2. (구체적인 시간을 떠나서) 일반적인 행동이나 상태 그 자체만을 나타낸다.

   예 · 이 옷에 어울리**는** 구두를 살 거예요. ─●이다

   · 모르**는** 게 있으면 언제든지 물어 보세요.

   · 쌀을 주로 먹**는** 나라도 꽤 많다.

[전체참고] 1. 형용사에는 '-ㄴ/ -은'이 쓰인다. 예) 비싼 옷/짧은 치마. 2. '쓰는 편지', '가는 사람'처럼 뒤의 말을 꾸민다.

[주의] 'ㄹ'받침으로 끝나는 동사의 활용. 예) '날다: 나는(○)/날으는(×)'

**형태 정보**

-는, -ㄴ, -은:

- -는은 동사, '있다/없다' 뒤에 쓰인다. 예 가는, 먹는, 있는, 없는
- -ㄴ은 받침 없는 형용사 뒤에 쓰인다. 예 비싼, 큰
- -은은 받침 있는 형용사에 뒤에 쓰인다. 예 짧은, 높은

## -는가¹ [자네 어디 가는가?]

[종결어미] [말조금낮춤] 장인이 사위에게

**1. 물어 보는 뜻을 나타낸다.**

예
- 자네, 어디 가**는가**?
- 여보게, 쓰레기는 어디에 버리**는가**?
- 자네, 취직은 어떻게 되었**는가**?

[관련어] -나⁵

[전체참고] 1. 말할 때 쓴다. 2. '-나'로 바꿔 쓸 수 있다. 예 자네 어디 가나?/가는가? 3. 가리키는 말은 '자네'를, 부르는 말은 '여보게'를 쓴다.

**2.** 〔의문문의 형식이지만 대답을 요구하지 않는 꼴로 쓰여〕 **강조하여 말하는 것을 나타낸다.**

예
- 자네라고 왜 못하겠**는가**?
- 왜 이리 바보처럼 사**는가**? • 살다

**형태 정보**

-는가, -ㄴ가, -은가:

- -는가는 동사, '있다/없다', '-았-', '-겠-' 뒤에 쓰인다.
  예 가는가, 먹는가, 있는가, 갔는가, 살겠는가
- -ㄴ가는 받침 없는 형용사 뒤에 쓰인다. 예 비싼가, 큰가
- -은가는 받침 있는 형용사 뒤에 쓰인다. 예 높은가, 짧은가

## –는가² [환경 문제는 왜 나타나는가?]

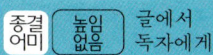

1. 〔논문이나 신문 같은 글말에서〕 일반적인 문제를 제기하는 것을 나타낸다.  전체참고 글말에만 쓰인다.

   예
   - 환경 문제는 왜 나타나는가?
   - 과학은 환경 문제를 해결할 수 있는가?
   - 어떻게 생명이 시작되었는가?

2. (상대방에게 물어 보는 뜻보다는) 스스로의 의문을 나타낸다.

   예
   - 나는 어디에서 왔으며 또한 어디로 향하여 가는가?
   - 나는 왜 항상 바보 같은 행동만 하는가?
   - 나는 그렇게 할 수밖에 없었는가?

   **형태 정보**
   –는가, –ㄴ가, –은가:
   –는가는 동사, '있다/없다', '–았–', '–겠–' 뒤에 쓰인다.
   예 가는가, 먹는가, 있는가, 갔는가, 살겠는가
   –ㄴ가는 받침 없는 형용사 뒤에 쓰인다. 예 비싼가, 큰가
   –은가는 받침 있는 형용사 뒤에 쓰인다. 예 높은가, 짧은가

## –는걸 [날씨가 추워지는걸.]

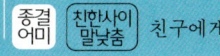

1. 새롭게 알게 된 것을 감탄하여 말하는 것을 나타낸다.

   예
   - 날씨가 점점 추워지는걸. → 춥다

- 장사도 잘하겠**는걸**.
- 이 가방은 나 혼자서도 쉽게 들겠**는걸**.

2. 자기의 생각을 상대방에게 가볍게 주장하여 말하는 것을 나타낸다.

[예]
- 아무래도 믿어지지 않**는걸**.
- 조금 실망했**는걸**.
- 도대체 어떻게 해야 좋을지 전혀 모르겠**는걸**.

[높임말] -는걸요
[관련어] -는데¹
[전체참고] 1. 말할 때 쓴다. 2. 동사의 과거 시제를 나타낼 때에는 '-았는걸'을 써야 한다. '-은걸'은 틀린 것이다. 예) 내가 벌써 다 먹은걸(×)/먹었는걸(○)

### 형태 정보

-**는걸**, -**ㄴ걸**, -**은걸** :

-**는걸**은 동사, '있다/없다', '-았-', '-겠-' 뒤에 쓰인다.
예) 가는걸, 먹는걸, 있는걸, 갔는걸, 하겠는걸

-**ㄴ걸**은 받침 없는 형용사 뒤에 쓰인다. 예) 비싼걸, 큰걸

-**은걸**은 받침 있는 형용사 뒤에 쓰인다. 예) 높은걸, 짧은걸

## -는 것 [먹는 것]

1. 〔동사, '있다/없다'에 붙어서, 이를 명사로 쓰일 수 있게 하는 것으로〕 어떤 동작이나 사실, 사물을 설명하는 것을 나타낸다.

[예]
- 음식은 천천히 씹어 먹**는 것**이 좋습니다.
- 갑자기 차도로 뛰어나오**는 것**은 매우 위험합니다.
- 평화는 모든 사람이 함께 만들어 가**는 것**이다.

## -는 것 같다 [비가 오는 것 같아요.] 〔관용표현〕

1. 〔동사, '있다/없다' 뒤에 쓰여〕 어떤 현재의 사실에 대해 추측하는 것을 나타낸다.

   예 • 비가 오는 것 같아요.
   • 전화를 안 받는 걸 보니 지금 집에 아무도 없는 것 같네.
   • 진수 씨의 직업은 의사인 것 같아요.

## -는다 [학생들이 책을 많이 읽는다.] 〔종결어미〕〔말아주 낮춤〕 할아버지가 아이에게

1. 〔글말에서〕 어떠한 사실을 객관적으로 서술하는 것을 나타낸다. 〔1참고〕 글말에 쓰이는 것은 높임, 낮춤이 없다.

   예 • 학생들이 책을 많이 읽는다.
   • 물이 끓으면 라면을 넣는다.
   • 한국은 여름에 비가 많이 내린다.

2. 〔말할 때, 아주 낮추어〕 어떠한 행위를 현재형으로 서술하는 것을 나타낸다.

   예 • 진수: 엄마, 뭐 하세요? 엄마: 밥 먹는다.
   • 은정아, 내가 잡는다.
   • 야, 저기 아빠 오신다.

3. 〔말할 때, 아주 낮추어〕 계획하고 있거나 확정된 미래의 사실을 알리는 것을 나타낸다.

   예 • 난 다음 주에 우리 아빠랑 동물원에 간다.

- 난 이제 대학생이 **된다**.

**형태 정보**

-**는다**, -**ㄴ다**, -**다**:

-**는다**는 받침 있는 동사 뒤에 쓰인다. 예 먹**는다**, 잡**는다**

-**ㄴ다**는 받침 없는 동사와 'ㄹ' 받침으로 끝난 동사 뒤에 쓰인다.
　　　예 가**ㄴ다**, 보**ㄴ다**, 사**ㄴ다**(살다)

-**다**는 형용사 뒤에 쓰인다. 예 예쁘**다**, 짧**다**

## -는 대로 [퇴근하는 대로 같이 가 보자.] 〔관용표현〕

1. 〔동사 뒤에 쓰여〕 '어떤 일이 나타나는 그 즉시'의 뜻.

   예 • 퇴근하**는 대로** 같이 가 보자.

   • 손님들이 오**는 대로** 음식을 주세요.

   • 이 편지 받**는 대로** 답장 써. •쓰다

2. 〔동사 뒤에 쓰여〕 '어떤 일이나 상태가 나타날 때마다'의 뜻.

   예 • 같은 동네 사니까 틈이 나**는 대로** 놀러 와.

   • 아이가 사 달라**는 대로** 다 사 주면 버릇이 나빠진다.

   • 돈이 생기**는 대로** 써 버린다. •쓰다

3. 〔동사 뒤에 쓰여〕 '어떤 모양이나 상태와 같이' 뜻.

   예 • 내가 시키**는 대로** 해.

   • 아**는 대로** 다 말해 봐. •알다

## –는 대신 [대답을 하는 대신 전화를 끊었다.] 〔관용표현〕

1. 〔동사, '있다/없다' 뒤에 쓰여〕 '앞말이 나타내는 행동이나 상태와 다르거나 그와 반대로'의 뜻. 〔전체참고〕 '-는 대신에'로도 쓰인다. 예) 그는 대답을 하는 대신에 전화를 끊었다.

   예)
   - 그는 대답을 하는 대신 전화를 끊어 버렸다.
   - 유미는 화를 내는 대신 아무 말도 없이 가만히 있었다.
   - 사람들은 열심히 일하는 대신 재미있게 놀려고 한다.

2. 〔동사, '있다/없다' 뒤에 쓰여〕 앞선 행동으로 인해 그것에 해당하는 다른 것을 하는 것을 나타낸다.

   예)
   - 용돈을 주는 대신 설거지는 내가 하기로 했다.
   - 숙제를 해 주는 대신 옷을 빌려 주기로 했다.

## –는데¹ [정말 잘 먹는데.] 〔종결어미〕〔친한사이 말낮춤〕 친구에게

1. 〔어떠한 사실을 인정할 때 내는 올리는 억양과 함께 쓰여〕 예상하지 못한 어떤 사실에 대해 감탄하여 말하는 것을 나타낸다.

   예)
   - 정말 잘 먹는데.
   - 네가 음식을 이렇게 잘하는지 몰랐는데. 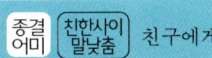 모르다
   - 그러다가 정말 1등 하겠는데.

2. 〔질문을 나타내는 올리는 억양과 함께 쓰여〕 일정한 설명을 요구하며 물어 보는 뜻을 나타낸다.

   예)
   - 부모님께서 어디에 가시는데?

-는 대신

- 돈이 얼마나 있는데?
- 너는 언제 올라왔는데?
- 점심에 뭘 먹었는데?

[2참고] 1. '-겠-' 뒤에 안 쓰인다. 2. 종결 어미 '-아'의 뜻이지만, '-아'와 달리 '왜 그래' 등과 같이 상대방의 반응을 기대하는 것을 나타낸다.

3. 〔끝을 내리는 억양과 함께 쓰여〕 어떠한 상황에 대해 이해할 수 없다는 듯이 혼잣말을 하는 것을 나타낸다.

[3참고] 연결 어미 '는데'가 종결 어미처럼 쓰인 것. 뒤에 생략된 말이 있다. 예 소리가 들리는 것 같았는데 (내가 잘못 들었나).

예
- 무슨 소리가 들리는 듯했는데.
- 전에는 이러지 않았는데.
- 이 시간에 길이 막힐 이유가 없는데.

4. 〔끝을 올리는 억양과 함께 쓰여〕 이런 상황이라고 전달하여 말하면서 듣는이의 반응을 기대하는 것을 나타낸다.

예
- 저녁 때까지 꼭 시내로 가야 하는데.
- 연극이나 볼까 생각 중이었는데.
- 나는 한국말을 배우려고 했는데.
- 진수: 대성아, 너 내 동생 유미 봤니?
  대성: 아니, 못 봤는데.

**형태 정보**

-는데, -ㄴ데, -은데 :

-는데는 동사, '있다/없다, -았-' 뒤에 쓰인다.
  예 가는데, 먹는데, 사는데(살다), 있는데, 잤는데

-ㄴ데는 받침 없는 형용사 뒤에 쓰인다. 예 비싼데, 큰데

-은데는 받침 있는 형용사 뒤에 쓰인다. 예 높은데, 짧은데

# -는데² [산책하러 가는데 같이 가요.]  〔연결어미〕

## 1. 상황이나 배경 등을 제시한다

1. 뒤의 내용에 대한 설명이 되는 배경을 제시하는 것을 나타낸다.

   예
   - 친구한테 선물을 주려고 하는데 뭘 주면 좋겠어요?
   - 지금 산책하러 가는데 같이 갈래요?
   - 어제 남대문 시장에 갔는데 사람들이 아주 많았다.

2. 어떠한 것을 소개하거나 설명하기 위하여 일반적 상황을 제시하는 것을 나타낸다.

   예
   - 옛날에 한 공주가 있었는데, 아주 예쁘고 착했어요.
   - 어떤 나라에 한 부부가 있었는데, 나이가 들도록 아들이 없었다.
   - 회사에 취직을 했는데, 월급이 아주 많았다.
   - 저는 일본에서 왔는데, 한국에서 공부하고 있습니다.

   [2참고] '-는데'만 이 기능으로 쓰인다. 뒷절이 생략된 채 쓰이지 못한다. 흔히 동화, 옛날이야기 등의 처음에서 뒤의 이야기를 하기 위한 배경이 되는 상황을 설명하는 데에 쓰인다.

3. 뒤에서 일어나는 행동의 원인, 근거 등을 제시하는 것을 나타낸다.

   예
   - 비가 오는데 우산을 가지고 갑시다.
   - 지금 모두 모여서 기다리는데 빨리 가자고.

   [3참고] 뒷절에 주로 청유문이나 명령문이 온다.
   [3참고] [관련어] -니까

## 2. 뒷절과 대립되는 사실을 제시한다.

1. 뒤에 오는 사실과 대립되는 사실을 제시하는 것을 나타낸다. '-지만'이나 '-나'의 뜻.

예
- 힘들 것 같았**는데** 우수한 성적으로 합격했다.
- 마이클은 미국 사람**인데** 한국말을 아주 잘해요.
- 사탕을 먹지 않았으면 좋겠**는데** 우리 아이는 너무 많이 먹는다.

### 형태 정보

-는데, -ㄴ데, -은데:

-**는데**는 동사, '있다/없다', '-았-' 뒤에 쓰인다.
   예 가는데, 먹는데, 사는데(살다), 있는데, 갔는데

-**ㄴ데**는 받침 없는 형용사 뒤에 쓰인다. 예 비싼데, 큰데

-**은데**는 받침 있는 형용사 뒤에 쓰인다. 예 높은데, 짧은데

## -는데도 [내가 가는데도 그는 듣지 못했다.] 〔연결어미〕

**1.** 앞의 사실과 관계없이 뒤의 사실이 일어나는 것을 나타낸다. '~에 상관없이'의 뜻.

〔전체참고〕 강조할 때는 '-ㄴ데도 불구하고'를 쓴다.
예 밥을 먹었**는데도 불구하고** 배가 고팠다.

예
- 내가 가**는데도** 그는 듣지 못했다.
- 은정아 뭘 하니? 친구가 왔**는데도** 문을 열어 주지 않고.
- 바쁘**신데도** 와 주셔서 감사합니다.

**2.** 〔뒷말이 생략된 채 종결 어미처럼 쓰여〕 표현된 상황을 근거로 상대방에게 반박하는 것을 나타낸다.

〔2참고〕〔높임말〕 -는데도요

예
- 너 정말 안 갈 거야? 선생님께서 부르시**는데도**?
- 영수: 밖에 나가자! 제인: 비가 오**는데도**?

**형태 정보**

'-는데도', '-ㄴ데도', '-은데도':

- -는데도는 동사, '있다/없다', '-았-' 뒤에 쓰인다.
  - 예) 가는데도, 먹는데도, 사는데도(살다), 있는데도, 갔는데도
- -ㄴ데도는 받침 없는 형용사 뒤에 쓰인다. 예) 비싼데도, 큰데도
- -은데도는 받침 있는 형용사 뒤에 쓰인다. 예) 높은데도, 짧은데도

## -는 동안 [친구를 기다리는 **동안** 신문을 봅니다.]  〔관용표현〕

1. 〔동사, '있다/없다' 뒤에 쓰여〕 '앞의 동작이나 상태가 계속되는 사이에'의 뜻. → 쓰이어

   〔전체참고〕 '-는 동안에'로도 쓰인다. 예) 네가 없는 **동안**에 많은 일이 있었어.

   예) • 한국에 사는 **동안** 여행을 많이 다니고 싶어요. → 살다
   • 친구를 기다리는 **동안** 신문을 봅니다.
   • 네가 없는 **동안** 많은 일이 있었어.

## -는 바람에 [교통사고가 나는 **바람에** 길이 막혔다.]  〔관용표현〕

1. 〔동사에만 쓰여〕 뒷말의 근거나 원인을 나타낸다. '그것 때문에'의 뜻. 흔히 예기치 못한 부정적인 일에 대해 쓰인다.

   예) • 그 근처에서 큰 교통사고가 나는 **바람에** 길이 많이 막혔다.
   • 그가 우는 **바람에** 모두 따라 울었다. → 울다
   • 버스가 갑자기 출발하는 **바람에** 넘어졌다.

## －는 중이다 [시내에 나가는 중이에요.] 〔관용표현〕

1. 〔동사 뒤에 쓰여〕 '무엇이 계속 진행되는 과정이다'의 뜻.

   〔전체참고〕 '-는 중에'도 쓰인다. 예 김밥을 사 오는 중에 누나를 만났다.

   예
   - 친구와 약속이 있어서 시내에 나가는 **중이에요**.
   - 전자레인지에 음식을 데우고 있는 **중이에요**.
   - 사장님은 지금 회의를 하시는 **중입니다**.

## －는지 [어디에 있었는지 말해.] 〔연결어미〕

1. 〔'-는지 알다/모르다'나 '무엇, 어디, 누구'와 같이 쓰이거나 '-는지 -는지'로 쓰여〕 막연한 의문을 나타낸다.

   〔관련어〕 －ㄹ지
   〔1참고〕 '-는지'가 뒤에 오는 '알다/모르다'의 목적어로 쓰인다. 예 어디에 있었는지를 말해.

   예
   - 먼저 뭘 하고 계시는**지** 말씀해 주십시오.
   - 네가 어디에 있었는**지** 말해.
   - 왜 여기에 왔는**지** 알고 있습니까?
   - 밖에 비가 오는**지** 안 오는**지** 알 수 있어요?

2. 〔'얼마나/어찌나 -는지 모르다'로 쓰여〕 매우 그러하다고 강조하는 것을 나타낸다.

   예
   - 그분이 얼마나 일을 잘하는**지** 몰라요. ●모르다
   - 그 영화가 얼마나 슬펐는**지** 몰라. ●슬프다
   - 얼마나 고생을 했는**지** 몰라.

3. 뒤의 사실에 대한 근거나 원인을 나타낸다.

   〔3참고〕 '-겠-' 뒤에 안 쓰인다.

예
- 누가 오는지 밖이 시끄럽다.
- 진수가 방에 있는데 뭘 하는지 아무 소리도 안 나.
- 수도가 고장이 났는지 물이 안 나와요.
- 기분이 얼마나 좋은지 날아갈 것 같아요.

**형태 정보**

-는지, -ㄴ지, -은지:

-는지는 동사, '있다/없다', '-았-' 뒤에 쓰인다.
  예 가는지, 먹는지, 사는지(살다), 있는지, 갔는지

-ㄴ지는 받침 없는 형용사 뒤에 쓰인다. 예 비싼지, 큰지

-은지는 받침 있는 형용사 뒤에 쓰인다. 예 높은지, 짧은지

## -는 척하다 [모르는 척한다.]  관용표현

1. 〔동사 뒤에 쓰여〕 앞 말이 뜻하는 행동을 거짓으로 그럴 듯하게 꾸미는 것을 나타낸다.

   전체참고 -는 체하다 예 앞으로는 좀 아는 체하지 마.

예
- 유미는 나를 잘 알면서도 모르는 척한다.
- 영숙이는 계속 창문 밖을 보는 척했다.

## -는 체하다 [자기 아내를 사랑하는 체한다.]  관용표현

1. 〔동사 뒤에 쓰여〕 '(어떠한 것처럼 그럴 듯하게) 거짓으로 꾸미다'의 뜻.

   비슷한말 -는 척하다 예 제발 저를 모르는 척하십시오.

예
- 그는 자기 아내를 사랑하는 체한다.
- 아는 체한다든지 있는 체한다든지 해서는 안 됩니다.
   └─● 알다

## -는 편이다 [공부를 잘하는 편이다.] 〔관용표현〕

1. 〔동사, '있다/없다' 뒤에 쓰여〕 '대체로 그러한 쪽에 속한다'의 뜻.

   〔전체참고〕 1. '잘', '좀'처럼 비교하는 말과 함께 쓰인다. 2. '-는 편'으로도 쓰인다. ⓔ 너와 사느니 차라리 혼자 사는 편이 낫다.

   예
   - 유미는 공부를 잘하는 편이다.
   - 진수는 일찍 자고 일찍 일어나는 편이에요.
   - 저는 아무거나 잘 먹는 편이에요.

## 니¹ [과자니 빵이니 많이 샀다.] 〔접속조사〕

1. ☞ 이니(p.234)

   예
   - 과자니 빵이니 많이 사 들고 친구 집으로 갔다.
   - 그 가게에는 바지니 치마니 양복이니 온갖 옷들이 다 있었다.
   - 책이니 신문이니 다 찢어 버렸다.

   〔형태 정보〕
   '니', '이니':
   
   니는 받침 없는 말에 쓰인다. ⓔ 과자니, 사과니
   
   이니는 받침 있는 말에 붙어 쓰인다. ⓔ 책이니, 연필이니

## -니² [너 뭐 먹니?] 〔종결어미〕〔말아주낮춤〕 할아버지가 아이에게

1. 〔아주 낮추어〕 상대방에게 물어 보는 뜻을 나타낸다.

   예
   - 너 뭐 먹니?

- 많이 아프니?
- 너 어제 하루 종일 어디 갔었니?
- 이거 너무 짧으니?

전체참고 1. 말할 때는 '-느냐'보다 '-니'를 많이 쓴다. 2. '-느냐'보다 친근하고 부드러운 느낌을 나타낸다.

2. 〔의문문의 형식이지만 대답을 요구하지 않는 꼴로 쓰여〕 강조하여 말하는 것을 나타낸다.

예
- 이 돈을 어떻게 받을 수 있겠니?
- 차가 다니는 길에서 놀면 어떡하니?

**형태 정보**

'-니', '-으니':

-니는 받침이 있건 없건 동사와 받침 없는 형용사와 'ㄹ' 받침으로 끝나는 동사, 형용사와 '이다', '-았-', '-겠-' 뒤에 쓰인다. 예 가니, 먹니, 비싸니, 사니(살다), 다니(달다), 학생이니, 먹었니, 먹겠니

-으니는 받침 있는 형용사 뒤에 쓰인다. 예 높으니, 짧으니

## -니³ [지금 생각하니 우습다.]   연결어미

1. 뒤에 오는 말에 대하여 원인이나 근거를 나타낸다.

관련어 -므로
전체참고 '-니까'로 바꿔 쓸 수 있다.

예
- 지금 생각하니 우습다.
- 힘들 테니 좀 쉬어.
- 어제 그렇게 놀았으니 안 피곤할 리가 없지요.

2. 앞의 사실이나 행동이 진행된 결과 뒤의 사실이 그러하는 것을 나타낸다.

2참고 '-니' 앞에 '-겠-', '-았-'이 오지 않는다.

예
- 목욕탕에 가 보니 물이 흐르고 있었다.

- 이상한 예감에 열어 보니 편지가 들어 있었다.

- 집안에 들어가니 이상한 소리가 들렸다.

**형태 정보**

'-니', '-으니':

-니는 받침 없는 동사, 형용사와 'ㄹ' 받침으로 끝나는 동사, 형용사와 '이다' 뒤에 쓰인다. 예 가니, 비싸니, 사니(살다), 다니(달다), 학생이니

-으니는 받침 있는 동사, 형용사, '-았-' 뒤에 쓰인다.

예 먹으니, 높으니, 놀았으니

## -니까 [비가 오니까 우산을 가져가세요.] 〔연결 어미〕

1. 뒤에 오는 말에 대하여 이유나 원인을 나타낸다.

예
- 비가 오니까 우산을 가져가세요.
- 가루약은 먹기 힘드니까 알약으로 주세요.
  └─ 힘들다
- 점심시간도 다 됐으니까 같이 점심이나 먹읍시다.
  └─ 되다
- 오늘 월급을 받았으니까 차값은 내가 낼게.
- 네가 없을 때의 일이니까 너는 잘 모르겠구나.
- 너는 남자니까 남자들이 어떤 선물을 좋아하는지 잘 알 거 아니니?

[전체참고] '-니'로 쓸 수 있다
[1참고] 1. '-았-' 뒤에도 쓰인다. 2. 종결 어미처럼 쓰인다. 예 왜 영어 공부를 해? 미국에 갈지도 모르니까. 3. '이다' 뒤에도 쓰인다.

2. 〔주어가 1인칭인 문장에 쓰여〕 앞의 사실이나 행동이 진행된 결과 뒤의 사실이 그러하거나 어떠한 행동이 일어나는 것을 나타낸다.

예 • 버스를 타고 보니까 자리가 없었다.

[2참고] '-니까' 앞에 -겠-', '-았-'이 올 수 없고, 뒷절에는 대부분 현재나 완료가 온다.

- 말씀을 듣고 보**니까** 제가 틀렸군요.
- 물건을 사고 나오**니까** 비가 내리고 있었다.

### 형태 정보

**'-니까', '-으니까':**

-니까는 받침 없는 동사, 형용사와 'ㄹ' 받침으로 끝난 동사, 형용사와 '이다' 뒤에 쓰인다.

> 예) 가**니까**, 비싸**니까**, 사**니까**(살다), 다**니까**(달다), 학생이**니까**

-으니까는 받침 있는 동사, 형용사, '-았-' 뒤에 쓰인다.

> 예) 먹**으니까**, 좋**으니까**, 놀았**으니까**

### 도움말1

**'-니까'와 '-므로'의 차이:**

1. '-니까'는 말과 글에 쓰인다. '-므로'는 글에 쓰인다.
2. '-니까'는 '요'가 붙어 종결 어미처럼 쓰일 수 있다. '-므로'는 그렇지 않다.

> 예: 일요일에는 청소를 해요. 평일에는 바빠서 못 하**니까요**.

### 도움말2

**'-니까'와 '-아서', '-기 때문에'의 차이:**

뒷절에 명령형 '-십시오', 청유형 '-ㅂ시다', '-ㄹ까요'가 쓰이면 '-니까'만 쓰일 수 있다. '-아서', '-기 때문에'는 쓰일 수 없다.

> 예: 비가 오**니까** 우산을 가지고 가십시오.(○)
> 비가 **와서** 우산을 가지고 가십시오.(×)
> 오늘은 바쁘**니까** 내일 만납시다.(○)
> 오늘은 바쁘**기 때문에** 내일 만납시다.(×)

### 도움말3

**'-니'와 '-니까'의 차이:**

1. '-니까'는 '-니'의 힘줌말이다.
2. '-니'는 글에 많이 쓰인다. '-니까'는 말과 글에 쓰인다.

## 다¹ [사과다 귤이다]  〔접속조사〕

1. ☞ **이다**¹(p.235)

   예 • 사과**다** 귤**이다** 많이 사 왔다.

   • 영하는 수영**이다** 테니스**다** 못 하는 운동이 없다.

   • 여기는 책**이다** 노트**다** 없는 게 없구나.

   **형태 정보**

   **다¹, 이다¹:**

   **다**는 받침 없는 말 뒤에 쓰인다.  종이**다**, 지우개**다**

   **이다**는 받침 있는 말 뒤에 쓰인다.  연필**이다**, 책**이다**

## -다² [가다]  〔어미〕

1. 〔동사, 형용사, '이다'의 어간에 붙어 쓰여〕 **기본형임을 나타낸다.**   〔전체참고〕 사전에서 동사, 형용사, '이다'를 나타낼 때 쓰인다.

   예 • 가**다**/먹**다**/좋**다**/예쁘**다**/싶**다**/않**다**/이**다**

   **형태 정보**

   받침이 있든 없든 **-다**가 쓰인다. **-다**는 모든 용언 뒤에서 쓰인다.

    하**다**, 먹**다**, 예쁘**다**, 싶**다**

## —다³ [이것은 책이다.]

종결어미 ｜ 말아주 낮춤 ｜ 할아버지가 아이에게

1. 〔신문, 교과서와 같은 글말에 쓰여〕 **(격식을 갖추어)** 사실을 서술하는 것을 나타낸다.

   1참고 가장 일반적으로 쓰이는 격식체의 서술을 나타내는 어미이다.

   예
   - 이것은 책이**다**.
   - 한 남자가 의자에 앉아 있**다**.
   - 오늘밤은 날씨가 참 좋았**다**.

2. 〔'-았-', '-겠-' 뒤에도 붙어, 말할 때 아주 낮추어〕 어떠한 사실을 서술하는 것을 나타낸다.

   2참고 현재형일 때에는 '-는다'와 '-ㄴ다'가 쓰인다.
   예 먹는다, 간다

   예
   - 대성아, 우리 어제 놀이 공원에 갔**다**.
   - 얘야, 나 밥 먹었**다**.
   - 지금쯤은 집에 도착했겠**다**. 전화 좀 해 봐라.

   **형태 정보**
   받침이 있든 없든 **-다**가 쓰인다. **-다**는 형용사, '이다', '-았-', '-겠-' 뒤에 쓰인다.
   예 예쁘**다**, 짧**다**, 책이**다**, 먹었**다**, 살겠**다**

## —다⁴ [한국 대학생 백두산에 오르다.]

종결어미 ｜ 높임 없음 ｜ 글에서 독자에게

1. 〔신문의 머릿기사와 같은 글말에 쓰여〕 말하는이가 정해지지 않은 듣는이에게 어떤 사실을 객관적으로 알리는 것을 나타낸다.

   전체참고 1. 어떠한 시제 형태도 취하지 않는다.
   2. 글말에서만 쓴다.

   예
   - 한국 대학생 백두산에 오르**다**.
   - 한국 축구 희망이 보이**다**.

2. 〔일기와 같은 글말에 쓰여〕 어떤 사실을 단지 기록하는 것을 나타낸다.

예 ▪ 오늘 오후 2시 학교에서 진수를 만나다.

▪ 어제 고향엘 다녀오다.

형태 정보
받침이 있든 없든 **-다**가 쓰인다. **-다**는 동사 뒤에 쓰인다.
예 가다, 먹다, 오다

## -다⁵ [먹다 남긴 밥]   연결어미

1. '-다가'의 준말. ☞ 다가(p.92)    본말 -다가

형태 정보
받침이 있든 없든 **-다**가 쓰인다. **-다**는 동사, 몇몇 형용사, '-았-' 뒤에 쓰인다.
예 가다, 먹다, 갔다

## -다가 [비가 오다가 이제는 눈이 온다.]   연결어미

1. 상황이 중단되고, 바뀌는 것을 나타낸다.   준말 -다⁵

1. 어떠한 행위가 진행되어 가는 도중에 그 행위를 그치고 다른 행위로 옮겨가는 것을 나타낸다.

예 ▪ 아까는 비가 오다가 이제는 눈이 온다.

▪ 술 마시다가 어딜 가!

▪ 미국에서 회사에 다니다가 한국에 왔어요.

[1참고] '-았다가'로 쓰이면 그 행위를 끝낸 후 다른 행위로 옮겨가는 것을 나타낸다.

2. 〔'-다가 말다/그만두다/그치다/두다'로 쓰여〕 어떠한 행위나 상태가 진행되어 가는 도중에 그것이 그치는 것을 나타낸다.

예
- 어제 하다가 그만둔 나머지 일을 끝냈다.
- 옷을 벗으려고 하다가 말았다.
- 비가 오다가 그쳤다.

3. 어떠한 행위가 진행되어 가는 도중에 다른 행위나 상황이 벌어짐을 나타낸다. '~는(던) 중에'의 뜻.

예
- 집에 오다가 백화점에 들렀어. — 들르다
- 나는 커피를 마시다가 그 생각을 했다.
- 잠을 자다가 꿈을 꾸었다.

## 2. 행위의 반복을 나타낸다.

1. 〔주로 '-다가 -다가 하다'로 쓰여〕 두 가지 사실이 번갈아 일어나는 것을 나타낸다.

예
- 버스는 가다가 서다가 하였다.
- 부모의 기분대로 야단을 치다가 안 치다가 하면 아이의 교육에 안 좋다.
- 진수는 눈을 감았다가 떴다가 했다. — 뜨다

[1참고] 1. 주로 대립되는 동작을 나타내는 동사가 쓰인다. 2. 말할 때는 준말인 '-다'가 '-다가'보다 더 잘 쓰인다.
예) 가다 서다 하였다

2. 〔'-다(가) -다(가)'로 쓰여〕 행위가 계속되는 것을 강조하여 나타낸다.

예
- 하다가 하다가 못해 그만두었다.

[2참고] 1. 동일한 동작을 나타내는 동사와 결합된다. 2. '-다가'보다 '-다' 꼴로 더 자주 쓴다.
예) 보다 보다 처음이다

—다고

- 정말이지 그렇게 예쁜 여자는 보다가 보다가 처음이었다니까요.

- 쫓기다가 쫓기다가 힘이 다했다.

### 3. 원인, 조건, 근거 등을 나타낸다.

1. 앞의 일이 뒤에 일어나는 일의 나쁜 쪽으로의 이유나 원인을 나타낸다.

예
- 영희는 늦게까지 밖에서 놀다가 꾸중을 들었다. → 듣다
- 나는 지난번에 구두를 신고 갔다가 발이 아파서 죽을 뻔했어. → 아프다

**형태 정보**
받침이 있든 없든 **-다가**가 쓰인다. **-다가**는 동사, 일부 형용사, '-았-' 뒤에 쓰인다. 예 가다가, 먹다가, 잡았다가

## —다고¹ [그래, 알았다고.]   〔종결어미〕〔친한사이 말낮춤〕 친구에게

1. 강하게 서술하거나 자기가 한 말을 다시 말하는 것을 나타낸다.

〔높임말〕 —다고요
〔관련어〕 라고, —자고
〔전체참고〕 1. 말할 때 쓴다.
2. 흔히 [다구]로 발음된다.

예
- 그래, 알았다고.

- 아내: 뭐라고요?
  남편: 나한텐 당신밖에 없다고. 정말이야.

- 나도 옛날에는 미남이었다고.

2. 〔'얼마나, 몇, 왜'와 같은 묻는 말과 함께 쓰여〕 그러하다고 강조하여 말하는 것을 나타낸다.

예
- 우리 엄마가 얼마나 예쁘**다고**.
- 내가 얼마나 당황했**다고**.
- 내가 그 동안 몇 번이나 얘기했**다고**.

3. 〔끝을 내리는 억양과 함께 쓰여〕 말하는이가 예상했던 것과 사실이 다르다는 것을 알고 걱정했다거나 하였음을 나타낸다.

예
- 에이, 난 또 영숙이가 결혼했**다고**.
- 난 또 유미가 혼자 갔**다고**. 언니가 같이 갔지?

4. 〔올리는 억양과 함께 쓰여〕 상대방에게 들은 사실을 반복하여 말하면서 확인하여 물어 보는 뜻을 나타낸다. (듣다)

예
- 뭐라고? 아빠한테 무슨 일이 있었**다고**?
- 뭘 먹었**다고**? 그게 어디서 났는데?
- 네가 저녁을 사겠**다고**? 왜?

### 형태 정보

'-**다고**', '-**ㄴ다고**', '-**는다고**', '-**라고**':

- -**다고**는 형용사, '-았-', '-겠-' 뒤에 쓰인다.
  예 예쁘**다고**, 짧**다고**, 먹었**다고**, 먹겠**다고**

- -**ㄴ다고**는 받침 없는 동사 뒤에 쓰인다. 예 간**다고**, 한**다고**

- -**는다고**는 받침 있는 동사 뒤에 쓰인다. 예 먹는**다고**, 잡는**다고**

- -**라고**는 '이다', '아니다' 뒤에 쓰인다. 예 책이**라고**, 책이 아니**라고**

## -다고² [그는 바쁘다고 매우 서둘렀다.]

1. 앞의 일이 뒤의 일의 원인이나 이유인 것을 나타낸다.

   예
   - 그는 바쁘다고 매우 서둘렀다. • 서두르다
   - 우리 엄마가 내가 입을 옷이 없다고 한 벌 사 주셨어.
   - 수업 시간에 떠들었다고 선생님께 혼났어.

   관련어 -라고
   전체참고 '-다고³'과 달리 '-다'로 바꿔 쓸 수 없다.
   1참고 1. 뒷절에 명령, 청유형이 올 수 없다. 예 바쁘다고 서둘러라.(×) 2. '-겠-' 뒤에 쓰인다.

2. 〔뒷절에 주로 명령이나 부정을 나타내는 말 등이 쓰여〕 앞의 일이 뒤의 일의 근거인 것을 나타낸다. '-ㄴ 이유로 해서'의 뜻.

   예
   - 우리 엄마가 전화할 데 있다고 빨리 끊으래.
   - 책상에 앉아만 있다고 공부가 잘 될 리가 있나?
   - 얼굴이 예쁘다고 좋은 여자는 아니야.

   **형태 정보**

   '-다고', '-ㄴ다고', '-는다고', '-라고':
   - -다고는 형용사, '-았-', '-겠-' 뒤에 쓰인다.
     예 예쁘다고, 짧다고, 먹었다고, 먹겠다고
   - -ㄴ다고는 받침 없는 동사 뒤에 쓰인다. 예 간다고, 한다고
   - -는다고는 받침 있는 동사 뒤에 쓰인다. 예 먹는다고, 잡는다고
   - -라고는 '이다', '아니다' 뒤에 쓰인다. 예 책이라고, 책이 아니라고

## -다고³ [밥을 먹었다고 했다.]

1. 서술문의 형식으로 표현된 내용을 간접적으로 옮겨 말하는 것을 나타낸다.

―다고

| 예 | • 너 조금 전에 밥을 먹었**다고** 했잖아. | 관련어 ―냐고, ―라고, ―자고 |

• 엄마: 네 형 언제 가겠**다고** 하더냐? 아들: 다음 주에 가겠**다고** 하던데요.

1참고 '―다'로 쓰이기도 한다. 예 밥을 먹었**다** 했잖아.

• 서울역에 공항 버스가 있**다고** 들었습니다.
  ━━━━━ 듣다

2. 어떠한 행위의 '무엇을'에 해당하는 내용 절을 나타낸다.

| 예 | • 너 다시는 안 그러겠**다고** 엄마하고 약속했잖아.

2참고 1. '보고하다', '약속하다', '명령하다', '생각하다', '보다', '여기다' 등의 동사와 쓰인다. 2. '―고'가 생략되고 '―다'로 쓰이기도 한다.

• 유미가 전화했었**다고** 전해 주세요.

• 그는 약이 효과가 있**다고** 생각했다.

• 그 사건은 사실이 아니었**다고** 여기는 사람들이 많다.

3. 속담이나 일반적인 사실에 근거하여 설명적 내용을 이끄는 것을 나타낸다.

3참고 '―다'로 안 쓰인다. 예 먼 친척보다 이웃사촌이 낫**다** 정말 고마워요.(×)

| 예 | • 열 손가락 깨물어 아프지 않은 손가락이 없**다고** 부모님의 아들, 딸에 대한 사랑은 늘 똑같다.

• 먼 친척보다 이웃사촌이 낫**다고** 정말 고마워요.
  • 멀다

### 형태 정보

'**-다고**', '**-ㄴ다고**', '**-는다고**', '**-라고**':

-**다고**는 형용사, '-았-', '-겠-' 뒤에 쓰인다.
  예 예쁘**다고**, 짧**다고**, 먹었**다고**, 먹겠**다고**

-**ㄴ다고**는 받침 없는 동사 뒤에 쓰인다. 예 간**다고**, 한**다고**

-**는다고**는 받침 있는 동사 뒤에 쓰인다. 예 먹**는다고**, 잡**는다고**

-**라고**는 '이다', '아니다' 뒤에 쓰인다. 예 책이**라고**, 책이 아니**라고**

## －대 [건강이 안 좋대.] 〔종결준꼴〕〔친한사이 말낮춤〕 친구에게

1. 듣거나 겪은 사실을 근거로 설명하여 말하는 것을 나타낸다.

   〔높임말〕 －대요²
   〔관련어〕 －내, －래, －재
   〔전체참고〕 1. 말할 때 쓴다.
   2. '－다고 해'의 준꼴.

   예 • 진수가 건강이 안 좋대.

   • 영숙이가 어제 일본에 갔대.

   • 유럽 사람들도 그렇대.

2. 듣거나 겪은 사실을 근거로 물어 보는 뜻을 나타낸다.

   예 • 부모님께서 유학을 보내 주시겠대?

   • 그걸 어떻게 알았대?

   • 저 친구는 그걸 어디서 들었대? ● 듣다

   **형태 정보**

   －대, －ㄴ대, －는대, －래:

   －대는 형용사, －았－, －겠－ 뒤에 쓰인다. 예 예쁘대, 짧대, 먹었대, 먹겠대

   －ㄴ대는 받침 없는 동사 뒤에 쓰인다. 예 간대, 한대

   －는대는 받침 있는 동사 뒤에 쓰인다. 예 먹는대, 잡는대

   －래는 '이다', '아니다' 뒤에 쓰인다. 예 책이래, 책이 아니래

## 대로 [내 말대로 해 봐.] 〔조사〕

1. 〔'가르침, 명령, 지시'와 같은 명사 뒤에 쓰여〕 앞에 오는 말에 근거하거나 달라지는 것이 없음을 나타낸다.

   예 • 일단 내 말대로 해 봐.

- 오늘 예정**대로** 극장에 갑니까?
- 순서**대로** 말해 보세요.
- 오늘은 제가 한턱낼 테니까, 마음**대로** 시키세요.

2. 〔'말, 속담, 이야기'와 같은 말에 붙어〕 '그 내용이 뜻하는 바와 같이', '그처럼'의 뜻.

**예**
- 가난한 집에 자식이 많다는 속담**대로** 그들은 자식을 많이도 낳았다.
- 좋은 약이 입에 쓰다는 말**대로** 이 말이 지금의 당신에게는 큰 도움이 될 것입니다.

**전체참고** '대로'는 명사에 바로 붙는 조사다. 그러나 '퇴근하는 대로 오세요', '좋을 대로 해'의 '대로'는 꾸미는 어미 '-는', '-을' 뒤에 쓰인 의존 명사로서 띄어 써야 한다.

> **형태 정보**
> 받침이 있든 없든 **대로**가 쓰인다.
> **예** 내 말**대로**, 명령**대로**, 순서**대로**

## -대요¹ [진수가 또 거짓말했대요.]

**종결어미** **친한사이 말높임** 선배, 어른에게

1. 상대방의 일을 다른 사람에게 일러 주는 것을 나타낸다.
   → 이르다

**예**
- 선생님, 진수가 또 거짓말했**대요**.
- 엄마, 누나가 혼자만 라면 먹었**대요**. 나는 안 주고.
- 대성이가 동생을 때렸**대요**.

2. 〔의문문의 형식이지만 대답을 요구하지 않는 꼴로 쓰여〕 그 사실을 강하게 부정하거나 주장하는 것을 나타낸다. 놀라거나 못마땅하게 여기는 뜻이 들어 있다.

**예**
- 누가 결혼하겠**대요**?

**관련어** -래요
**전체참고** 말할 때 쓴다.
**1참고** 1. 주로 아이들의 말에 쓰인다. 2. '-겠' 뒤에 안 쓰인다. 3. 끝을 조금 올렸다가 내리는 억양과 함께 쓰인다.

- 내가 언제 화났대요?

**형태 정보**

'-대요', '-ㄴ대요', '-는대요', '-래요':

-대요는 형용사, '-았-', '-겠-' 뒤에 쓰인다.
  예) 예쁘대요, 짧대요, 먹었대요, 먹겠대요

-ㄴ대요는 받침 없는 동사 뒤에 쓰인다. 예) 간대요, 한대요

-는대요는 받침 있는 동사 뒤에 쓰인다. 예) 먹는대요, 잡는대요

-래요는 '이다', '아니다' 뒤에 쓰인다. 예) 학생이래요, 학생이 아니래요

## -대요² [월급이 아주 많대요.]

〔종결준꼴〕〔친한사이 말높임〕 선배, 어른에게

1. 듣거나 겪은 사실을 근거로 설명하여 말하는 것을 나타낸다.

   〔관련어〕-내요, -래요, -재요
   〔전체참고〕 1. 말할 때 쓴다.
   2. '-다고 해요'의 준꼴.

   예)
   - 그 직장은 월급이 아주 많대요.
   - 요즘 하숙집을 구하기가 힘들대요.
   - 친구들이랑 농구를 하다가 다쳤대요.

2. 듣거나 겪은 사실을 근거로 물어 보는 뜻을 나타낸다.

   예)
   - 집에 무슨 일이 있대요?
   - 지갑 주인은 찾았대요?
   - 그런데 누가 아버지를 모시고 가겠대요?

**형태 정보**

'-대요', '-ㄴ대요', '-는대요', '-래요':

-대요는 형용사, '-았-', '-겠-' 뒤에 쓰인다.

　　예) 예쁘대요, 짧대요, 먹었대요, 먹겠대요

-ㄴ대요는 받침 없는 동사 뒤에 쓰인다. 예) 간대요, 한대요

-는대요는 받침 있는 동사 뒤에 쓰인다. 예) 먹는대요, 잡는대요

-래요는 '이다', '아니다' 뒤에 쓰인다. 예) 학생이래요, 학생이 아니래요

## -더- [집에 없더라.] 　　　　　　　　　　　어미

1. 말하는이가 직접 보고 경험했거나 들어서 알게 된 것을 회상하는 것을 나타낸다. → 듣다

   예) ▪ 너 어제 어디 갔었니? 전화했는데 집에 없더라.

   ▪ 이것저것 샀더니 용돈이 모자라더라.

   ▪ 요 며칠 잠을 못 잤더니 좀 피곤하군요.

2. 말하는이가 비로소 알게 되었음을 나타낸다.

   예) ▪ 사과를 만 원어치 샀는데 얼마 안 되더군요.

   ▪ 영숙이가 노래를 참 잘하더라.

3. 말하는이 자신의 일에 대하여 그것을 다른 사람의 입장에서 알려 주는 것을 나타낸다.　[3참고] 주어의 의도나 의지가 나타나지 않아야 한다.

   예) ▪ 내가 그래도 꽤 잘 먹더군.

   ▪ 나는 그 술집에 자주 가게 되더라.

   ▪ 내가 어젯밤 꿈에서 미국에 가더라.

-더군요

### 형태 정보

받침이 있든 없든 -더-가 쓰인다. -더-는 동사, 형용사, '이다', '-았-', '-겠-' 뒤에 쓰인다.

예) 가더라, 먹더라, 예쁘더라, 좋더라, 학생이더라, 갔더라, 가겠더라

### 도움말

'-더'의 용법:

1. 말하는이의 감정을 나타내는 말이 쓰이면, 주어는 1인칭, 말하는이 자신이다.

   예 1: 그 영화가 (나는) 매우 슬프더라.(○)

   예 1': 그 영화가 우리 언니는 매우 슬프더라.(×)

2. (감정을 나타내는 형용사가 아니라) 다른 동사의 경우가 쓰이면 주어에 말하는이 자신이 쓰일 수 없다.(예 2)

   예 2: 내가 밥을 먹더라.(×)

3. 예 3, 4와 같이 말하는이가 자신의 일을 다른 사람의 입장에서 이야기할 때는 '-더-'를 쓸 수도 있다.(예 3, 예 4)

   예 3: 내가 꿈속에서 하늘을 날더라.

   예 4: 내가 그런 실수를 하다니, 그 순간에는 내가 정말 싫더라.

4. 명령문이나 청유문에는 '-더-'가 쓰일 수 없다.

5. 말하는이가 직접 경험한 일이어야 한다.

   예 5: 나는 안 보았지만 그 영화가 재미있더라.(×)

---

**-더군요** [집이 그리워지더군요.]  종결어미 · 친한사이 말높임 · 선배, 어른에게

1. 과거 지속의 의미를 가지면서 말하는이가 자기가 겪은 지난 일을 회상하여 알리는 것을 나타낸다.

   [전체참고] 1. 말할 때 쓴다.
   2. 말하는이가 새롭게 알게 된 사실에 대한 감탄의 느낌이 더해진다.

**예**
- 오랫동안 외국에 나와 있으니 집이 그리워지**더군요**.
- 딸이 어머니를 닮아서 착하**더군요**.
- 서울은 자동차가 더 많아졌**더군요**.

> **형태 정보**
>
> 받침이 있든 없든 −**더군요**가 쓰인다. −**더군요**는 동사, 형용사, '이다', '−았−', '−겠−' 뒤에 쓰인다.
>
> **예** 가**더군요**, 먹**더군요**, 예쁘**더군요**, 좋**더군요**, 학생이**더군요**, 갔**더군요**, 가겠**더군요**

## −더니 [잠을 못 잤더니 피곤하군요.]  〔연결어미〕

1. 듣거나 경험한 사실이 다른 사실의 이유(원인, 조건, 전제)가 되는 것을 나타낸다.

**예**
- 하루 종일 날이 흐리**더니** 밤부터 비가 내리기 시작했다.
- 며칠 잠을 못 잤**더니** 좀 피곤하네요.
- 어제 술을 많이 마셨**더니** 속이 안 좋아서 아침밥을 못 먹겠어요.

2. 어떤 사실에 이어서 다른 사실이 일어남을 설명하는 것을 나타낸다.

**예**
- 어둠 속에서 한 여자가 나타나**더니** 어떤 집으로 들어갔다.
- 그녀가 다가서**더니** 조용히 얘기했다.

- 어제도 술 마시고 들어오더니 오늘 또 마신 거야?

3. 앞에서 겪었거나 있었던 사실이 어떤 사실과 대립 관계에 있음을 나타낸다.

[3참고] 앞절과 뒷절에 대립적인 내용이 나타난다.

예
- 어제는 덥더니 오늘은 시원하다.
- 물에 빠진 사람 살려 줬더니 내 보따리 내놔라 한다.
  →내놓다
- 어젠 전화 목소리가 힘이 없더니, 오늘은 꽤 기분 좋은 것 같군요.

**형태 정보**

받침이 있든 없든 **-더니**가 쓰인다. **-더니**는 동사, 형용사, '이다', '-았-', '-겠-' 뒤에 쓰인다.

예 가더니, 먹더니, 예쁘더니, 좋더니, 학생이더니, 갔더니, 가겠더니

## -더라 [나를 찾아왔더라.]

종결어미 | 말아주 낮춤 | 할아버지가 아이에게

1. 경험하여 새로 알게 된 일을 회상하여 말하는 것을 나타낸다.

[전체참고] 말할 때 쓴다.
[1참고] 주어가 2인칭, 3인칭에만 쓰인다. 1인칭에는 쓰일 수 없다. 예 나는 집에 가더라.(×)

예
- 어제는 그 사람이 나를 찾아왔더라.
- 참! 네 시계가 고장 났더라.

2. 지난 일을 감탄하듯이 말하는 것을 나타낸다.

[2참고] 주어가 1인칭이고 서술어가 주어의 감정을 나타내는 경우에 쓰인다.

예
- 나도 가 봤는데 아주 좋더라.
- 네 생각이 많이 나더라.
- 난 집에 어머니가 안 계신 게 제일 싫더라.
- 그 영화 정말 재미있더라.

3. 〔'누구, 무엇, 언제' 등의 묻는 말과 같이 쓰여〕 지난 일을 기억하면서 스스로에게 물어 보듯이 말하는 뜻을 나타낸다.

예
- 그러니까 그게 언제**더라**?
- 누구시**더라**. 잘 생각이 안 나는데요.
- 거기가 어디**더라**. 시청 근처였는데.

형태 정보

받침이 있든 없든 **-더라**가 쓰인다. **-더라**는 동사, 형용사, '이다', '-았-', '-겠-' 뒤에 쓰인다.

예 가더라, 먹더라, 예쁘더라, 좋더라, 학생이더라, 갔더라, 가겠더라

## -던 [언니가 결혼하던 날]

1. **지나간 일을 다시 생각하는 것을 나타낸다.**

예
- 언니가 결혼하**던** 날도 눈이 내렸다.
- 진수가 떠나**던** 날 영숙이는 많이 울었다.
- 밤새도록 그림을 그리**던** 일이 생각나.

2. **과거의 어느 때까지 어떤 동작이나 상태가 계속되는 것을 나타낸다.**

예
- 읽고 싶었**던** 책이나 읽으면서 푹 쉴까 해요.
- 어렸을 때 친하**던** 친구들을 만났어요.
- 가만히 보고만 있**던** 남편이 말했다.
- 네가 늘 자랑하**던** 그 삼촌이구나.

3. 〔주로 '-었던, -았었던' 꼴로 쓰여〕 과거에 지속되던 행동이나 상태 등이 중단되는 것을 나타낸다.

예
- 제가 전에 있었던 학교에서도 그런 일이 있었지요.
- 잘 놀던 아이가 갑자기 울기 시작했다.
- 나무 위에 올라갔던 친구가 내려왔습니다.

형태 정보

받침이 있든 없든 **-던**이 쓰인다. **-던**은 동사, 형용사, '이다', '-았-' 뒤에 쓰인다.

예 가던, 먹던, 예쁘던, 좋던, 학생이던, 갔던

## -던가 [내가 말 안 했던가?]

종결어미 / 친한사이 말낮춤 / 친구에게

1. 지나간 일을 회상하면서 스스로에게 묻는 형식을 취하여 상대방의 주의를 불러일으키는 것을 나타낸다.

높임말 -던가요
전체참고 말할 때 쓴다.

예
- 참, 내가 너한테 말 안 했던가?
- 오늘이 며칠이던가?
- 오 년이란 시간이 그렇게 길었던가?

형태 정보

받침이 있든 없든 **-던가**가 쓰인다. **-던가**는 동사, 형용사, '이다', '-았-' 뒤에 쓰인다.

예 가던가, 먹던가, 예쁘던가, 좋던가, 학생이던가, 갔던가

**도움말**

**-던가와 -든가의 비교:**

1. '-던가'는 '-더-'와 '-ㄴ가'가 결합한 것이다. 과거에 경험한 사실을 회상하여 물어 보는 뜻을 나타낸다.

    예 1 : 내가 밥을 먹었**던가**.(○)

    내가 밥을 먹었**든가**.(×)

2. '-든가'는 주로 '~든가 -든가'로 쓰여 둘 이상을 나열하면서 그 중의 하나를 선택하는 것을 나타낸다.

    예 2 : 먹**든가** 말**든가** 마음대로 해.(○)

    먹**던가** 말**던가** 마음대로 해.(×)

## 도 [친구**도** 같이 가요.]   조사

1. 〔같은 행위나 어떠한 것이 같음을 나열할 때 쓰여〕 — 쓰이다
   '또한', '역시'의 뜻.

   예
   - 나**도** 학교에 가요.
   - 콜라**도** 있어요?
   - 지금은 김치**도** 잘 먹어요.

2. 〔주로 '~도 ~도'로 쓰여〕 나열된 사실들이 다 같은 사정임을 나타낸다.

   예
   - 지금은 그의 얼굴**도** 이름**도** 기억하지 못한다.
   - 친구**도** 만나고 도서관에서 공부**도** 해요.
   - 물건**도** 사고 신나게 놀고 싶은데 돈이 없어.

- 술값도 싸고, 분위기도 좋다.

3. 가장 가능성이 없다고 생각되는 것까지도 포함되는 것을 나타낸다. '~까지도'의 뜻.  〔3참고〕〔비슷한말〕 조차, 까지도

[예]
- 개도 주인을 알아본다고 한다.
- 인사도 없이 가 버렸다.
- 저는 집도 없어요.

4. 〔부정문에만 쓰여〕 강한 부정을 나타낸다.

[예]
- 전혀 생각도 할 수 없었다.
- 말도 안 된다.
- 배탈이 나서 아무것도 먹지 못해요.
- 모기나 파리가 한 마리도 없다.

5. 별로 마음에 들지는 않으나 그보다 더 나은 것이 없으므로 양보하여 그것이라도 괜찮다는 뜻을 나타낸다.  〔5참고〕 '괜찮다, 상관없다'와 같은 서술어와 함께 쓰인다.
〔5참고〕〔비슷한말〕 라도

[예]
- 예쁘지 않은 것도 괜찮지요?
- 커피가 없으면 물도 괜찮아요.

6. 〔일부 부사 등에 붙어 쓰여〕 강조하는 것을 나타낸다.  〔6참고〕 '아마, 아직, 잘' 등의 부사에 붙어 쓰인다.

[예]
- 유미는 아마도 숙제를 못 했을 거예요. ─● 이다
- 영숙 씨가 왜 아직도 안 오죠?

7. 〔감탄문 등에 쓰여〕 '감탄'의 뜻을 더한다. ─● 쓰이다

[예]
- 달도 참 밝구나.

- 아이고 김 선생님도, 그런 말씀을 하세요.

**형태 정보**

받침이 있든 없든 **도**가 쓰인다.

예) 아내도, 남편도

## -도록 [제가 그 일을 하도록 허락해 주세요.] 〔연결어미〕

1. 뒤의 내용이 일어나게끔, 의도적으로 이끌어 가는 방향이나 목적을 나타낸다. '-게끔'의 뜻.  [1참고] [관련어] -게

   예)
   - 제발 제가 그 일을 하**도록** 허락해 주세요.
   - 책을 가져가기 쉽**도록** 비닐봉투에 넣어 드릴까요?
   - 나는 그들에게 발견되지 않**도록** 몸을 숨겼다. ● 숨기다

2. 〔주로 자동사의 어간에 붙어서〕 이르러 미치는 한계나 정도를 나타낸다. '~ㄹ 정도로'의 뜻.

   예)
   - 그는 몸살이 나**도록** 열심히 일했다.
   - 우리는 땀이 나**도록** 뛰었다.

3. 시간의 한계를 나타낸다. '~ㄹ 때까지'의 뜻.

   예)
   - 밤새**도록** 일해야 될 때도 있어.
   - 진수는 담배가 다 타**도록** 앉아 있었다.

4. 〔주로 '하다, 만들다' 등과 쓰여〕 '그렇게 하게 함'의 뜻.

   예)
   - 그는 그녀가 섬을 떠나지 않을 수 없**도록** 만들어 버렸다.

- 그는 부인이 저녁을 빨리 하도록 했다.
- 제가 여기서 지낼 수 있도록 해 주세요.

[4참고] '-게 하다/만들다'에 비해 명령의 의미가 약하지만, '그러한 환경을 만들어 주는 것'의 의미를 나타낸다.
[4참고] [관련어] -게[4]
[5참고] 뒤에는 '하다'의 명령형이 쓰인다.

5. ['-도록 하다'로 쓰여] 어떠한 것을 명령하거나 권유하는 것을 나타낸다.

예
- 소화가 안 될지도 모르니, 조금씩 먹도록 해.
- 몸이 안 좋으면 좀 일찍 들어가서 쉬도록 해요.
- 맵거나 짠 음식을 먹지 말도록 하세요.

6. [종결 어미처럼 쓰여] 어떠한 말의 마지막에서 명령하는 것을 나타낸다.

[6참고] 1. '-도록 할 것'으로도 쓰인다. 예) 끝나는 대로 바로 보고하도록 할 것. 2. 주로 군대나 학교 등 명령을 내리는 집단에서 사용한다.

예
- 끝나는 대로 바로 보고하도록.
- 잠깐 나갔다 올 테니까 자습하도록.
- 그러면 각자 일을 시작하도록.

**형태 정보**
받침이 있든 없든 -도록이 쓰인다. -도록은 동사와 일부 형용사 뒤에 쓰인다.
예) 가도록, 먹도록, 아프도록, 좋도록

## 든¹ [뭐든 괜찮으니까 많이 사 와.]  조사

1. ☞ 이든(p.237)

예
- 뭐든 괜찮으니까 많이 사 와.
- 사과든 배든 아무거나 먹어.
- 어떤 이유든 간에 꼭 와야 한다.

### 형태 정보

든¹, 이든¹:

든은 받침 없는 말 뒤에 쓰인다. 예 친구든, 누구든

이든은 받침 있는 말 뒤에 쓰인다 예 부모님이든, 선생님이든

## −든² [어딜 가든 사람이 많다.] 〔연결어미〕

1. 〔'어떤, 어느, 어디, 누가' 등과 함께 쓰여〕 어떤 것에 대하여도 가리지 않음을 나타낸다.

   본말 −든지
   전체참고 '-겠-' 뒤에는 안 쓰인다.

   예
   - 요즘은 어딜 가든 사람이 많다.
   - 제가 누굴 만나든 참견하지 마세요.

2. 〔'−든 −든 (간에)'로 쓰여〕 대립되는 두 가지의 사실 중에서 어느 하나를 택하여도 가리지 않음을 나타낸다.

   2참고 '−든' 뒤에 '간에'나 '상관없이'가 쓰여 뜻을 분명하게 한다. 예 사람은 원하든 원하지 않든 간에 사람들 속에서 살고 있다.

   예
   - 결과가 좋든 나쁘든 받아들여야 한다.
   - 싫든 좋든 그 일을 하지 않을 수 없다.
   - 많든 적든 간에 그 중의 일부는 사실이 아니다.

### 형태 정보

받침이 있든 없든 −든이 쓰인다. −든은 동사, 형용사, '이다' 뒤에 쓰인다.

예 가든, 먹든, 예쁘든, 좋든, 책이든

## −든지 [가든지 말든지 마음대로 해.] 〔연결어미〕

1. 〔'−든지 −든지'로 쓰여〕 대립되는 두 가지의 사실 중에서 어느 하나를 택하여도 상관없음을 나타낸다.

   준말 −든²
   1참고 '−든지 말든지'로 쓰이기도 한다.

   예
   - 가든지 말든지 마음대로 해.

- 배가 고프**든지** 몸이 아프**든지** 하면 집 생각이 난다.
- 약을 먹**든지** 주사를 맞**든지** 해야 하지 않소?

2. 〔'누가, 어디, 무엇' 등과 함께 쓰여〕 **어떤 것도 가리지 않음을 나타낸다.**

[2참고] '-든지' 뒤에 '간에'나 '상관없이'가 쓰여 뜻을 분명하게 한다. 예 어딜 가**든지** 간에 상관하지 않겠다.

예
- 네가 어딜 가**든지** 상관 않겠다.
- 모양이야 어떻**든지** 상관 있니?
- 전공 책이면 무엇이**든지** 간에 다 사겠다.

**형태 정보**

받침이 있든 없든 **-든지**가 쓰인다. **-든지**는 동사, 형용사, '이다', '-았-' 뒤에 쓰인다.

예 가**든지**, 먹**든지**, 예쁘**든지**, 좋**든지**, 책이**든지**, 잡았**든지**

## -듯 [땀이 비 오듯 쏟아진다.]

연결어미

1. '-듯이'의 준말. ☞ -듯이(p.113)

[본말] -듯이
[전체참고] '-었듯이'는 쓰이지만 '-었듯'은 안 쓰인다.
예 앞에서 이야기했듯(×)/이야기했**듯이**(○)

예
- 얼굴에 땀이 비 오**듯** 쏟아진다.
- 소년은 어머니를 만지**듯** 그림을 만졌다.
- 유미는 춤을 추**듯** 걸어요. ●걷다

**형태 정보**

받침이 있든 없든 **-듯**이 쓰인다. **-듯**은 동사, 형용사, '이다' 뒤에 쓰인다.

예 가**듯**, 먹**듯**, 예쁘**듯**, 좋**듯**, 학생이**듯**

## -듯이 [얼굴이 다르듯이 나라마다 문화도 다르다.] 〔연결 어미〕

1. 앞 내용처럼 뒤 내용도 그러함을 나타낸다. '~ 하는 것과 같이'의 뜻.   〖준말〗 -듯

   예
   - 사람들마다 얼굴이 다르듯이 나라마다 문화도 다르다.
   - 앞에서 이야기했듯이 광고는 하나의 예술이다.

2. 〔관용 표현에 쓰여〕 비슷한 사실을 비교하여 말할 때 쓰인다. → 쓰이다

   예
   - 땀이 비 오듯이 쏟아진다.
   - 돈을 물 쓰듯이 쓴다.

   **형태 정보**
   받침이 있든 없든 -듯이가 쓰인다. -듯이는 동사, 형용사, '이다', '-았-' 뒤에 쓰인다.
   예 가듯이, 먹듯이, 예쁘듯이, 좋듯이, 학생이듯이, 잡았듯이

   **도움말**
   '-듯이'의 구별:
   1. '땀이 비 오듯이'에 쓰인 '-듯이'는 어간에 바로 붙는 어미다.
   2. '죽은 듯이 누워 있다'의 '듯이'는 꾸미는 어미 '-은' 뒤에 쓰인 의존 명사이다. 따라서 띄어 써야 한다.

## 따라 [오늘따라 기분이 좋다.] 〔조사〕

1. 〔'오늘', '그 날'과 같이 시간을 나타내는 일부 명사 뒤에 붙어〕 '보통 때와 달리 특별하게'의 뜻.

예
- 그 날**따라** 휴일이어서 어디나 사람이 많았다.
- 오늘**따라** 기분이 좋아요.
- 오늘**따라** 예뻐 보인다.
  └─• 예쁘다

**형태 정보**

받침이 있든 없든 **따라**가 쓰인다.
  예 오늘**따라**, 그 날**따라**

**도움말**

보조사 '따라'와 동사의 활용형 '따라'의 구별:

조사 '에'가 붙을 수 있는 '따라'는 동사 '따르다'의 활용형이다.
  예 1 : 무게에 **따라** 값이 달라요.
  예 2 : *오늘에 **따라** (보조사)

## ㄹ¹ [널 좋아해.]  조사

1. '를'의 준말. ☞ 를(p.146)   [전체참고] 말할 때 쓴다.

예
- **널** 좋아해.
- **절** 따라오세요.
- 지금 **뭘** 해요?
- 학교**엘** 가요.

**형태 정보**

ㄹ은 받침 없는 말 뒤에 쓰인다.
  예 날, 널, 뭘

## -ㄹ² [지금쯤 대학교에 다닐 너] 〔수식어미〕

### 1. 앞으로 일어날 일에 대한 추측, 예정, 의도를 나타낸다.

**1. 추측이나 예정을 나타낸다.**

예
- 지금쯤 대학교에 다닐 너를 생각해 보곤 해.  〔1참고〕 추측을 나타낸다.
- 이 가방 안에 돈이 들어 있을 것 같다.
- 그렇게 말하면 믿을 사람은 너밖에 없다.

예
- 곧 떠날 사람이 어디를 돌아다니는 거야?  〔1참고〕 예정을 나타낸다.
- 출발할 시간이 다가오고 있다.
- 도착할 시간을 알려 주세요.

**2. 말하는이의 의도를 나타낸다.**

〔2참고〕 '의도'를 나타낼 때는 '생각, 마음, 뜻' 등의 명사와 함께 쓰인다.

예
- 책을 살 사람은 서점에 같이 갑시다.
- 나는 여기를 떠날 생각이 없어.
- 나는 이 책을 읽을 마음으로 샀다.

### 2. 시간을 나타내는 의미가 없다.

**1. 뒤에 오는 말을 꾸미는 기능만을 나타낸다.**

예
- 내가 할 말이 없다.
- 이름 모를 꽃들
- 유미는 웃을 때가 제일 예쁘다.

**형태 정보**

'-ㄹ', '-을':

-ㄹ은 받침 없는 동사, 형용사와 '이다' 뒤에 쓰인다.
  예) 갈, 비쌀, 학생일

-을은 받침 있는 동사, 형용사와 '-았-' 뒤에 쓰인다.
  예) 먹을, 좋을, 먹었을, 좋았을

## -ㄹ 거야 [난 부산에 갈 거야.]

[관용표현] [친한사이 말낮춤] 친구에게

1. 그럴 것이라고 추측하는 것을 나타낸다.

[쓰기주의] -ㄹ 꺼야(×)
[전체참고] 1. 말할 때 쓴다.
2. 추측을 나타낼 때에만 '-았-'과 쓰일 수 있다.

예)
- 난 부산에 갈 거야.
- 선교사가 되어 아프리카에서 살아도 좋을 거야.
- 제인은 지금쯤 미국에 도착했을 거야.

2. 〔1인칭 주어와 함께 쓰여〕 의지를 나타낸다. → 쓰이다

예)
- 난 만두는 안 먹을 거야.
- 나는 절대로 이번 일을 후회하지 않을 거야.

3. 〔의문문에 쓰여〕 상대방의 의사를 물어 보는 뜻을 나타낸다.

예)
- 너는 언제 갈 거야?
- 점심에 뭐 먹을 거야?

## -ㄹ 거예요 [비가 올 거예요.]

[관용표현] [친한사이 말높임] 선배, 어른에게

1. 그럴 것이라고 추측하는 것을 나타낸다.

| 예 | • 내일 비가 **올 거예요**. ← 이다
• 인삼은 꽤 **비쌀 거예요**.
• 그 때가 밤 열 시쯤 **되었을 거예요**.

쓰기주의 -ㄹ 꺼예요(×)
전체참고 1. 말할 때 쓴다. 2. 추측을 나타낼 때에만 '-았-'과 쓰일 수 있다. 3. 흔히 [ㄹ꺼에요]로 발음한다.

2. 〔1인칭 주어와 쓰여〕 의지를 나타낸다.

| 예 | • 저는 내일 **떠날 거예요**.
• 저는 학원에 **다닐 거예요**.

3. 〔의문문에 쓰여〕 상대방의 의사를 물어 보는 뜻을 나타낸다.

| 예 | • 무슨 영화를 **볼 거예요**?
• 선생님께서는 언제 **떠나실 거예요**?

# −ㄹ걸¹ [이를 뽑을 때 많이 아플걸.]

종결어미 · 친한사이 말낮춤 · 친구에게

1. 확실하지 않은 것을 짐작하거나 추측하는 것을 나타낸다.

| 예 | • 이를 뽑을 때 많이 **아플걸**.
• 영하는 지금쯤 대학교에 **다닐걸**.
• 그 영화 **재미있을걸**.

발음 [ㄹ껄]
쓰기주의 -ㄹ껄(×)
높임말 -ㄹ걸요
전체참고 말할 때 쓴다.

2. 〔'-았을걸'로 쓰여〕 어떤 일이 과거에 일어났으리라고 추측하는 것을 나타낸다.

| 예 | • 부산에는 비가 많이 **왔을걸**.
• 제시카는 지금쯤 미국에 **도착했을걸**.

-ㄹ걸

- 조금만 조심했더라면 그런 일이 일어나지 않았을걸.

### 형태 정보

**-ㄹ걸, -을걸:**

-ㄹ걸은 받침 없는 동사, 형용사와 '이다' 뒤에 쓰인다.
   예) 갈걸, 비쌀걸, 학생일걸

-을걸은 받침 있는 동사와 형용사 뒤에 쓰인다. 예) 먹을걸, 좋을걸

### 도움말

**-ㄹ걸¹과 -ㄹ걸², -ㄹ 걸의 구별:**

1. '-ㄹ걸¹'과 '-ㄹ걸²'는 종결 어미이므로 붙여 쓴다.

2. -ㄹ걸¹은 추측을 나타내고(예 1), '-ㄹ걸²'는 후회를 나타낸다.(예 2)

   예 1 : 많이 아플걸.

   예 2 : 밥을 먹고 올걸.

   예 1은 많이 아플 것이라고 추측하는 뜻을 나타내고, 예 2는 '밥을 먹고 오지 않은 것'에 대해 후회함을 뜻한다.

3. '-ㄹ 걸'의 '-ㄹ'은 명사를 꾸미는 어미이고 '걸'은 '것을'이 줄어든 꼴이다. 따라서 반드시 띄어 써야 한다.

   예 3 : 먹을 걸 사 왔니?

   예 3의 '먹을 걸'은 '먹을 것을'로 바꿔 쓸 수 있다. 이와 같이 '걸'을 '것을'로 바꿔 쓸 수 있으면 띄어 쓰고, 바꿔 쓸 수 없으면 어미이므로 붙여 쓴다.

   예 4 : 많이 아플걸. [아플 것을.(×)]

   예 5 : 먹을 걸 사 왔니? [먹을 것을.(○)]

## －ㄹ걸² [밥이라도 많이 먹고 올걸.]

종결어미 | 높임없음 | 혼잣말임

1. 〔혼잣말에 쓰여〕 지난번에 하지 않은 일이나 하지 못한 일에 대해서 다르게 했으면 좋았을 것이라고 후회함을 나타낸다.

[발음] [ㄹ껄]
[쓰기주의] －ㄹ껄(×)
[전체참고] 1. 말할 때 쓴다.
2. 'ㄹ걸 그러다/하다'로도 쓰인다. 예) 낮잠이나 잘 걸 그랬어.

예
- 이럴 줄 알았으면 밥이라도 많이 먹고 **올걸**.
- 오면서 과일이나 사**올걸**.
- 손이나 잡**을걸**.

**형태 정보**

－'ㄹ걸', －'을걸':

－**ㄹ걸**은 받침 없는 동사 뒤에 쓰인다. 예) 갈걸

－**을걸**은 받침 있는 동사 뒤에 쓰인다. 예) 먹을걸

## －ㄹ 겁니다 [내일 출장을 갈 겁니다.]

관용표현 | 말아주높임 | 직장상사에게 (공식적)

1. 〔동사 뒤에 쓰여〕 '~ 할 계획입니다.'의 뜻.

[전체참고] '겁니다'는 '것입니다'가 줄어든 꼴이다.

예
- 내일 출장을 **갈 겁니다**.
- 다음 달부터 한국말을 배**울 겁니다**.

2. 〔동사나 형용사 뒤에 쓰여〕 추측을 나타낸다.

예
- 유미는 지금쯤 집에 도착했을 **겁니다**.
- 여름에는 비가 많이 **올 겁니다**.

## -ㄹ 것¹ [9시까지 올 것] 〔관용표현〕

1. 〔동사 뒤에 쓰여〕 앞으로 할 일을 지시하는 것을 나타낸다.

   예
   - 내일 아침 9시까지 올 것.
   - 지각하지 말 것.

## -ㄹ 것² [마실 것] 〔관용표현〕

1. 〔앞에 오는 동사의〕 기능을 하는 사물을 나타낸다.

   예
   - 등산을 가려면 마실 것, 먹을 것을 준비해야 해요.
   - 나는 백화점에 가서 사야 할 것들을 미리 적는다.
   - 아무거나 읽을 것을 좀 줘.

   〔전체참고〕 말할 때 '-ㄹ 거'로 줄어들어 쓰인다. 예) 마실 거, 먹을 거 좀 사오세요.

## -ㄹ 것 같다 [비가 올 것 같다.] 〔관용표현〕

1. 말하는이의 추측을 나타낸다.

   예
   - 하늘을 보니 곧 비가 올 것 같다.
   - 결혼을 하면 참 행복할 것 같다.
   - 토요일에는 극장에 사람이 많을 것 같아요.

   〔비슷한말〕 -ㄹ 듯하다
   〔전체참고〕 단정하여 표현하는 대신에 '-ㄹ 것 같다'를 일반적으로 많이 쓴다.

## -ㄹ게 [맛있는 것 사 줄게.] 〔종결어미〕〔친한사이 말낮춤〕 친구에게

1. 그렇게 하겠다고 상대방에게 약속하는 것을 나타낸다.

   예
   - 내가 맛있는 것 사 줄게.
   - 다음에는 내가 피자를 만들어 줄게.

   〔발음〕 [ㄹ께]
   〔쓰기주의〕 -ㄹ께(×)
   〔높임말〕 -ㄹ게요
   〔비슷한말〕 -마

- 내가 한턱 낼게.

- 내가 서울에 가서 전화할게.

- 이따가 현관에서 기다릴게.

2. 그렇게 하겠다고 상대방에게 알리는 것을 나타낸다.

예
- 나 먼저 갈게.

- 화장실에 다녀올게.

- 여기 소식 좀 알려 줄게.

[전체참고] 1. 1인칭 주어에만 쓰인다. 2. 서술문에만 쓰인다. 3. 말할 때 쓴다.
[1참고] 약속하는 내용이 듣는이에게 도움이 될 때만 쓰인다. 예 내가 널 미워할게.(×)/내가 네 돈을 안 갚을게.(×)

### 형태 정보

-ㄹ게, -을게:

-ㄹ게는 받침 없는 동사 뒤에 쓰인다. 예 갈게

-을게는 받침 있는 동사 뒤에 쓰인다. 예 먹을게

### 도움말1

-ㄹ게의 인칭 제약:

'-ㄹ게'는 주어가 1인칭으로 말하는이 자신인 경우에만 쓰인다.

예1: 내가 갈게.(○)

예2: 네가 맛있는 걸 사 줄게.(×)

예3: 그가 맛있는 걸 사 줄게.(×)

### 도움말2

-'ㄹ'로 시작되는 어미들의 맞춤법:

'-ㄹ'로 시작되는 어미들은 뒤에 오는 소리가 된소리로 나므로 쓸 때 주의해야 한다.

1. 의문을 나타내지 않는 것들: '-ㄹ게, -ㄹ걸, -ㄹ수록, -ㄹ지' 등은 된소리로

— ㄹ까

적지 않는다.

  예 1 : 이따가 먹을게.(○)/먹을께(×)

2. 의문을 나타내는 것들: '-ㄹ까'는 된소리로 적는다.

  예 2 : 언제 올까?(○)

## -ㄹ까 [토요일에 뭐 할까?]

종결어미 | 친한사이 말낮춤 | 친구에게

1. 상대방에게 제안하거나 의견을 물어보는 것을 나타낸다.

예
  - 토요일에 뭐 **할까**?

  - 우리 같이 극장에 **갈까**?

  - 점심으로 라면을 먹**을까**, 밥을 먹**을까**?

  - 어디로 **갈까**?

  - 언제 만**날까**?

[높임말] -ㄹ까요 예 백화점에 **갈까요**?

[1참고] 의문사와 같이 쓰이거나 '-ㄴ까 -ㄹ까'로 쓰인다.

2. 추측하는 것을 나타낸다.

예
  - 마이클이 영국 사람**일까**?

  - 내일도 비가 **올까**?

  - 몇 시나 됐**을까**?

3. 〔의문문의 형식이지만 대답을 요구하지 않는 꼴로 쓰여〕 강한 긍정을 나타낸다. '매우 그러하다'의 뜻.
  └─→ 쓰이다

[3참고] '얼마나', '어떻게' 등과 같이 쓰인다.

예
  - 내가 선생님이 된다면 얼마나 좋**을까**?

  - 물이 어떻게 이렇게 맛있**을까**?

4. 〔'-ㄹ까 ㄹ까' 또는 '-ㄹ까 말까'로 쓰여〕 말하는이가 확실하게 결정을 내리지 못한 채 무엇을 할 것인지 망설이는 것을 나타낸다.

예
- 졸업하면 결혼을 **할까** 취직을 **할까** 생각 중이에요.
- 대학을 **갈까** **취직할까** 생각하고 있어요.
- 진수 씨를 만**날까 말까** 결정을 내리지 못했어요.

**형태 정보**

-'ㄹ까', -'을까':

−**ㄹ까**는 받침 없는 동사, 형용사와 '이다' 뒤에 쓰인다.
  예 갈까, 비쌀까, 학생일까

−**을까**는 받침 있는 동사, 형용사와 '-았-' 뒤에 쓰인다.
  예 먹을까, 좋을까, 잡았을까

## −ㄹ까 하다 [내일은 산에 갈까 해요.]  관용표현

1. 〔동사 뒤에 쓰여〕 말하는이가 그렇게 하고 싶어함을 나타낸다.   전체참고 '-려고 하다'에 비해 말하는이의 의도가 덜 확실하다.

예
- 내일은 오랜만에 산에 **갈까** 해요.
- 제인을 깨**울까 하다가** 피곤해 보여서 안 깨웠어요.
- 오늘은 운동 좀 **할까 했는데** 비가 오네요.

2. 말하는이가 그럴 것 같다고 추측하여 뒤의 행동을 하는 이유임을 나타낸다.

예
- 너무 더워서 시원**할까** 하고 창문을 열었어요.
  └─▶ 덥다
- 좀더 빠**를까 해서** 택시를 탔어요.

## -ㄹ께 [종결어미]

1. '-ㄹ게'의 잘못. ☞ -ㄹ게(p.120)

## -ㄹ 때 [점심을 먹고 있을 때 대성이가 찾아왔다.] [관용표현]

1. 어떤 일이 일어나고 있는 시간의 순간이나 동안을 나타낸다.

   예 • 점심을 먹고 있을 때 대성이가 찾아왔다.

   • 몸이 아플 때 집 생각이 나요.

   • 학교에 올 때 몇 번 버스를 타세요?

   [전체참고] 동작이 완료되었음을 나타낼 때는 '-았을 때'를 쓴다.
   예 뜨거운 것을 만졌을 때 '앗, 뜨거워!'라고 한다.

## -ㄹ래 [수영하러 갈래.] [종결어미] [친한사이 말낮춤] 친구에게

1. 〔말하는이의 동작을 나타내는 동사와 함께 쓰여〕 앞으로 어떤 일을 하고 싶다고 자기의 의견을 말하는 것을 나타낸다.

   예 • 나, 수영하러 갈래.

   • 나는 엄마하고 같이 잘래.

   • 지금 밥 먹을래.

2. 상대방의 의견을 물어 보는 것을 나타낸다.

   예 • 같이 안 갈래?

   • 뭐 마실래?

   • 저녁에 영화 보러 갈래?

   • 어디서 만날래?

   [2참고] '-ㄹ래, -ㄹ래'로 쓰이기도 한다. 예 청소 할래, 안 할래?

3. 상대방을 못마땅하게 생각하여 위협하거나 야단치는 것을 나타낸다.

[3참고] 의문문에 쓰이고 협박하는 어조가 있다.

예
- 너 혼 좀 날래?
- 너 한번 맞아 **볼래**?
- 너 정말 욕심 부릴래?

**형태 정보**

'-ㄹ래', '-래':

- **-ㄹ래**는 받침 없는 동사 뒤에 쓰인다. 예 갈래
- **-을래**는 받침 있는 동사에만 쓰인다. 예 먹을래

## -ㄹ 뻔하다 [큰일날 뻔했어요.]

〔관용표현〕

1. 〔동사 뒤에서 쓰여〕 '거의 그러한 일이 벌어질 것 같아 걱정함'을 나타낸다. 주로 '하마터면', '자칫하면' 등과 함께 쓰인다.

[전체참고] 주로 부정적인 내용과 같이 쓰인다.

예
- 아까는 사고 날 **뻔했어요**.
- 너 때문에 지각할 **뻔했잖아**.
- 하마터면 넘어질 **뻔했다**.

2. 〔'죽다', '미치다' 등과 같이 쓰여〕 매우 그러하다고 과장해서 말하는 것을 나타낸다.

예
- 화가 나서 미칠 **뻔했어**.
- 숙제가 많아서 다 하느라고 죽을 **뻔했어요**.
- 배가 고파서 죽을 **뻔했어**.

## -ㄹ 수 없다 [지금 갈 수 없어요.] 〔관용표현〕

1. 〔어떠한 이유 때문에〕 '그러할 형편이 되지 않는 것을 나타낸다.

   〔반대말〕 -ㄹ 수 있다. 〔예〕 지금은 갈 수 없지만, 저녁에는 갈 수 있어요.

   〔예〕
   - 지금은 술을 마셔서 운전할 수 없어요.
   - 지금 갈 수 없습니다.
   - 수업 시간에는 영어로 말할 수 없어요.

## -ㄹ 수 있다 [한국말로 편지를 쓸 수 있어요.] 〔관용표현〕

1. 〔동사 뒤에 쓰여〕 능력을 나타낸다. '-ㄹ 줄 알다'의 뜻.

   〔반대말〕 -ㄹ 수 없다. 〔예〕 몸이 아파서 술 마시러 갈 수 없어요.

   〔예〕
   - 저는 한국말로 편지를 쓸 수 있어요.
   - 수영할 수 있어요?
   - 데이비드 씨는 영어, 독어, 일본어를 할 수 있다.

2. 어떠한 상황이 가능한 것을 나타낸다.

   〔예〕
   - 방학 동안에는 아르바이트를 할 수 있어요.
   - 오늘 퇴근 후에 한잔 할 수 있어?
   - 지금 잠깐 집 앞으로 나올 수 있어요?

## -ㄹ 줄 모르다 [피아노를 칠 줄 몰라요.] 〔관용표현〕

1. 〔동사 뒤에 쓰여〕 '방법'의 뜻.
   → 쓰이다

   〔관련어〕 -ㄴ 줄 모르다, -는 줄 모르다
   〔반대말〕 -ㄹ 줄 알다

   〔예〕
   - 제인은 운전할 줄 몰라요.
     → 모르다
   - 저는 피아노를 칠 줄 몰라요.

- 마이클은 김밥을 만들 줄 몰라요.

2. 그런 일이 일어나리라고 생각도 못했음을 나타낸다.

[예] - 진수가 정말 우리 집에 올 줄 몰랐어요.

- 제가 한국에 오게 될 줄은 몰랐어요.

[2참고] 1. '-ㄹ 줄은'으로도 쓰인다. 2. '모르다' 대신에 '생각도 못하다, 꿈도 못 꾸다' 등이 쓰이기도 한다.

## -ㄹ 줄 알다 [수영할 줄 알아요?] [관용표현]

1. 〔동사 뒤에 쓰여〕 '방법'의 뜻.

[반대말] -ㄹ 줄 모르다. [예] 저는 담배 피울 줄 몰라요.

[예] - 수영할 줄 알아요?

- 춤 출 줄 알아?

- 담배를 피울 줄 알지만 안 피우겠습니다.

2. '어떠한 사실이 그러할 것으로 여기다'의 뜻.

[예] - 누가 비가 이렇게 올 줄 알았나?

- 내 그럴 줄 알았지.

- 나는 수업이 곧 끝날 줄 알았어.

3. 〔'-면 -ㄹ 줄 알다'로만 쓰여〕 협박하는 것을 나타낸다.

[예] - 너희들 오늘 놀러 나가면 혼날 줄 알아!

- 거짓말하면 너 죽을 줄 알아!

## -ㄹ지 [언제 올지 알아요?] [어미]

1. 〔'-ㄹ지 알다/모르다'로 쓰여〕 막연한 의문을 나타낸다.

─ㄹ 테니까

예 ・유미가 언제 **올지** 알아요?

・언제 무슨 일이 일어날지 몰랐다.
　　　　　　　　　　　　　・모르다

・그가 오늘은 **올지** 안 **올지** 모르겠다.

발음 [ㄹ찌]
쓰기주의 -ㄹ찌(×)
참고 의문사 '언제, 어디, 누가' 등과 같이 쓰이거나 '-ㄹ지 -ㄹ지'로 쓰인다.

2. 〔연결 어미처럼 쓰여〕 어떤 사실이 일어날 가능성에 대하여 말하는이가 추정하는 것을 나타낸다.

예 ・누가 너를 데려**갈지** 고생깨나 하겠다.

・어느 팀이 승리**할지** 경기는 점점 더 흥미를 더해 갔다.

### 형태 정보

-'ㄹ지', -'을지':

-ㄹ지는 받침 없는 동사, 형용사, '이다' 뒤에 쓰인다.

　예 갈지, 예쁠지, 학생일지

-을지는 받침 있는 동사, 형용사와 '-았-' 뒤에 쓰인다.

　예 먹을지, 높을지, 잡았을지

## ─ㄹ 테니까 [지하철은 복잡할 테니까 택시 타고 가요.] 관용표현

1. 추측을 나타낸다. '-ㄹ 것이므로'의 뜻.
참고 '-았-' 뒤에 쓰인다.

예 ・지하철은 복잡**할 테니까** 택시 타고 가요.

・너는 합격할 테니까 걱정하지 만.
　　　　　　　　　　　・말다

・지금 모두 퇴근했을 테니까, 내일 다시 오세요.

2. 〔1인칭 주어와 동작을 나타내는 동사 뒤에 쓰여〕 말

하는이의 의지를 나타낸다. '그렇게 할 것이므로'의 뜻.

[2참고] 1. '-았-' 뒤에 안 쓰인다. 2. 뒤의 말이 생략되어 종결 어미처럼 쓰이기도 한다. 예 늦게 들어오기만 해. 일찍 문 닫고 자 버릴 **테니까**.

예
- 나는 들어**갈 테니까**, 일이 다 끝나면 전화해.
- 술 한잔 하고 **갈 테니까** 먼저 가.
- 제가 다 준비**할 테니까** 선생님은 그냥 오세요.

## -ㄹ 텐데 [바쁠 텐데 가 보세요.]

관용 표현

1. 그럴 것이라 추측하여 상황을 제시함을 나타낸다.

[전체참고] 뒤에 오는 말이 생략된 채 종결어미처럼 쓰이기도 한다. 예 어떡하죠? 손님들이 곧 **올 텐데**.

예
- 바쁠 **텐데** 가 보세요.
- 조금만 연습하면 한국말을 잘 **할 텐데**, 왜 안 해요?
- 손님들이 곧 **올 텐데** 언제까지 기다리란 말이에요?

## -라 [그는 학생이 아니라 회사원이야.]

연결 어미

1. 앞의 사실과 뒤의 사실이 대립되는 것을 나타낸다.

[전체참고] '명사$^1$+이/가 아니라 명사$^2$이다'로 쓰인다.

예
- 유미는 학생이 아니**라** 회사원이야.
- 그 책은 교과서가 아니**라** 사전이야.
- 그 아이는 대성이가 아니**라** 진수야.
- 마이클 씨는 미국 사람이 아니**라** 영국 사람이에요.

### 형태 정보

-라는 '아니다' 뒤에 쓰인다.
  예 학생이 아니**라**

# 라고¹ ["싫어."라고 했다.]  〚인용조사〛

1. 다른 사람의 말을 직접 인용하는 것을 나타낸다.

   〚관련어〛 하고
   〚전체참고〛 1. '말하다'와 같은 서술어와 같이 쓰인다.
   2. 조사이므로 앞말에 붙여 쓴다.

   예 ▪ 최 선생님은 간단하게 "싫어."라고 했다.

   ▪ 아나운서가 "내일 비가 올 겁니다."라고 말했어요.

   ▪ 어떤 사람이 "불이야!"라고 소리쳤다.

   ▪ 선생님께서는 "비가 오겠군."이라고 말씀하셨다.

2. 표지판 등에 써 있는 말이나 속담을 인용하는 것을 나타낸다. ┌─ 쓰다

   예 ▪ 산 입구에는 '입산금지'라고 써 있었다.

   ▪ 메모지에다 '2시에 회의 있음'이라고 써 두세요.

   ▪ 교실에는 '금연'이라고 써 있었다.

   **형태 정보**
   '라고', '이라고':
   **라고**는 인용되는 문장의 끝에 쓰인 말이 받침이 없는 경우에 쓰인다.
   예 "싫어."**라고** 말했다.
   **이라고**는 인용되는 문장의 끝에 쓰인 말이 받침이 있는 경우에 쓰인다.
   예 "좋군."**이라고** 말했다.

# -라고² [저 사람은 직업이 선생님이라고 해요.]  〚인용어미〛

1. '무엇이 무엇이다'/'무엇이 무엇이 아니다' 꼴의 들은  듣다
   문장을 간접적으로 옮겨 말하는 것을 나타낸다.

**예**
- 저 사람은 직업이 선생님이**라고** 해요.
- 가을은 독서의 계절이**라고** 해요.

준말 –라
관련어 –다고

### 형태 정보

**–라고**는 '이다', '아니다' 뒤에 쓰인다.

예) 선생님이**라고**, 선생님이 아니**라고**

### 도움말1

**'이다', '아니다'가 쓰인 서술문의 간접 인용:**

1. '이다', '아니다'가 쓰인 서술문은 높임이든 낮춤이든 모두 '–라'로 된다. 그리고 여기에 인용을 나타내는 조사 '고'가 붙어서 '–라고'가 된다.

   예1: 유미: 저는 회사원이에요. → 진수: 유미가 회사원이**라고** 해요.

   예2: 유미: 저건 내 게 아니야. → 진수: 저건 유미 게 아니**라고** 해요.

   예3: 유미: 저게 내 거야. → 진수: 저게 유미 거**라고** 해요.

2. '–라고 해요'는 '–래요'로 줄어들어 쓰인다.

   예4: 저분은 회사원이라고 해요 → 저분은 회사원이**래요**.

### 도움말2

**'–라고'와 '–라':**

'이다', '아니다'가 쓰인 서술문의 인용을 나타내는 '**–라고**'는 '**–라**'로 줄여 쓰기도 한다:

   예1: 나는 이 말이 틀린 말은 아니**라고** 생각합니다.

   → 나는 이 말이 틀린 말은 아니**라** 생각합니다.

## –라고³ [10시까지 오라고 하는데요.]

인용 어미

1. 명령형으로 쓰인 문장의 내용을 간접적으로 옮겨 말

—라고

하는 것을 나타낸다.

[관련어] -다고, -냐고, -자고
[전체참고] '라'로 줄어들어 쓰기도 한다. [도움말2] p.133 참고)

예
- 유미: 몇 시까지 오래요?
  진수: 오전 10시까지 모이**라고** 하는데요.

- 영숙: 과장님이 뭐래요?
  대성: 1층에서 기다리**라고** 해요.

2. 〔'명령하다, 충고하다' 등과 함께 쓰여〕 목적 대상임을 나타낸다. '-ㄹ 것을', '-도록'의 뜻.
• 쓰이다

[2참고] '-ㄹ 것을'로 바꿔 쓸 수 있다. 예) 그는 영숙이에게 대신 갈 것을 명령했다.

예
- 그는 영숙이에게 대신 가**라고** 명령했다.

- 한 친구가 나에게 술을 그만 마시**라고** 충고했다.

### 형태 정보

'-라고', '-으라고':

-**라고**는 받침 없는 동사와 'ㄹ' 받침으로 끝나는 동사 뒤에 쓰인다.
　　예) 가라고, 살라고(살다)

-**으라고**는 받침 있는 동사 뒤에 쓰인다. 예) 먹으라고

### 도움말1

**명령문의 간접 인용:**

1. 명령의 문장을 간접적으로 옮겨 말할 때 높임이든, 낮춤이든 모두 '-라'로 된다. 그리고 여기에 인용을 나타내는 조사 '**고**'가 붙어 '-**라고**'가 사용된다.

　　예 1: 유미: 내일 꼭 오세요. → 진수: 유미가 나를 내일 꼭 오**라고** 해요.

　　예 2: 언니: 너도 같이 오너라. → 유미: 언니가 저도 같이 오**라고** 해요.

2. '-라고 해요'는 '-래요'로 줄어들어 쓰인다.

　　예 3: 꼭 오라고 해요. → 꼭 오래요.

### 도움말2

**명령의 인용을 나타내는 '-라고'와 준꼴의 '-라':**

명령형으로 표현된 내용을 간접적으로 옮겨 말하는 것을 나타내는 '-라고'는 '-라'로 줄여 쓰기도 한다.

예 1: 선생님은 진수에게 손을 들**라고** 명령했다.

→ 선생님은 진수에게 손을 들**라** 명령했다.

## 라면¹ [노래라면 저도 잘해요.] <sub>조사</sub>

1. ☞ **이라면**(p.241)

예 ▪ 달리기**라면** 자신 있어요.

▪ 노래**라면** 저도 잘해요.

### 형태 정보

**라면, 이라면:**

**라면**은 받침 없는 말 뒤에 쓰인다.  영어**라면**

**이라면**은 받침 있는 말 뒤에 쓰인다.  한국말**이라면**

## -라서 [내일이 친구 생일이라서 선물을 사려고 해요.] <sub>연결어미</sub>

1. 앞의 사실이 뒤의 사실의 원인이나 근거가 되는 것을 나타낸다. '-기 때문에'의 뜻.

예 ▪ 내일이 친구 생일이**라서** 선물을 사려고 해요.

▪ 토요일이**라서** 극장에 사람이 많을 것 같은데.

▪ 요즘은 방학이**라서** 별로 바쁘지 않아요.

▪ 지금은 여름이 아니**라서** 포도가 비싸요.

> **형태 정보**
> '-라서'는 '이다/아니다' 뒤에 쓰인다.
> 예 학생이라서, 학생이 아니라서

## 랑 [너랑 나랑]  접속조사

1. ☞ **이랑**(p.243)

예 • 오이랑 당근이랑 한 개씩 주세요.

> **형태 정보**
> '랑', '이랑':
>   랑은 받침 없는 말 뒤에 쓰인다. 예 사과랑
>   이랑은 받침 있는 말 뒤에 쓰인다. 예 밥이랑

## -래¹ [누가 아니래?] 종결어미 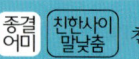 친구에게

1. 〔의문문의 형식이지만 대답을 요구하지 않는 꼴로 쓰여〕 상대방에게 가볍게 반박하거나 핀잔을 주는 것을 나타낸다.

   높임말 -래요
   전체참고 1. 말할 때 쓴다.
   2. 끝을 조금 올렸다가 내리는 억양과 함께 쓰인다.

   예 • 저 사람 왜 저 모양이래?

   • 유미: 아유, 쟤 미워 죽겠어.
     영숙: 누가 아니래.

   • 미선: 쟤는 왜 그렇게 잘난 척만 하니?
     유미: 누가 아니래.

> **형태 정보**
> -래는 '이다/아니다' 뒤에 쓰인다.
> 예 학생이래, 학생이 아니래

## -래² [선생님이래.]  〔종결준꼴〕 〔친한사이 말낮춤〕 친구에게

1. 들어서 안 사실이나 다른 사람의 말을 옮겨 말하는 것을 나타낸다. ●듣다

   〔관련어〕 -대
   〔높임말〕 -래요
   〔전체참고〕 1. 말할 때 쓴다.
   2. 서술형의 '-라고 해'의 준꼴

   예 • 존슨 씨는 선생님이래.
   • 내일부터 방학이래.
   • 전시회가 오늘부터 10일 동안이래.

2. 제삼자에 관한 이야기를 상대방에게 확인하여 물어보는 뜻을 나타낸다.

   예 • 그 사람은 어느 나라 사람이래?
   • 어제 그 아이가 진수 동생이 아니래?

3. 〔의문문의 형식이지만 대답을 요구하지 않는 꼴로 쓰여〕 가볍게 반박하는 것을 나타낸다. ●쓰이다

   〔3참고〕 올리는 억양과 함께 쓰인다.

   예 • 누가 바보래? 착할 뿐이지.
   • 누가 아줌마래? 아직 고등 학생인데.

   〔형태 정보〕
   -래는 '이다/아니다' 뒤에 쓰인다.
   예 학생이래, 학생이 아니래

## -래³ [거기서 기다리래.]  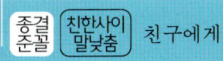 친구에게

1. 다른 사람이 명령한 내용을 옮겨 말하는 것을 나타낸다.

   예 • 엄마가 거기서 기다리래.

- 나보고 그 회사에서 일하래.
- 나보고 엄마가 전화할 데 있다고 빨리 끊으래.

[높임말] -래요
[관련어] -대, -내, -재
[전체참고] 1. 말할 때 쓴다.
2. 명령형의 '-라고 해'의 준꼴.

2. 제삼자가 명령한 내용의 말을 듣는이에게 확인하여 물어 보는 뜻을 나타낸다.

예
- 날더러 대신 들어가래?
- 유미야, 엄마가 오늘은 나한테 요리하래?

3. 〔의문문의 형식이지만 대답을 요구하지 않는 꼴로 쓰여〕 상대방의 말을 가볍게 반박하는 것을 나타낸다.

예
- 유미: 아유, 다리 아파. 달리기를 했더니 죽겠어.
  영숙: 누가 하래?
- 누가 너한테 그런 데 가래? 나처럼 집에서 책이나 보지.

**형태 정보**

'-래', '-으래':

-래는 받침 없는 동사와 'ㄹ' 받침으로 끝나는 동사 뒤에 쓰인다.
예 가래, 살래(살다)

-으래는 받침 있는 동사 뒤에 쓰인다. 예 먹으래

## -러 [운동을 하러 체육관에 가요.] [연결어미]

1. 〔'-러 가다/오다'로 쓰여〕 '행동의 목적'을 나타낸다.

[관련어] -려, -려고
[전체참고] '-러' 절의 주어와 문장 전체의 주어가 동일해야 한다. 예 나는 운동하러 영희가 체육관에 가요.(×)

예
- 저는 운동을 하러 체육관에 가요.
- 유미를 만나러 다방에 가.

- 주말에 우리 집에 차 마시러 오세요.

- 밥 먹으러 가자.

**형태 정보**

-러, -으러:

-러는 받침 없는 동사와 'ㄹ' 받침으로 끝나는 동사 뒤에 쓰인다.

  예) 가러, 살러(살다)

-으러는 받침 있는 동사 뒤에 쓰인다. 예) 먹으러

**도움말**

-러와 -려고'의 비교:

1. '-러'와 '-려고'는 의도를 나타낼 수 있는 동사와만 쓰인다(예: 먹다, 보다 등). '지치다'처럼 상태를 나타내는 동사와는 쓰이지 않는다.

    예 1 : 밥 먹으러/먹으려고 간다.(○)/지치려고 공부했다.(×)

2. '-러'가 쓰인 전체 문장에는 '가다, 오다, 다니다' 등의 이동을 뜻하는 동사가 쓰인다. '-려고'에는 여러 가지 동사가 쓰일 수 있다.

    예 1 : 유미는 공부하러 책을 샀다.(×)/유미는 공부하려고 책을 샀다.(○)

3. '-려고'는 명령문과 청유문에 쓰일 수 없다. '-러'는 쓰일 수 있다.

    예 1 : 네가 먼저 택시 타러 가.(○)/네가 먼저 택시 타려고 가.(×)

    예 2 : 우리 택시 타러 가자.(○)/우리 택시 타려고 가자.(×)

4. '-러'는 이동을 나타내는 동작을 나타내는 동사와 쓰일 수 없다. '-려고'는 쓰일 수 있다.

    예 1 : 그는 학교에 가러 버스를 탔다.(×)

    예 2 : 그는 학교에 가려고 버스를 탔다.(○)

5. '-려고'는 '의도'와 '목적'을 나타낸다. '-러'는 주로 행동의 목적을 나타낸다.

## −려 [아이들이 뭔가 말하려 했다.] 〖연결어미〗

1. 〚주로 '−려 하다'로 쓰여〛 앞으로 그렇게 하려고 하는 주어의 의지를 나타낸다.

   〖본말〗 −려고
   〖관련어〗 −러
   〖전체참고〗 '−러'는 '−려고'와 달리 뒤에 절이 올 수 없다.

   〖예〗
   - 아이들이 뭔가 말하려 했다.
   - 너는 항상 나에게 무엇인가를 주려 했지.
   - 너는 왜 자꾸 그 일을 숨기려 하니?

2. 〚'−려 하다'로 쓰여〛 '앞으로 그런 일이 일어날 것 같다'의 뜻을 나타낸다.

   〖예〗
   - 눈이 오려 하네요.
   - 꽃이 피려 한다.
   - 기침이 나오려 해서 혼났어요.

   ### 형태 정보
   −려, −으려:
   −려는 받침 없는 동사와 'ㄹ' 받침으로 끝나는 동사 뒤에 쓰인다.
   〖예〗 가려, 팔려(팔다)
   −으려는 받침 있는 동사 뒤에 쓰인다. 〖예〗 먹으려

## −려고 [저녁을 먹으러 가려고 시내버스를 탔다.] 〖연결어미〗

1. 앞으로 어떤 행동을 하려는 주어의 의도를 나타낸다. '−기 위하여'의 뜻.

   〖쓰기주의〗 '−ㄹ려고/−ㄹ려구'(×) 〖예〗 열심히 공부할려고(×) /공부할려구(×)
   〖준말〗 −려
   〖관련어〗 −러

   〖예〗
   - 저녁을 먹으러 가려고 시내버스를 탔다.

- 유미 씨한테 주려고 꽃을 샀어요.

- 내일부터는 다시 학교에 가려고 해요.

- 남대문 시장에 가서 옷을 사려고 해요.

[전체참고] 1. '-려고' 절의 주어와 문장 전체의 주어가 동일해야 한다. 2. '-러'의 [도움말] (p.137)참고.

2. ['-려고 하다'로 쓰여] 앞으로 그런 일이 일어날 것 같음을 나타낸다.

예
- 벌써 꽃이 피려고 하네.

- 비가 오려고 해.

- 기차가 곧 출발하려고 한다.

**형태 정보**

'-려고', '-으려고':

-려고는 받침 없는 동사와 'ㄹ' 받침으로 끝나는 동사 뒤에 쓰인다.

예 가려고, 살려고(살다)

-으려고는 받침 있는 동사 뒤에 쓰인다. 예 먹으려고

## -려고 하다 [백화점에 가려고 해요.] [관용표현]

1. [1인칭 주어의 행동을 나타내면서] 앞으로 그렇게 하려고 하는 주어의 의지를 나타낸다.

예
- 옷을 사러 백화점에 가려고 해요.

- 한국말 공부를 열심히 하려고 합니다.

- 졸업하면 한국말 선생님이 되려고 한다.

2. '어떠한 일이 곧 일어날 것 같음'을 나타낸다.

-려면

예
- 비가 오려고 해요.
- 벌써 해가 지려고 한다.
- 촛불이 꺼지려고 하자 손으로 바람을 막았다.

## -려면 [남자 옷을 사려면 4층으로 가세요.] 〔연결준꼴〕

1. '주어의 의도를 나타내면서 그것이 조건이 되어'의 뜻.

예
- 남자 옷을 사려면 4층으로 가세요.
- 버스를 타려면 동전이 있어야 돼.
- 싸고 좋은 물건을 사려면 남대문 시장에 가 보세요.

[쓰기주의] '-ㄹ라면', '-ㄹ려면', '-ㄹ래면'(×) 예) 갈라면(×)/갈려면(×) /갈래면(×) 지금 가야지.
[관련어] -려거든
[전체참고] '-려고 하면'의 준꼴.

### 형태 정보

-려면, -으려면:

-려면은 받침 없는 동사와 'ㄹ' 받침으로 끝나는 동사 뒤에 쓰인다.
  예 가려면, 살려면(살다)

-으려면은 받침 있는 동사 뒤에 쓰인다. 예 먹으려면

## -려면 멀었다 [수업이 끝나려면 아직 멀었어요.] 〔관용표현〕

1. '어떤 것이 완결되거나 목표 상태에 도달하기에는 부족하다'의 뜻.

예
- 수업이 끝나려면 아직 멀었어요.
- 부모님 마음을 이해하려면 아직 먼 것 같습니다. ㄴ• 멀다
- 한국말을 잘하려면 아직 멀었죠?

[전체참고] 1. 흔히 '아직(도)'와 같이 쓰인다. 2. '-기엔 멀었다'로도 쓰인다. 예 어른이 되기엔 아직 멀었어요.

## 로 [사무실로 오세요.] 〔조사〕

1. **방향이나 목표 장소를 나타낸다.**

   〔전체참고〕 '로'와 '에'의 비교. '에'의 〔도움말3〕 (p.211) 참고.

   예
   - 내일 사무실**로** 오세요.
   - 저녁 먹으러 어디**로** 갈까요?
   - 진수는 미국**으로** 떠났어요.
   - 우리 학원은 사거리에서 왼쪽**으로** 보면 있어요.

2. **행동의 경로를 나타낸다.**

   예
   - 이곳에서는 반드시 횡단보도**로** 건너야 한다.
   - 이 길**로** 가야 더 빨리 도착할 수 있어.
   - 영화가 끝나고 나서 뒷문**으로** 나갔다.

3. 〔재료를 나타내는 말에 붙어〕 **재료, 원료를 나타낸다.** '~를 재료로 하여'의 뜻.

   예
   - 비닐**로** 만든 우산을 썼어요. ●쓰다
   - 한국어**로** 쓴 소설책을 읽고 싶어요.
   - 실크**로** 만든 옷은 집에서 빨면 안 돼요.

4. **도구를 나타낸다.**

   예
   - 케이크를 칼**로** 잘랐어요. ●자르다
   - 한국에서는 숟가락**으로** 밥을 먹어요.
   - 연필**로** 쓰지 말고 볼펜**으로** 쓰세요.

5. 〔버스나 택시 같은 교통 수단을 나타내는 말에 붙

어) '~을 이용하여', '~을 가지고'의 뜻.

예 ▪ 지하철로 동대문 운동장까지 가요.

▪ 제 차로 같이 가시죠?

▪ 난 택시로 갈 거야.

▪ 시청에서 2호선으로 갈아타세요.

6. ['원인, 이유, 근거'가 되는 말에 붙어] 원인, 이유를 나타낸다. '~가 원인이 되어'의 뜻.

예 ▪ 무슨 일로 오셨어요?

▪ 진수 씨가 독감으로 병원에 입원했대요.

▪ 실수로 컵을 깨뜨렸어요.

7. [유명한 것을 나타내는 말에 붙어] '~이라고 알려져서'의 뜻.

예 ▪ 이 식당은 불고기로 유명해요.

▪ 브라질은 축구로 유명하다.

8. [선택되는 대상임을 나타내는 말에 붙어] 선택을 나타낸다. '~을 (골라서)'의 뜻.

예 ▪ 식사는 뭘로 하시겠어요? 전 물냉면으로 하겠어요.

▪ 계산은 카드로 하시겠어요, 현금으로 하시겠어요?

▪ 비즈니스 클래스로 예약하겠어요.

**형태 정보**

**로¹, 으로¹:**

**로**는 받침 없는 말과 'ㄹ' 받침으로 끝나는 말 뒤에 쓰인다.

　　예 학교**로**, 서울**로**

**으로**는 받침 있는 말 뒤에 붙어 쓰인다. 예 집**으로**

## 로부터 [나뭇잎이 가지**로부터** 떨어진다.] 〔조사〕

### 1. '~로부터'로 쓰인다

1. 〔일이 시작되는 데를 나타내는 말에 붙어〕 '~에서'의 뜻.

   예
   - 로미는 각지**로부터** 사람들이 많이 온다.
   - 나뭇잎이 가지**로부터** 떨어진다.

2. 〔행동이 시작되는 말을 나타내는 말에 붙어〕 '~에게서', '~한테서'의 뜻.

   예
   - 내일 소풍을 간다는 말을 친구**로부터** 들었을 뿐 어디로 가는지는 몰라요.
     　　　　　　　　　　　　　　　　　들었을 → 듣다
     　　　　　　　　　　　몰라요 → 모르다
   - 가정교사**로부터** 영어를 배운다.

3. 〔행위를 하는 사람을 나타내는 말에 붙어〕 '~에게서, 한테서'의 뜻.   [3참고] '받다, 당하다' 등과 같이 쓰인다.

   예
   - 경찰**로부터** 여러 가지 질문을 받았다.
   - 부모님**으로부터** 생일 선물을 받았어요.

## 2. '~로부터 ~'로 쓰인다

1. 〔시작하는 시간을 나타내는 말에 붙어〕 '~을 시작으로 하여'의 뜻.

   예
   - 지금**으로부터** 삼 개월 전, 비가 오는 날이었다.
   - 그가 말한 때**로부터** 이미 반 세기가 더 지나갔다.

   [1참고] 1. '지금으로부터 3개월 전'과 같이 끝나는 시간을 나타내는 말과 함께 쓰인다. 2. '지금부터'와 같이 '으로' 없이 쓰이기도 한다.

2. 〔어떤 일의 범위가 시작하는 지점을 나타내는 말에 붙어〕 '~에서 시작하여'의 뜻.

   예
   - 어린이**로부터** 노인에 이르기까지 모두 열심히 달리고 있었다.
   - 환경 보호 운동은 가정**으로부터** 국가까지 함께 해야 한다.

   [2참고] 주로 [~로부터 ~에 이르기까지]로 쓰여, 일이나 사건의 범위 전체를 나타낸다.

   **형태 정보**

   **로부터, 으로부터:**

   **로부터**는 받침 없는 말과 'ㄹ' 받침으로 끝나는 말 뒤에 쓰인다.

   예 위**로부터**, 하늘**로부터**

   **으로부터**는 받침 있는 말 뒤에 붙어 쓰인다. 예 땅**으로부터**

## 로서 [네 친구로서 말한 것이다.] 〔조사〕

1. 〔사람을 나타내는 말에 붙어〕 '~의 자격으로'의 뜻. [관련어] 로

   예
   - 그 얘기는 네 친구**로서** 말한 것이다.
   - 부모**로서** 의무를 다하여야 한다.
   - 나는 학교 대표**로서** 방송국에 갔었다.

2. 〔사실이나 사물을 나타내는 명사 뒤에 붙어 쓰여〕
'~의 지위나 자격으로'의 뜻.

예
- 63빌딩은 한국에서 가장 높은 건물로서 외국 사람들도 많이 찾아오는 곳이다.

- 남대문 시장은 대표적인 재래시장으로서 요즘 인기가 더 많아지고 있다.

**형태 정보**

로서, 으로서:

**로서**는 받침 없는 말과 'ㄹ' 받침으로 끝나는 말 뒤에 쓰인다.
　　예 아내로서, 딸로서

**으로서**는 받침 있는 말 뒤에 붙어 쓰인다. 예 남편으로서

**도움말**

로서'의 쓰임:

'로서'는 보조사 '는', '도', '야' 등의 조사와 함께 '로서는', '로서도', '로서야' 등으로도 쓰인다.

예: 
- 학생인 저로서는 아르바이트 구하는 게 어려워요.
- 에이즈는 현재로서도 나을 수가 없다.
- 나로서야 네가 와 주면 좋지.

## 로써 [이메일로써 안부를 주고받아요.]   조사

1. 〔도구나 수단을 나타내는 말에 붙어〕 '~를 가지고', [비슷한말] 로 '~에 의하여'의 뜻.

예
- 유학을 간 유미는 이메일로써 친구들과 안부를 주

고받아요.

- 인간은 언어**로써** 생각을 한다.

- 운동**으로써** 살을 빼야지 굶어서 빼면 안 된다.

**형태 정보**

**로써, 으로써**

**로써**는 받침 없는 말과 'ㄹ' 받침으로 끝나는 말 뒤에 쓰인다.
예) 전화**로써**, 글**로써**

**으로써**는 받침 있는 말 뒤에 붙어 쓰인다. 예) 운동**으로써**

## ~로 해서 [어디로 해서 갈까요?] 〔관용표현〕

1. '어떤 곳을 거쳐 지나서'의 뜻.

예) 
- 어디**로 해서** 갈까요?

- 시청앞**으로 해서** 갈 생각이에요.

- 부산**으로 해서** 제주도에 왔어요.

## 를 [주로 차를 마셔요.] 〔조사〕

1. 목적어를 나타낸다.

예)
- 저는 주로 차**를** 마셔요.

- 어제 무엇**을** 했어요? 영화**를** 봤어요.

- 주말에 친구**를** 만났습니다.

2. 〔'여행, 소풍, 유학' 등의 명사와 함께 쓰여〕 어떤 행

위를 하기 위한 움직임을 나타낸다. '~하기 위하여', '~할 목적으로', '~을 하러'의 뜻.

예
- 할머니는 날마다 새벽에 교회를 가신다.
- 주말에 낚시를 갔다.
- 농부들은 아침 일찍부터 일을 나간다.
- 유미도 유학을 떠났대.

[2참고] 1. '에'로 바꿔 쓸 수 없다. 2. '다니다, 가다, 오다, 떠나다' 등 이동의 의미를 나타내는 서술어와 함께 쓰인다.

3. ['학교, 교회, 회사'와 같이 구체적인 장소를 나타내는 명사 뒤에 쓰여] 어떤 행위를 반복적으로 또는 습관적으로 하는 것을 나타낸다. '~하기 위하여', '~할 목적으로', '~을 하러'의 뜻.

예
- 우리 아빠는 회사를 다니신다.
- 그는 친구들과 같이 교회를 가게 되었다.
- 이발소를 다니기도 귀찮았다.
- 유미는 병원 옆에 있는 미용실을 다닌다.

[3참고] 1. '에'로 바꿔 쓸 수 있다. 2. '다니다, 가다, 오다, 떠나다' 등 이동의 의미를 나타내는 서술어와 함께 쓰인다.

4. 움직임의 경로를 나타낸다.

예
- 우리는 홍콩에서 배로 하노이를 거쳐 캄보디아로 갔다.
- 아이들이 이 길을 통하여 달아났다.
- 이 버스는 여러 정류장을 지나간다.

5. 몇몇 동사에서 그 동사의 명사형을 목적어로 쓸 때에 쓰인다.

예
- 우리 함께 춤을 춰요. → 추다

[5참고] '동족 목적어'라고도 한다. 예) 꿈을 꾸다/잠을 자다/춤을 추다/짐을 지다

~로 해서

- 언니는 잠을 잤다.
- 어젯밤에 돼지꿈을 꿔서 복권을 사려고 한다.

6. 〔명사와 '하다'의 사이에 쓰여〕 한자어 명사를 지정하여 드러냄을 나타낸다.
   • 쓰이다

   예
   - 영하는 항상 늦게까지 공부를 한다.
   - 파마를 하고 싶어요.
   - 누가 설명을 해도 마찬가지이다.

7. 선택하거나 지정하여 말하는 뜻을 나타낸다.　　7참 강조하는 억양이 있다.

   예
   - 배말고 사과를 주세요.
   - 오늘은 누구를 만나니?
   - 오늘은 밥을 안 먹고 빵을 먹을래.

**형태 정보**

를¹, 을¹, ㄹ¹:

를은 받침 없는 말 뒤에 쓰인다. 예 구두를

을은 받침 있는 말 뒤에 쓰인다. 예 가방을, 연필을

ㄹ은 말할 때는 흔히 줄어들어 쓰이기도 한다. 예 **널**(너를), **뭘**(무엇을)

**도움말 1**

조사 '를'의 생략과 의미:

1. 말할 때 '를'이 생략된다.

   예 1: 밥∅ 안 먹을래.

   예 2: (가게에서) 사과∅ 주세요.

예 3 : 오늘은 누구∅ 만나니?

2. 위의 문장에 '를'을 쓰면 선택하거나 지정하여 말하는 의미가 더해진다.

예 1' : 밥을 안 먹을래.

예 2' : (가게에서) 사과를 주세요.

예 3' : 오늘은 누구를 만나니?

2. '를'은 '르'로 줄여 쓰기도 한다.

예 1 : 선생님, **절** 부르셨어요? (저를)

제인은 마이클보다 **날** 좋아해. (나를)

### 도움말2

조사 '을'이 다른 조사의 용법으로 쓰이는 것:

1. '에서'의 용법.

[움직임이 이루어지는 곳 전부를 나타내어] 행동이 진행되는 장소를 나타낸다.

예 : • 캄캄한 하늘을 비행기가 날고 있다.

• 거리를 헤매는 청소년들.

2. '에서'의 용법.

['떠나다, 출발하다'와 같은 말과 함께 써서] 행동이 시작되는 곳을 나타낸다.

예 : • 우리는 아침 아홉 시에 서울을 떠났다.

• 그는 어제 부산을 출발했다.

3. '에'의 용법.

['가다, 다니다' 등 이동을 뜻하는 말과 함께 써서, 움직임이 이루어지는 곳 전부를 나타내어] 행동이 이루어져야 할 목표 장소를 나타낸다.

예 : • 오전에 산을 오르기로 했다.

• 우리는 지금 부산을 가는 길입니다.

~를 위하여

## ~를 위하여 [회사를 위하여 무엇을 할까.] `관용표현`

1. 그것을 '목표로 해서'의 뜻.

   예
   - 회사를 위하여 무엇을 할까를 먼저 생각한다.
   - 건강을 위하여 담배를 피우지 맙시다.
   - 아이들을 위하여 시간을 냅니다.

   `관련어` -기 위해서
   `전체참고` '~를 위해/위해서/위한'으로도 쓰인다.
   예 가난한 사람을 위해 살고 싶다./친구들이 마이클을 위해서 책을 읽어 줍니다.

## -ㅁ [어딜 가든 학생임을 잊어버리지 마라.] `어미`

1. 동사나 형용사에 붙어서 문장의 주어나 목적어가 되게 한다.

   예
   - 어딜 가든 학생임을 잊어버리지 마라.   •말다
   - 성공하고 못 하고는 노력함에 달렸다.
   - 며칠이 지나서야 그 답이 틀렸음을 알았다.
   - 그 남자는 결혼 전이 더 불편했음을 고백했다.

   `관련어` -기
   `1참고` 명사의 기능을 한다. 따라서 '노력함에', '좋았음을'과 같이 조사가 붙어 쓰인다.

2. 〔알리는 문장이나 메모 등에 쓰여〕 어떤 사실을 기록하여 서술하거나 알리는 것을 나타낸다.

   `2참고` 높고 낮음이 없다.

   예
   - 출입을 금함.
   - 오전 10시에 회의 있음.

   ---
   **형태 정보**

   '-ㅁ', '-음':

   -ㅁ은 받침 없는 동사, 형용사와 '이다' 뒤에 쓰인다. 예 **감, 비쌈, 학생임**

   -음은 받침 있는 동사, 형용사와 '-았-' 뒤에 쓰인다.

   예 먹음, 높음, 잡았음

## -마 [편지를 보내마.]

종결어미 / 말아주낮춤 / 할아버지가 아이에게

1. 말하는이가 듣는이에게 기쁜 마음으로 약속하는 것을 나타낸다.

   관련어 -ㄹ게
   전체참고 말할 때 쓴다.

   예
   - 서울에 가는 대로 편지를 보내마.
   - 자세한 것은 나중에 말하마.
   - 네가 공부를 열심히 하면 대학도 보내 주마.

   **형태 정보**
   -마, -으마:
   -마는 받침 없는 동사 뒤에 쓰인다. 예 가마
   -으마는 받침 있는 동사 뒤에 쓰인다. 예 먹으마

   **도움말**
   -마와 -을게의 비교:
   1. '-마'는 나이가 많은 사람들이 많이 사용한다.
   2. 보통 '-을게'를 더 많이 사용한다.
      예 1: 아버지가 아들에게: 내가 내일 장난감 사 **줄게**.
      내가 내일 장난감 사 주**마**.

## 마다 [주말마다 산에 가요.]

조사

1. 〔똑같이 관련되는 대상을 나타내는 말에 붙어〕 '하나하나 모두'의 뜻.

   예
   - 주말마다 산에 가요.
   - 피곤해서 아침마다 일어나기가 너무 힘들어요.

- 한국은 각 계절**마다** 좋은 점이 많아요.

- 오늘은 가는 곳**마다** 사람이 많군요.

2. 〔시간을 나타내는 말에 붙어 쓰여〕 일정한 기간에 비슷한 행동이나 상태가 반복되는 것을 뜻한다. '~에 한 번씩'의 뜻.

예 ・ 버스는 5분**마다** 한 대씩 다녀요.

・ 이곳은 5일**마다** 한 번씩 과일 장사가 온다.

・ 매 2년**마다** 정기 검사를 받는다.

〔1참고〕 '항상'의 의미로 '날이면 날마다', '밤이면 밤마다'로 쓰이기도 한다. 예 날이면 날**마다** 찾아오는 반가운 손님./밤이면 밤**마다** 우는 새.

**형태 정보**

받침이 있든 없든 **마다**가 쓰인다.

예 의자**마다**, 책상**마다**

## 마저 [추운 데다가 바람마저 불었다.] 〔조사〕

1. '어떠한 사실에 더 첨가하여', '그러한 사실에서 더 나아가서'의 뜻.   〔관련어〕 까지, 조차

예 ・ 추운 데다가 바람**마저** 불었다.
   •춥다

・ 요즘 젊은이를 보면 무섭다는 생각**마저** 생긴다.

2. '최후의 것까지 모두'의 뜻. 하나 남은 마지막임을 나타낸다.

예 ・ 아내가 죽고 딸**마저** 떠나 버렸다.

・ 그렇게 믿었던 너**마저** 나를 떠나다니.

**형태 정보**

받침이 있든 없든 **마저**가 쓰인다.

예) 아내**마저**, 남편**마저**

**도움말1**

'마저'의 사용법:

'마저'는 부정적인 상황에서 사용되고 긍정적인 상황에서는 사용되지 않는다.

예1: 마이클 씨는 영어와 독어를 잘하고, 일본어**마저** 잘 한다.(?)

예2: 마이클 씨는 듣기, 쓰기도 잘 못하고 읽기**마저** 잘 못한다.(○)

**도움말2**

'마저'와 '까지, 조차'의 비교: ☞ '까지'의 도움말 (p.50)

---

## 만 [아빠는 동생만 데리고 가셨어요.]   조사

1. 하나를 선택하고 다른 것을 제외하는 것을 나타낸다.
   '단지', '오직'의 뜻.

   예) • 아빠는 동생**만** 데리고 가셨어요.

   • 토요일에는 오전 근무**만** 해요.

   • 진수는 가방**만** 들고 있었다.

2. '비교함'을 나타낸다.

   예) • 진수의 영어 실력이 유미**만** 못합니다.

   • 유미 외모가 언니**만** 못해요.

   • 동생이 형**만**은 못하다.

   [2참고] '~만(은) 못하다'로 쓰여 '~에 비하여 그에 못 미치다'의 뜻을 나타낸다.

> **형태 정보**
> 받침이 있든 없든 만이 쓰인다.
> 예) 너만, 선생님만

## 만큼 [개가 송아지만큼 커요.] 〔조사〕

1. 〔정도를 나타내는 말에 붙어 쓰여〕 '~와 같은 정도로'의 뜻.

   예) 
   - 비가 병아리 눈물**만큼** 왔어요.
   - 개가 송아지**만큼** 커요. → 크다
   - 트럭은 공룡**만큼** 커 보였다.

2. 〔'~만큼 ~도 없다' 꼴에 쓰여〕 '비교되는 대상이 가장 그러하다'의 뜻.

   예) 
   - 나**만큼** 약을 많이 먹는 사람도 없을 거예요.
   - 아마 우리나라**만큼** 아들을 좋아하는 나라도 없을 거예요.
   - 부모님한테 저**만큼** 잘하는 사람도 없어요.

> **형태 정보**
> 받침이 있든 없든 **만큼**이 쓰인다.
> 예) 아내**만큼**, 남편**만큼**

> **도움말**
> 만큼, -는 만큼'의 구별:
> 1. **만큼**은 조사이므로 붙여 쓴다.

2. **-는 만큼**은 꾸미는 어미 '-는'에 의존 명사 '만큼'이 쓰인 것이므로 띄어 쓴다.

   예 1: 나도 너**만큼** 먹어.

   예 2: 나도 네가 먹**는 만큼** 먹을 수 있어.

   예 2와 같이 '네가 먹는 것만큼'으로 바꾸어 쓸 수 있으면, 의존 명사이므로 띄어 쓴다.

## 말고 [그것말고 다른 거 없어요?]   조사

1. '~가 아니라 (뒤의 것)'의 뜻.

   [1참고] 뒤에는 명령이나 요구, 질문 등의 내용이 온다.

   예
   - 그것**말고** 다른 거 없어요?
   - 아니, 그 쪽**말고** 왼쪽으로 가세요.
   - 커피**말고** 물 좀 주시겠어요?

2. '~을 제외하고'의 뜻.

   예
   - 저**말고** 또 누가 오지요?
   - 그것**말고** 제가 할 수 있는 일이란 아무것도 없어요.
   - 버스에는 나**말고** 다섯 사람이 더 타고 있었다.

**형태 정보**

받침이 있든 없든 **말고**가 쓰인다.
   예 주스**말고**, 라면**말고**

**도움말**

**보조사 '말고'의 특성:**

체언 뒤에 쓰인 '**말고**'는 다른 조사와 같이 쓸 수 없다. 또, 동사 '말다'와는 그 의미도 매우 다르다.

**도움말2**

보조사 '말고'와 동사 '말고'의 비교:

다음의 '**말고**'는 '~하지 말고'로 바꿔 쓸 수 있다. 용언의 활용형이므로 띄어 써야 한다.

예1: 걱정 **말고** 술이나 마셔요./잔소리 **말고** 어서 가!

예2: 걱정하지 **말고** 술이나 마셔요./잔소리하지 **말고** 어서 가!

## －며 [누나는 의사이**며** 엄마는 약사다.]   〈연결어미〉

1. 앞의 사실과 뒤의 사실을 같은 자격으로 나열하는 것을 나타낸다.

   [1참고] [비슷한말] －고
   1. 앞뒤 사실의 순서를 바꾸어도 전체 문장의 의미가 변하지 않는다.

   예 ▪ 누나는 의사이**며** 엄마는 약사다.

   ▪ 큰형은 직장에 다니**며** 작은형은 대학에 다닌다.

2. 〔동작을 나타내는 동사 뒤에 쓰여〕 앞의 사실과 뒤의 사실의 동작이 동시에 일어남을 나타낸다.
   •쓰이다

   [2참고] [비슷한말] －면서

   예 ▪ 가게 주인은 웃으**며** 말했어요.

   ▪ <u>유미</u>는 밥을 먹으**며** 텔레비전을 봅니다.

   ▪ 파리가 방 안에서 소리를 내**며** 날고 있었다.

   **형태 정보**

   －며, －으며:

   －며는 받침 없는 동사, 형용사, '이다' 뒤에 쓰인다.

   예 가며, 비싸며, 학생이며

   －으며는 받침 있는 동사, 형용사와 '－았' 뒤에 쓰인다.

   예 먹으며, 높으며, 잡았으며

### 도움말 1

**'-고'와 '-며'의 비교:**

셋 이상의 절을 나열할 때, '-며'가 더 큰 단위를 이어 준다. '-고'는 '-며'가 쓰인 절 안의 작은 단위를 이어 준다. 예1과 예1'의 쉼표의 위치가 다르다.

예 1 : 진수는 미국에서 살고 누나는 캐나다에서 살며, 부모님께서는 한국에서 사신다.

예 1' : 진수의 부모님께서는 한국에서 사시며, 누나는 캐나다에서 살고 진수는 미국에서 산다.

### 도움말 2

**'-며'와 '-면서'의 비교:**

1. '-면서'는 주어가 사람일 경우, 앞·뒤의 사실의 주어가 동일해야 한다.

2. '-며'에는 이런 제약이 없다.

    예 1 : 유미가 노래를 부르면서 미선이가 춤을 춘다.(×)

    예 2 : 유미가 노래를 부르며, 미선이가 춤을 춘다.(○)

3. 이런 특징 때문에 '-면서'가 '-며'보다 '동시 동작'의 뜻을 강하게 드러낸다.

    예 3 : 유미가 노래를 부르면서 춤을 춘다.

    예 4 : 유미가 노래를 부르며 춤을 춘다.

## 면¹ [공부면 공부] 〔조사〕

1. ☞ **이면**(p.245)

**예**
- 영하는 공부면 공부, 운동이면 운동, 못하는 게 없어요.
- 그 가수는 춤이면 춤, 노래면 노래, 다 잘합니다.

### 형태 정보

**면, 이면**:

**면**은 받침 없는 말 뒤에 쓰인다. 예 노래**면** 노래

**이면**은 받침 있는 말 뒤에 쓰인다. 예 얼굴**이면** 얼굴

## —면² [배가 고프면 식사하러 가세요.] 〔연결어미〕

1. 조건을 나타낸다.

   예
   - 배가 고프**면** 식사하러 가세요.
   - 이가 아프**면** 치과에 가세요.
   - 바쁘지 않**으면** 우리 집에 놀러 오세요.
   - 오늘 시간이 없**으면** 내일 하세요.

   〔1참고〕 뒤 내용에 명령문이나 청유문이 쓰인다.

   예
   - 저는 커피를 마시**면** 잠이 안 와요.
   - 아침마다 지하철역에 가**면** 친구를 만나요.
   - 나는 주말이**면** 영화관에 간다.

   〔1참고〕 뒤에 서술문이 쓰인다.

2. 〔앞으로의 일에 대해〕 가정하는 것이나 바라는 것을 나타낸다.

   예
   - (여름에) 지금이 겨울이**면** 스키 타러 갈 텐데.
   - 내가 미국에서 태어났**으면** 영어를 잘했겠지.
   - 우리도 한국에서 살**면** 좋겠어.
   - 이번 가을에 이사를 했**으면** 좋겠어요.

   〔2참고〕 '-았으면'으로 쓰이기도 하는데, 이 '-았'은 과거가 아니라, 바라는 내용이 완전히 이루어지기(완료)를 나타내는 것이다.

3. 뒤에 오는 말의 근거를 나타낸다.

**예**
- 아기가 잘 노는 것을 보**면** 병이 좀 나은 것 같아요.
- 그 사람도 알고 보**면** 좋은 사람이에요.
- 생각해 보**면** 내가 실수한 것 같아요.

[3참고] '-면' 뒤에는 서술문이 쓰이며, '-거든'과 바꿔 쓸 수 없다.

**형태 정보**

-면, -으면:

-면은 받침 없는 동사, 형용사와 '이다' 뒤에 쓰인다.

**예** 가면, 비싸면, 학생이면

-으면은 받침 있는 동사와 형용사 뒤에 쓰인다. **예** 먹으면, 높으면

**도움말**

조건을 나타내는 -면과 -다면의 비교:

1. -면은 현실적으로 일어날 수 있는 일에 대한 조건을 나타낸다.
2. -다면은 어떤 일이 일어날 가능성이 적거나 별로 없는 것, 사실이 아닌 것을 가정하는 의미를 나타낸다.

예 1: 비가 오**면** 소풍을 안 간다.

예 2: 비가 **온다면** 소풍을 안 간다.

예 1은 현실의 사실을 조건으로 나타낸 것이고, 예 2는 가정하여 조건으로 말하는 것을 나타낸다.

## -면 되다 [그냥 오시면 돼요.]  〔관용표현〕

1. '다른 것은 그냥 두고 그것만 갖추어지기를 원하는 것'을 나타낸다.

**예**
- 진수: 제가 뭘 가지고 갈까요?

  유미: 그냥 오시**면** 돼요.

- 신용 카드를 잃어버렸어요. 어디로 전화하**면 돼요**?

- 은행으로 가**면 돼요**.

> **도움말**
>
> '-면 되다'와 '-아도 되다'의 비교:
>
> 1. '**-면 되다**'는 어떤 조건을 갖추기만 하면 되는 것을 나타낸다.
>
> 2. '**-아도 되다**'는 '허락'을 나타낸다.
>
>    예: • 카드로 계산**해도 됩니다**.
>
>    • 지금 나**가도 돼요**?
>
>    • 내일은 학교에 오지 않**아도 돼요**.
>
> 위의 예문들은 카드로 계산해도 되고, 지금 나가도 되고, 내일 학교에 오지 않아도 되는 것을 허락하는 것이다.

## -면서 [텔레비전을 보면서 밥을 먹어요.] 〔연결어미〕

1. 〔동작을 나타내는 동사 뒤에 **쓰여**〕 앞의 사실과 뒤의 사실의 동작이 동시에 일어나는 것을 나타낸다.
   → 쓰이다

   예 • 저는 텔레비전을 보**면서** 밥을 먹어요.

   • 운전하**면서** 전화하지 마십시오.
   → 말다

   • 음악을 들으**면서** 숙제를 했어요.
   → 듣다

   • 선생님이 웃으**면서** 말씀하십니다.

2. 앞의 동작이나 상태가 시작됨으로써 뒤의 사실의 동작이나 상태가 아울러 나타나는 것을 뜻한다.

   예 • 5월이 되**면서** 벌써 더워지기 시작했습니다.

   [2참고] 1. 앞의 사실과 뒤의 사실의 내용이 동시에 일어나는 것은 아니다. 2. '-면서부터'로도 쓰인다.
   [2참고] [비슷한말] -며

- 날씨가 더워지**면서**부터 자꾸 찬 음료수를 찾게 됩니다.

3. 〔앞의 사실과 뒤의 사실에 대립되는 내용이 쓰여〕
앞뒤의 사실이나 동작, 상태가 대립되어 있는 것을 나타낸다.

예 
- 형이 자기는 놀**면서** 우리만 청소를 시켜요.
- 유미는 나를 알**면서**도 모르는 척했습니다.
- 나는 그 소리를 들었<u>으면서</u>도 못 들은 척했다.
  └─●듣다─┘

[3참고] 1. '-았' 뒤에 쓰인다. 예 자기도 놀았으면서... 2. 보조사 '도'가 함께 쓰여 그 의미를 강조하기도 한다. 예 지금 화를 내면서**도** 아니라고 한다.

### 형태 정보
**-면서, -으면서**:

-면서는 받침 없는 동사, 형용사와 '이다' 뒤에 쓰인다.

예 가**면서**, 비싸**면서**, 학생이**면서**

-으면서는 받침 있는 동사와 형용사 뒤에 쓰인다.

예 먹으면서, 높으면서

### 도움말
-면서와 -며의 비교: ☞ -며의 도움말 (P.157)

## -면 안 되다 [이곳에 주차하면 안 돼요.]  관용표현

1. 어떠한 행동을 하지 말라고 금지하는 것을 나타낸다.

예 
- 이곳에 주차하**면** 안 돼요.
- 도서관에서 떠들**면** 안 됩니다.

[전체참고] 1. '-아도 되다'는 허락의 의미를 나타낸다. 예 이곳에는 주차**해도 됩**니다.

- 면 좋겠다

- 전시회에서는 사진을 찍**으면 안 됩니다**.
- 수업 중에 전화를 받**으면 안돼요**.
- 이 곳에서 수영하**면 안 돼**.

2. '-아도 돼요/됩니까?'라고 물어보면 '-아도 되다'나 '-면 안 되다'로 대답한다.
예 손님: 카드로 계산**해도 돼요**? 주인: 네, 카드로 계산**해도 돼요**. /아니요, 카드로 계산하면 **안 돼요**.

## –면 좋겠다 [우리 집에 오면 좋겠다.] 〖관용표현〗

1. 말하는이가 바라는 것을 나타낸다.

예
- 내일은 비가 안 왔**으면 좋겠어요**.
- 네가 우리 집에 오**면 좋겠다**.
- 이 옷에 어울리는 구두를 사**면 좋겠는데요**.

〖전체참고〗 현실과 다르거나 현실에서 이루어질 수 없는 상황을 가정하기도 한다.
예 키가 5센티미터만 더 컸**으면 좋겠다**.

## –므로 [진수는 고등학생이므로 술집에 갈 수 없습니다.] 〖연결어미〗

1. 앞의 사실이 뒤의 사실의 근거가 되는 것을 나타낸다. '-기 때문에'의 뜻.

예
- 진수는 고등학생이**므로** 술집에 갈 수 없습니다.
- 이곳은 매우 뜨거울 때가 있**으므로** 주의해야 합니다.
  └─ 뜨겁다

〖비슷한말〗 -기에
〖관련어〗 -아서
〖전체참고〗 일상적인 말에는 잘 쓰이지 않고 논리적인 글에 주로 쓴다.

### 형태 정보

'-므로', '-으므로':

-므로는 받침 없는 동사, 형용사, '이다' 뒤에 쓰인다.
예 가**므로**, 비싸**므로**, 학생이**므로**

-으므로는 받침 있는 동사, 형용사와 '-았-', '-겠-' 뒤에 쓰인다.
예 먹**으므로**, 높**으므로**, 잡았**으므로**, 잡겠**으므로**

## －ㅂ시다 [산에 갑시다.]

**종결어미** | **말조금 높임** | 늙은 부부 사이 (어른말)

1. 어떤 행동을 같이 하자고 말하는 것을 나타낸다.

   관련어 －자, －세

   전체참고 1. 말할 때 쓴다.
   2. 높임의 '-시-'가 쓰인 '-십시다'는 '-ㅂ시다'보다 더 높여 말하는 뜻을 나타낸다. 예 같이 갑시다/가십시다.

   예
   - 주말에 시간이 있으면 같이 산에 **갑시다**.
   - 당장 나**갑시다**.
   - 자, 우리 한잔 **합시다**.
   - 우리 먼저 먹**읍시다**.

   **형태 정보**
   -ㅂ시다, -읍시다:
   -ㅂ시다는 받침 없는 동사와 몇몇 형용사에 쓰인다.
   예 갑시다, 부지런합시다
   -읍시다는 받침 있는 동사 뒤에 쓰인다. 예 먹읍시다, 잡읍시다

## 밖에 [두 시간 밖에 못 잤어요.]

**조사**

1. [반드시 부정의 내용을 나타내는 문장에서, 명사, 부사, '-아서', '-기' 등에 붙어] '~ 이외에는', '~ 말고는'의 뜻.

   관련어 만, 뿐

   전체참고 말하는이가 이것에 대해 만족스럽게 생각하지 않음의 뜻을 나타낼 수도 있다.

   예
   - 학생들이 다섯 명**밖에** 안 왔어요.
   - 돈이 만 원**밖에** 없어요.
   - 잠이 안 와서 두 시간**밖에** 못 잤어요.

   **형태 정보**
   받침이 있든 없든 밖에가 쓰인다.
   예 그때밖에, 지금밖에

### 도움말1

**'밖에'와 '만'의 비교:**

'**밖에**'가 쓰인 부정 표현과 '**만**'이 쓰인 긍정 표현은 같은 뜻을 나타낸다.

　　예1: 우리 반에는 여자들**밖에** 없다. → 우리 반에는 여자들**만** 있다.

　　예2: 그들은 노는 것**밖에** 모른다. → 그들은 노는 것**만** 안다.

### 도움말2

**'밖에'와 '외에':**

1. 일정한 범위 안에 있지 않은 것을 가리키는 의미로 '밖 + 에'를 사용한다.

2. 여기에 쓰인 '밖'은 명사이다. 그 뜻은 '일정한 범위에 있지 않은 나머지 다른 부분이나 일'이다.

3. '**밖에**'는 '**외에**'로 바꿔 쓸 수 있다.

　　예1: 교실에는 학생들과 선생님들, 그 **밖에**/그 **외에** 학부모들까지 있어 매우 복잡했다.

　　예2: 유미는 회사 일이 바빴다. 그리고 이 **밖에도** 다른 이유들이 있어서 모임에 가지 못했다.

## 보고　[너보고 오래.]　　　　　　　　　　조사

1. 〔간접적으로 인용하는 내용을 전달하는 대상을 나타내는 말에 붙어서〕 '에게'의 뜻으로, 말할 때 주로 쓴다.　[비슷한말] 더러, 에게, 한테
   [전체참고] 뒤에 '-다', '-냐', '-라', '-자' 꼴의 절이 온다.

   예　• 마이클 씨**보고** 건강해지시라고 전해 주세요.

   　　• 언니가 너**보고** 오래.

   　　• 누구**보고** 화를 내는 거예요? ── 이다

**형태 정보**

받침이 있든 없든 **보고**가 쓰인다.

  예) 아내**보고**, 남편**보고**

**도움말**

**'보고'와 '에게'의 비교:**

'보고'는 '에게'의 뜻이지만 '에게'에 비해 함께 쓰이는 동사가 제약된다. 간접 인용문이나 '말하다, 묻다' 등과 함께 쓰이고, 직접 얼굴을 맞대고 이야기하는 상황에서만 쓸 수 있다.

  예1: 김 선생님**보고** 전화했다./편지를 썼다.(×)

  예2: 김 선생님**에게** 전화했다./편지를 썼다.(○)

'전화를 하거나 편지를 쓰는 것'과 같이 직접 얼굴을 맞대지 않은 것에는 '보고'는 쓸 수 없고, '에게'만 쓸 수 있다.

---

## 보다 [지하철이 버스**보다** 빠릅니다.]   조사

1. 〔비교의 대상이 되는 말에 붙어 쓰여〕 '~에 비해서'의 뜻.

   전체참고 '더, 더욱, 훨씬' 등의 부사가 자주 나타나기도 한다.

   예) • 제가 언니**보다** 키가 커요.  크다

   • 지하철이 버스**보다** 조금 빠릅니다.

   • 제가 존슨**보다** 한국에 1년 빨리 왔어요.

   • 우리 반에는 여자가 남자**보다** 더 많아요.

**형태 정보**

받침이 있든 없든 **보다**가 쓰인다.

  예) 아내**보다**, 남편**보다**

### 도움말
**'보다'의 특성:**

나이를 비교할 때에는 그 정도를 비교하는 것이 아니기 때문에 '더, 더욱, 훨씬' 등의 부사를 쓸 수 없다.

> 예 1 : 우리**보다** 3년 선배였던 그 언니(○)/우리**보다** 3년 **더** 선배(×)
>
> 예 2 : 우리 언니는 나**보다** 두 살 위다.(○)/우리 언니는 나**보다** 두 살 **더** 위다.(×)

## 부터¹ [10시부터 12시까지 수업을 들어요.] 〔조사〕

1. 〔시간을 나타내는 말에 붙어 '~부터 ~'의 꼴로 쓰여〕 어떤 일에 관련된 범위의 시작점을 나타낸다. '어떤 시간이 시작되는 때에 이어서 그 후에'의 뜻.
   • 잇다

   예
   - 월요일**부터** 금요일까지 회사에 가요.
   - 10시**부터** 12시까지 수업을 들어요. • 듣다
   - 오늘**부터** 날마다 한국말 학원에 갑니다.
   - 언제**부터** 한국에서 살았어요?

## 부터² [밥부터 먹어요.] 〔조사〕

1. 〔어떤 행동이나 행동의 주체나 대상을〕 시작으로 하여'의 뜻.

   예
   - 제인 씨**부터** 자기소개를 하세요.
   - 배고프니까 밥**부터** 먹어요.
   - 집에 들어오면 손**부터** 씻어야 해요.
   - 선생님: 언제**부터** 한국말을 배웠어요?

   〔전체참고〕 1. 시간의 의미를 나타내지 않는 말에 붙어 쓰인다. 2. '우선, 먼저' 등과 함께 쓰이기도 한다.

마이클: 9월**부터** 배웠어요.

### 형태 정보

받침이 있든 없든 **부터**가 쓰인다.

예) 어제**부터**, 오늘**부터**, 내년**부터**

### 도움말

**부터**의 쓰임:

1. '에서부터'나 '로부터'로도 쓰인다.

   예: 학교**부터** → 학교**에서부터**

   학교**부터** → 학교**로부터**

2. [~에서부터 ~까지] [~에서 ~까지] [~부터 ~까지]로 쓰인다.

   예: 봄**에서부터** 가을**까지**/봄**에서** 가을**까지**/봄**부터** 가을**까지**.

---

## 뿐 [나를 도와 줄 사람은 누나**뿐**이다.]   조사

1. ['~뿐이다'로 쓰여] '~만 있고 다른 것은 없다'는 뜻.  관련어 만

   예 ▪ 제가 할 줄 <u>아는</u> 한국말은 인사말**뿐**이에요.
   　　　　　　•알다

   ▪ 휴가가 일 년에 일 주일**뿐**입니다.

   ▪ 나를 도와 줄 사람은 누나**뿐**이다.

2. ['~뿐(만) 아니라'로 쓰여] '그것 외에도 더'의 뜻.

   예 ▪ 이 일은 돈**뿐** 아니라 시간도 많이 들어요.

   ▪ 저는 영어**뿐** 아니라 중국어도 할 수 있어요.

   ▪ 남대문 시장은 한국에서**뿐**만 아니라 세계적으로도 잘 알려진 곳입니다.

   2참고 '명사 + 뿐만 아니라'나 '용언 + -을 뿐만 아니라'로 쓰인다. 예) 돈도 없**을 뿐만 아니라** 시간도 없어요.

> **형태 정보**
>
> 받침이 있든 없든 **뿐**이 쓰인다.
>
> 예) 아내**뿐**, 남편**뿐**

> **도움말**
>
> *의존 명사 '뿐':*
>
> '-ㄹ 뿐이다'에 쓰인 '**뿐**'은 의존 명사이므로 띄어 쓴다.
>
> 예1: ▪ 아무리 울지 말라고 해도 유미는 울기만 **할 뿐이에요**.
>
> ▪ 그 사람이 저를 이해해 주기만을 바**랄 뿐입니다**.

## 서¹ [둘이서 살고 있어요.]    조사

1. 〔'혼자', '둘이', '셋이', '넷이' 등 사람이 주어인 말에 붙어 쓰여〕 그 말이 주어임을 나타내고, 그 '수'를 강조한다.

예) ▪ 누나와 저, 둘이**서** 살고 있어요.

▪ 혼자**서** 식사를 할 때면 집 생각이 나요.

▪ 친구끼리 셋이**서** 자취하기로 했어요.

> **형태 정보**
>
> 서는 몇몇 받침 없는 말 뒤에 쓰인다.
>
> 예) 혼자**서**, 둘이**서**, 셋이**서**

## 서² [서울서 삽니다.]    조사

1. '에서'의 준말. ☞ 에서(p.219)    [본말] 에서
[전체참고] 말할 때 쓴다.

예
- 진수네 집은 거기서 가까워요. → 가깝다
- 저는 시골서 삽니다. → 살다
- 어디서 왔습니까?
- 멀리서 자동차 소리가 들려왔다.

**형태 정보**

받침이 있든 없든 서가 쓰인다.
  예) 거기서, 그 곳서

## -세요 [할머니께서는 시골에서 사세요.]

〔종결어미〕〔친한사이 말높임〕 선배, 어른에게

**1. 문장의 주어를 높이면서 알리는 것을 나타낸다.**

예
- 최 선생님은 내일 미국에 가세요.
- 할머니께서는 시골에서 사세요. → 살다
- 김 선생님은 요즘 소설책을 읽으세요.

**2. 듣는이에게 물어 보는 뜻을 나타낸다.**

예
- 요즘 어떻게 지내세요?
- 선생님, 무슨 음식을 좋아하세요?
- 내일 저녁 때 시간 있으세요?

**3. 〔동사 뒤에 쓰여〕 명령하거나 권유하거나 요청하는 것을 나타낸다.**

예
- 어서 오세요. 오랜만이에요.
- 저 은행 앞에서 내려 주세요.

〔전체참고〕 1. 높임을 나타내는 어미 '-시-'와 종결 어미 '-어요'가 결합된 '-시어요'(-셔요)에서 온 말. '-셔요'보다 '-세요'가 더 많이 쓰인다. 예) 김 선생님도 오셔요./오세요 2. 말할 때 쓴다.

- 여기 앉으세요.

**형태 정보**

'-세요', '-으세요':

-세요는 받침 없는 동사, 형용사와 '이다' 뒤에 쓰인다.

　　예) 가세요, 예쁘세요, 학생이세요

-으세요는 받침 있는 동사와 형용사 뒤에 쓰인다.

　　예) 잡으세요, 좋으세요

## -셔 [선생님께서 오셔.]  〈종결준꼴〉〈친한사이말낮춤〉 친구에게

1. 문장의 주어는 높이면서 말을 듣는 사람에게는 반말로 서술하여 알리는 것을 나타낸다.　〈전체참고〉 '-시-'와 '-어'의 준꼴

예) ▪ 언니, 아주머니께서 오늘 오셔.

　　▪ 사장님은 지금 안 계셔.

**형태 정보**

'-셔', '-으셔':

-셔는 받침 없는 동사, 형용사와 '이다' 뒤에 쓰인다.

　　예) 가셔, 예쁘셔, 학생이셔

-으셔는 받침 있는 동사와 형용사 뒤에 쓰인다.

　　예) 찾으셔, 좋으셔

## -셨- [마이클 씨가 오셨어요.]  〈준꼴〉

1. 문장의 주어를 높이면서, 그 행동이나 상태가 과거에 있었음을 나타낸다.　〈전체참고〉 '-시-'와 '-었-'의 준꼴

예) ▪ 마이클 씨가 오셨어요.

- 아주머니께서 언제 전화하셨어?
- 우리 할아버지는 옛날에 선생님이셨어요.

**형태 정보**

'-셨-', '-으셨-':

-셨-은 받침 없는 동사, 형용사와 '이다' 뒤에 쓰인다.
예) 가셨어요, 예쁘셨어요, 학생이셨어요

-으셨-은 받침 있는 동사와 형용사 뒤에 쓰인다.
예) 잡으셨어요, 좋으셨어요

## -습니까 [어디에 있습니까?]

종결어미 / 말아주 높임 / 직장상사에게 (공식적)

1. 말하는이가 듣는이에게 (현재의) 동작이나 상황 등을 (정중하게) 물어 보는 뜻을 나타낸다.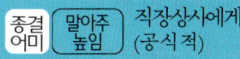

예
- 주차장이 어디에 있습니까?
- 요즘 건강은 어떻습니까?
- 언제 한국에 오셨습니까?
- 수업은 몇 시에 시작합니까?

**형태 정보**

'-습니까', '-ㅂ니까':

-습니까는 받침 있는 동사, 형용사와 '-았-', '-겠-' 뒤에 쓰인다.
예) 먹습니까, 좋습니까, 잡았습니까, 잡겠습니까

-ㅂ니까는 받침 없는 동사, 형용사와 '이다' 뒤에 쓰인다.
예) 갑니까, 비쌉니까, 학생입니까

## -습니다 [만나서 반갑습니다.]

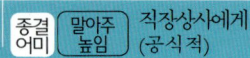 직장상사에게 (공식적)

1. 말하는이가 듣는이에게 현재의 동작이나 상황을 정중하게 설명하여 알리는 것을 나타낸다.   [쓰기주의] -읍니다(×)

예
- 만나서 반갑**습니다**.
- 아침에는 보통 빵을 먹**습니다**.
- 저는 한국어 공부를 하고 있**습니다**.
- 우리 집 마당에는 나무가 많**습니다**.

**형태 정보**

-**습니다**, -**ㅂ니다**:

-**습니다**는 받침 있는 동사, 형용사와 '-았-', '-겠-' 뒤에 쓰인다.

예 먹**습니다**, 좋**습니다**, 잡았**습니다**, 잡겠**습니다**

-**ㅂ니다**는 받침 없는 동사, 형용사와 '이다' 뒤에 쓰인다.

예 갑**니다**, 비쌉**니다**, 학생입**니다**

## -시- [할머니께서 오시기로 했어요.]   어미

1. 행동이나 상태의 주체를 높여 말하는 것을 나타낸다.

[전체참고] 높여서 말해야 하는 사람의 몸의 일부나 소유물이 주어인 문장에도 쓰인다.

예
- 할머니께서 오**시**기로 했어요.
- 선생님께서 제 말을 들으**시**고 웃으**셨**습니다.
   └─── 듣다
- 유미 씨, 어디가 아프**신**가요?
- 과장님 넥타이가 멋있으**십**니다.

―습니다

**형태 정보**

**-시-, -으시-:**

　-시-는 받침 없는 동사, 형용사와 '이다' 뒤에 쓰인다.

　　예) 가시-, 예쁘시-, 학생이시-

　-으시-는 받침 있는 동사와 형용사 뒤에 쓰인다.

　　예) 잡으시-, 높으시-

**도움말 1**

**'-시-'의 쓰임:**

1. 주체 높임을 나타낸다. 말하는이보다 나이가 많거나 사회적으로 지위가 높은 사람에게 사용한다.

2. '-시-'는 동사, 형용사의 어간 바로 다음에 쓴다.

3. '-았-', '-겠-'보다 앞에 쓴다.

　예: 하시겠습니다

　　　하시었다 > 하셨다.

4. 문장에 '-시-'가 쓰이면, 주어에 '께서'를 사용한다.

　예: 선생님께서 가르치십니다.

**도움말 2**

**'-시-'에 의한 높임법:**

1. '-시-'를 서술어의 어간에 붙여서 주체를 높인다.

　예 1: 이 사람이 선생님이다. → 이분이 선생님이시다.

　예 2: 진수가 가는 곳 → 진수 씨가 가시는 곳.

　예 3: 진수가 건강하다. → 할아버지께서 건강하시다.

2. 몇몇 동사는 '-시-'를 사용하지 않고, 높임말이 따로 있다.

예 : 먹다 – **잡수시다**/먹으시다(×)

예 : 자다 – **주무시다**/자시다(×)

3. 다음의 동사들은 두 가지 높임말이 다 쓰이는데 다음과 같은 차이가 있다.

예 : 있다 – 계시다/있으시다

예 : 아프다 – 편찮으시다/아프시다

예 1 : 선생님은 돈이 많이 있**으시다**.(선생님의 소유물을 높임)

예 1' : 선생님께서 댁에 **계신다**.(선생님 자체에 대한 높임 표현)

예 1" : 선생님께서 돈이 계신다.(×)/선생님께서 댁에 있으시다.(×)

예 2 : 할머니께서 **편찮으시다**.(할머니 자체에 대한 높임 표현)

예 2' : 할머니께서 이가 아프**시다**.(할머니의 신체 일부를 높임)

예 2" : 할머니께서 아프시다.(×)/할머니께서 이가 편찮으시다.(×)

## –십시오 [이리로 오십시오.]

종결어미 | 말아주높임 | 직장상사에게(공식적)

1. 윗사람에게 공손하게 명령하거나 권유하는 것을 나타낸다.

예
- 자, 이리로 오**십시오**.
- 어서 밖으로 나가**십시오**.
- 그런 말은 하지 마**십시오**. → 말다
- 비가 많이 오는 날에는 운전하지 마**십시오**.

2. 〔명령의 뜻 없이〕 인사말에 쓰인다.

예
- 안녕히 계**십시오**.
- 어서 오**십시오**.

[쓰기주의] –십시요(×)

[전체참고] 1. 말할 때 쓴다.
2. 높임의 '–시–'와 명령을 나타내는 '–ㅂ시오'가 붙어 쓰이는 꼴이다.
3. '안녕히 계십시요'나 '어서 오십시요'는 틀린다. '–십시오'나 '–세요'라고 해야 한다.
4. 부정은 '–지 마십시오'이다. 예 담배를 피우**십시오**. →담배를 피우**지 마십시오**.

- 안녕히 주무**십시오**.

- 안녕히 가**십시오**.

**형태 정보**

−**십시오**¹, −**으십시오**¹:

−**십시오**는 받침 없는 동사와 'ㄹ'로 끝난 동사 뒤에 쓰인다.

예 가**십시오**, 사**십시오**(살다)

−**으십시오**는 받침 있는 동사 뒤에 쓰인다. 예 잡**으십시오**, 닫**으십시오**

## 아¹ [대성아]   조사

1. [부르는 말에 붙어 쓰여] 친구나 자기보다 나이가 어린 사람을 부를 때 사용한다. •쓰이다

    예 · 대성**아**, 같이 가자.

    · 영숙**아**, 숙제 다 했니?

    · 준원**아**, 밥 먹어.

[높임] 이여, 이시여
[전체참고] 외국 사람 이름에는 잘 붙이지 않고 그냥 이름만 부른다.
예 마이클아(?)/하나코야(?)/마이클!(○)/하나코!(○)

**형태 정보**

**아**¹, **야**¹:

**아**는 받침 있는 사람 이름 뒤에 쓰인다. 예 영숙**아**, 대성**아**

**야**는 받침 없는 사람 이름 뒤에 쓰인다. 예 진수**야**, 유미**야**

**도움말**

한국에서 이름 부르기:

한국에서는 어른이 되면 서로의 이름을 부르지 않는다. 어릴 때부터 친구 사이인 경우에만 서로의 이름을 부를 수 있다. 특히 상대방의 나이가 더

많은 경우에는, 언제나 '**과장님, 사장님, 선생님**' 등과 같이 직업과 관련해서 그 직위를 부르거나, '**선배님**'이라고 불러야 한다. 또한 어른이 되어서 만난 직장의 동료나 아랫사람에게도 이름만 부르면 안 되고, '~ **씨**'를 사용하여 '영숙 씨, 진수 씨'라고 불러야 한다.

## -아² [편지를 받아.]  〔종결어미〕 〔친한사이 말낮춤〕 친구에게

1. **서술하여 알리거나 감탄하는 것을 나타낸다.**

    예
    - 나도 자주 편지를 받**아**.
    - 배가 고픈 것 같**아**.
    - 저것보다는 이것이 더 좋**아**.

    예
    - 어머나, 차들이 저렇게 많**아**!
    - 엄마랑 같이 있으니까 참 좋**아**!
    - 아유, 일어나기 귀찮**아**.

    〔높임말〕 -아요 ☞ -아요 (p.198)
    〔전체참고〕 1. 말할 때 쓴다. 2. 입말에서 쓰이는 '같애'는 틀린 것이다. 예 배가 아픈 것 같애(×)/같아(○)
    〔1참고〕 '-았-, -겠-' 뒤에 쓰인다.

2. **듣는이에게 물어 보는 뜻을 나타낸다.**

    예
    - 내가 가도 괜찮**아**?
    - 어디 갔다 지금 **와**?
    - 언제 집에 **가**?

    〔2참고〕 '-았-, -겠-' 뒤에 쓰인다.

3. **상대방에게 명령하는 것을 나타낸다.**

    예
    - 너, 이리 따라**와**!
    - 지금 당장 거기에 가 **봐**.
    - 빨리 빨리 걸**어**. → 걷다

    〔3참고〕 1. 동사에만 쓰인다. 2. '말다'의 '-아' 결합형은 '마'이다. 예 가지 **마**(○)/가지 말아(×).

4. 상대방에게 같이 하자고 권하는 것을 나타낸다.

**예**
- 우리 모두 같이 가.
- 너도 같이 먹어.
- 잠깐만 기다렸다가 같이 떠나.

**형태정보**

-아, -어, -여:

-아는 모음 'ㅏ, ㅗ'로 끝난 동사, 형용사 뒤에 쓰인다. **예** 잡아, 높아

-어는 'ㅏ, ㅗ' 이외의 모음으로 끝난 동사, 형용사와 '-았-', '-겠-' 뒤에 쓰인다. **예** 먹어, 싫어, 잡았어, 잡겠어

-여는 '하다' 뒤에 쓰인다. 문장 끝에서는 '하여'가 아니라 '해'로만 쓰인다. **예** 해

**도움말1**

문장의 끝에 쓰이는 -아:

1. 높임을 나타내는 '-시-'와 어미 '-어'가 만나서 '-셔'로 쓰인다.

    예1: 선생님께서 지금 수업 중이**셔**.

    　　 선생님께서 어디 가**셔**?

2. 동사, 형용사의 어간이 '-아'나 '-어'로 끝나는 경우에는, 같은 모음이 반복되므로 둘 중의 하나가 생략된다.

    예2: 가다 + 아 → **가**

    　　 서다 + 어 → **서**

3. 금지를 나타내는 동사 '말다'와 '-아'가 만나면 '말아'가 아니라 '**마**'가 된다.
    예3: 가지 **마**.(○) / 가지 말아.(×)

4. '하다'에 종결 어미 '-여'가 결합한 꼴은 '해'이다. '하여'는 쓰이지 않는다.

    예4: 공부를 **해**.(○) / 하여.(×)

### 도움말 2

**'-아'와 '-지'의 비교:**

1. '**-아**'는 문장을 끝내는 문법적인 기능을 한다. '**-지**'는 말하는이가 미리 알고 있는 사실을 듣는이에게 다시 한번 확인하거나 동의를 구하거나 하는 뜻을 나타낸다. 따라서 '**-아**'가 상대방의 의사가 이것인지 저것인지 물어볼 수 있는 데 반해, '**-지**'는 이미 한 가지를 전제하는 것이므로 그렇게 쓰일 수 없다.

    예 1: 너 내일 학교에 **가**, 안 **가**?(○)

    너 내일 학교에 **가지**, 안 **가지**?(×)

2. 서술문에서 '**-겠-**'과 결합할 때, 그 의미가 달라진다. '**-겠어**'는 말하는이의 '의도'나 '추정'을 나타내지만, '**-겠지**'는 '추정'의 의미만을 나타낸다.

    예 2: 나는 내일 학교에 **가겠어**.(의도) / 내일 비가 오**겠어**.(추정)

    나는 내일 학교에 **가겠지**.(추정) / 내일 비가 오**겠지**.(추정)

3. 명령이나 청유를 나타내는 문장에서 '**-아**'는 상대방에게 직접 명령하는 의미를 나타낸다. '**-지**'는 직접 명령하기보다는 간접적으로 권유하는 의미를 나타낸다. 그래서 '**-지**'가 '**-어**'보다 친근하고 부드럽게 느껴진다.

    예 t: 네가 먼저 **가**.

    네가 먼저 **가지**.

4. 청유의 의미로 쓰일 때 '**-지**'의 청유가 훨씬 강하게 느껴져 듣는이가 거절하기가 어렵다.

    예 4: 내일 저녁에 한잔 **해**.

    내일 저녁에 한잔 **하지**.

## -아³ [우리는 책상에 앉**아** 공부했어요.]  〔연결어미〕

**1. 시간의 앞뒤 순서를 나타낸다.**

**예**
- 물고기를 잡**아** 매운탕을 끓였어요.
- 창문을 열**어** 밖을 내다보세요.
- 그녀는 조용히 일어**나** 밖으로 나갔다.
- 그는 자기 의자에 **가** 힘없이 앉았다.
- 진수는 옷을 벗**어** 옷걸이에 걸었다.

**예**
- 우리는 책상에 앉**아** 공부했어요.
- 그는 마당에 앉**아** 혼자 놀고 있었다.
- 그는 소파에 누**워**(눕다) 노래를 불렀다.(부르다)

2. 뒤에 오는 사실의 원인이나 이유를 나타낸다.

**예**
- 오늘은 바람이 많이 불**어** 정말 추워요.(춥다)
- 우리는 아직 어려 돈을 못 벌어요.
- 남편이 집안일을 많이 도와 주**어** 별로 힘들지 않아요.

3. 방법이나 수단을 나타낸다.

**예**
- 사과를 깎**아** 먹어요.
- 새는 하늘을 날**아** 멀리 가 버렸다.

4. 앞 용언과 뒤 용언을 이어 준다.(잇다)

**예**
- 눈을 잠시 감**아** 보세요.
- 머리를 어떻게 깎**아** 드릴까요?
- 창문을 닫**아** 보세요.

[1참고] 1. '-아서'와 바꿔 쓸 수 있다. 예 물고기를 잡아서 매운탕을 끓였다. 2. 앞뒤의 사실이 동일 주어이이어야 하고, 서술어는 동작을 나타내는 동사이어야 한다.

[1참고] 동작을 나타내는 동사, 상태를 나타내는 동사 모두 쓸 수 있다.

[2참고] 1. 뒤의 사실에 명령문과 청유문은 쓰이지 못한다. 2. 앞의 문장과 뒤의 문장에 다른 주어가 쓰일 수 있다. 예 진수가 먼저 소리를 질러 나도 따라서 소리를 질렀다.

[4참고] 1. 앞 용언과 '있다', '보다', '주다', '가다', '내다', '두다', '버리다' 등의 보조 용언을 이어 준다. 2. '-아서'로 바꿔 쓸 수 없다.

▪ 문을 열어 둘까요?

### 형태 정보

-아, -어, -여:

-아는 모음 'ㅏ, ㅗ'로 끝난 동사, 형용사 뒤에 쓰인다.

　　예) 잡아, 높아

-어는 'ㅏ, ㅗ' 이외의 모음으로 끝난 동사, 형용사 뒤에 쓰인다.

　　예) 먹어, 싫어

-여는 '하다' 뒤에 쓰인다. 예) 하여, 해

### 도움말 1

단어를 만드는 '-아'의 쓰임:

1. '-아'는 용언과 용언을 이어 주는 단어 연결 어미로도 쓰인다. 이때는 '-아서'와 바꿔 쓸 수 없다.

　　예: 올라오너라./돌아오너라.

2. 감정을 나타내는 형용사와 '-아하다'가 결합하여 동사를 만든다.

　　예: 철수가 좋다. → 철수를 좋아한다.

　　　　우리 딸이 자랑스럽다 → 우리 딸을 자랑스러워한다.

### 도움말 2

'-아'와 '-고'의 비교:

1. '방식'이나 '수단'의 의미를 나타내는 '-고'와 '-아'의 차이는 다음과 같다. '-고'는 동시적이고 지속적인 의미를 나타낸다. '-아'는 지속적인 의미를 나타내지 않는다.

　　예 1: ㄱ. 손을 잡고 간다.(○)
　　　　　ㄴ. 손을 잡아 간다.(×)

예2: ㄱ. 책상을 끌고 당긴다.(×)
　　　ㄴ. 책상을 끌어당긴다.(○)

2. '-아 있다'는 '완료'의 의미를, '-고 있다'는 '진행'의 의미를 나타낸다.

예3: ㄱ. 총이 이쪽을 향하여 있다. ('완료'의 뜻)
　　　ㄴ. 총이 이쪽을 향하고 있다. ('진행'의 뜻)

## -아 가다 [선물을 사 가세요.]  관용표현

1. 어떤 동작을 끝내고 그 결과를 가지고 가거나 오거나 하는 것을 나타낸다.

   전체참고 '~아 오다'도 쓰인다.

   예 • 선물을 사 가세요.

   • 숙제를 꼭 해 오세요.

   • 유미는 김밥을 만들어 갔어요.

2. 동작이나 상태 등이 계속 진행되어 가는 것을 나타낸다.

   예 • 서울에 거의 다 와 가요.

   • 졸음을 참아 가면서 운전을 했어요.

   • 일이 잘 되어 가요?

## -아 가지고 [김밥을 사 가지고 오세요.]  관용표현

1. 방법이나 수단, 이유 등을 나타내는 '-아서'의 의미를 강조하여 나타낸다.

   전체참고 1. '-아서'의 의미인데, '-아 가지고'는 말할 때 쓴다. 2. '-아 갖고'로 줄여 쓰기도 한다. 예 김밥을 사 갖고 오세요./한국말을 배워 갖고 취직하고 싶어요.

   예 • 김밥을 사 가지고 오세요.

   • 이 부분을 읽어 가지고 오세요.

- 한국말을 배워 **가지고** 취직하고 싶어요.
- 가방이 너무 비싸 **가지고** 못 샀어요.
- 배가 고파 **가지고** 밥을 두 그릇이나 먹었어요.

## -아 계시다 [할머니께서 앉아 계십니다.]   〔관용표현〕

1. 〔동사 뒤에 쓰여〕 동작이나 상황이 끝난 상태가 지속되는 것을 나타낸다.
   └─ 쓰이다

   〔전체참고〕 1. '-아 있다'의 높임말.  2. 주어가 높임의 대상인 경우에 쓰인다.

   예
   - 할머니께서 하루 종일 가게에 앉**아 계십니다**.
   - 새벽 5시쯤 할아버지께서는 깨**어 계셨습니다**.

## -아 놓다 [저녁을 준비해 놓으세요.]   〔관용표현〕

1. 〔동작을 나타내는 동사 뒤에 쓰여〕 '어떤 동작이나 과정의 결과를 그 상태로 있게 하다'의 뜻.

   예
   - 영화표를 미리 사 **놓으세요**.
   - 손님이 오기 전에 저녁을 준비해 **놓으세요**.
   - 친구의 전화번호를 알**아 놓으세요**.

## -아다 [고기를 잡아다 병에 넣어요.]   〔연결어미〕

1. 어떤 장소에서 앞의 행동을 하고 난 후 그 행동의 결과를 가지고 또 다른 장소에서 뒤의 행동을 이어 하는 것을 나타낸다.
   └─ 잇다

   〔본말〕 -아다가

   예
   - 고기를 잡**아다** 병에 넣어요.

- 가방을 들**어다** 차 안에 넣어 주세요.
- 진수는 도서관에서 책을 빌**려다** 일주일 만에 다 읽었다.

2. 〔'-아다 주다'에 쓰여〕 **다른 사람을 위하여 어떠한 일을 하다.**

[2참고] '바래다', '데리다', '모시다', '태우다' 등의 동사 뒤에 쓰인다.

[예]
- 선생님께서 집까지 데**려다** 주셨어요.
- 좀 태**워다** 주세요.
- 역까지 바**래다** 주지.
- 우리 어머니 좀 모**셔다** 주세요.

**형태 정보**

-**아다**, -**어다**, -**여다**:

-**아다**는 모음 'ㅏ, ㅗ'로 끝난 동사 뒤에 쓰인다. [예] 잡**아다**, 찾**아다**

-**어다**는 'ㅏ, ㅗ' 이외의 모음으로 끝난 동사 뒤에 쓰인다.
[예] 먹**어다**, 입**어다**

-**여다**는 '하다' 뒤에 쓰인다. [예] 하**여다**/해다

## -아다가 [아기를 안아다가 침대에 눕힙니다.]

[연결어미]

`1. **어떤 장소에서 앞의 행동을 하고 난 후, 그 행동의 결과를 가지고 또 다른 장소에서 뒤의 행동을 이어 하는 것을 나타낸다.**

잇다

[준말] -아다
[전체참고] 1. '-아다가'의 앞과 뒤에 타동사가 쓰인다.
2. 이 '다가'는 '물건을 옮기는' 뜻을 나타낸다.

[예]
- 엄마가 아기를 안**아다가** 침대에 눕힙니다.
- 아파서 약을 사**다가** 먹었어요.

- 그 비디오를 빌려다가 주세요.
  빌리다
- 꽃을 꺾어다가 꽃병에 꽂았어요.
- 은행에 있는 돈을 다 찾아다가 썼 버렸다.
  쓰다

### 형태 정보

**-아다가, -어다가, -여다가:**

-아다가는 모음 'ㅏ, ㅗ'로 끝난 동사 뒤에 쓰인다.

   예) 잡아다가, 찾아다가

-어다가는 'ㅏ, ㅗ' 이외의 모음으로 끝난 동사 뒤에 쓰인다.

   예) 먹어다가, 입어다가

-여다가는 '하다' 뒤에 쓰인다. 예) 하여다가/해다가

### 도움말

**-아다가의 쓰임:**

1. '-아다가'가 쓰인 문장에서 앞의 행위가 이루어지는 장소와 뒤의 행위가 이루어지는 장소가 다르다. 즉 예 1에서와 같이 아기를 '안는 장소'와 '눕히는 장소'가 다른 것이다.

   예 1: 엄마는 아기를 안아다가 침대에 눕혔다.

2. 앞과 뒤에는 동일한 행위자가 와야 한다(동일 주어).

3. 앞과 뒤의 목적어 역시 동일해야 하며, 이동 가능한 것이어야 한다.

4. '-아다가'는 타동사에 연결되어 쓰인다. 타동사 중에도 목적어를 동작의 결과로 남기는 것에만 연결될 수 있다.

   예 2: 밥을 먹어다가~(×)

   먹는 동작의 결과로 '밥'이 남지 않고 없어지므로 '-다가'가 붙으면 비문이 된다.

## —아도 [손을 잡아도 돼요.]

`연결어미`

1. 〔'좋다, 되다, 괜찮다' 등의 서술어와 함께 쓰여〕 그럴지라도 괜찮다는, 허락을 나타낸다.

   예
   - 여기에서 담배를 피**워도** 괜찮아요?
   - 지금 유미한테 전화**해도** 될까?
   - 손을 잡**아도** 돼요.

   1참고 부정 표현은 '–면 안 되다'이다. 예 이곳에 주차**해도** 됩니까?/주차하면 안 됩니다.

2. 아직 일어나지 않은 일을 가정하지만, 뒤에는 그와 반대되거나 기대와 다른 부정적인 사실이 오는 것을 나타낸다.

   예
   - 아무리 비**싸도** 꼭 사고 싶어요.
   - 바**빠도** 꼭 오세요.

3. 어떤 조건을 들어 가정하는 것을 나타낸다.

   예
   - 나 같**아도** 화가 났겠어요.
   - 시험 본다는 말만 들**어도** 걱정이 돼요. ─● 듣다  ─● 되다

4. 대립적인 사실을 나타낸다.

   예
   - 공부를 열심히 **해도** 시험을 못 봐요.
   - 호텔을 모두 가 보**아도** 빈 방이 없어요.
   - 비가 **와도** 바람은 불지 않는다.

   4참고 흔히 대립의 뜻을 나타내는 보조사 '는'과 같이 쓰인다.
   관련어 –지만, –으나

5. 〔'아무리 –아도'로 쓰여〕 가정하는 내용을 강하게 표현하는 것을 나타낸다.

   예
   - 아내의 모습은 아무리 찾**아도** 보이지 않았다.

- 아무리 소리**쳐도** 한 사람도 달려오지 않는다.

> **형태 정보**
>
> '**-아도**', '**-어도**', '**-여도**':
>
> **-아도**는 모음 'ㅏ, ㅗ'로 끝난 동사, 형용사 뒤에 쓰인다.
>
> 예 잡**아도**, 높**아도**
>
> **-어도**는 'ㅏ, ㅗ' 이외의 모음으로 끝난 동사, 형용사와 '-았-' 뒤에 쓰인다.
>
> 예 먹**어도**, 싫**어도**, 잡았**어도**
>
> **-여도**는 '하다' 뒤에 쓰인다. 예 하**여도**/해도

## -아도 되다 [이제 집에 가도 돼요.] 〔관용표현〕

1. 어떤 동작을 허락하는 것을 나타낸다.

   예 ▪ 이제 집에 **가도 돼요**.

   ▪ 문제를 다 풀면 교실 밖으로 나**가도 돼요**.

   ▪ 모르는 게 있으면 언제든지 질문**해도 됩니다**.

2. 〔의문문에 쓰여〕 허락을 요청하는 것을 나타낸다.

   예 ▪ 여기서 사진 찍**어도 됩니까**?
       네, 찍**어도 돼요**./아니요, 찍**으면 안 돼요**.

   ▪ 여기에 주차**해도 돼요**?

   ▪ 식당 안에서 담배를 피**워도 돼요**?

〔전체참고〕 1. '-아도 괜찮다, 좋다'로도 쓰인다. 예 시험을 다 본 사람은 집에 **가도 괜찮아요/좋아요**.
2. 금지를 나타내는 표현은 '-면 안 되다'이다. 예 교실 밖으로 나가면 **안 돼요**./여기서 사진 찍으면 **안 됩니다**.

## -아 두다 [여기에 놓아 두세요.] 〔관용표현〕

1. 〔동작을 나타내는 동사 뒤에 쓰여〕 '어떤 동작이나 과정의 결과를 그 상대로 있게 하다'의 뜻.

예
- 이 표현을 꼭 외워 **두세요**.
- 잊어버리지 않게 적어 **두었어요**.
- 내가 그걸 어디에 놓아 **두었지**?
- 한국 사람들은 겨울 동안 먹을 김치를 한꺼번에 만들어 **둡니다**.

전체참고 '-아 두다'는 '-아 놓다'와 의미가 비슷하다. '-아 두다'가 '-아 놓다'에 비해 그 결과를 더 오래 지키는 의미가 있다. 예 돈이 있으면 저금해 두세요./놓으세요.

## -아 드리다 [부모님께 선물을 사 드립니다.]   관용표현

1. [동사 뒤에 쓰여] 자기보다 나이가 많거나 손위인 사람을 위해 어떤 일을 하는 것을 나타낸다.

전체참고 '-아 주다'의 높임 말이다. 예 아버지가 아들에게: 내가 이 책 사 줄게. 예 아들이 아버지에게: 제가 이 책 사 드릴게요.

예
- 유미는 부모님께 선물을 **사 드립니다**.
- 선생님을 **도와 드리세요**.
- 할머니, 제가 문을 **열어 드릴까요**?

### 도움말
'-아 드릴까요'와 '-아 주세요':

상대방이 '~ -아 드릴까요?'라고 말하면 '네, ~ -아 주세요.'라고 대답한다.

예 1: 영희: 제가 도와 드릴까요?
　　　철수: 네, 도와 주세요.

예 2: 마이클: 무거워 보이는데(무겁다), 제가 들어 드릴까요?
　　　제시카: 네, 들어 주세요.

## -아라¹ [여기 앉아라.]   종결어미  말아주낮춤  할아버지가 아이에게

1. 명령을 나타낸다.   전체참고 말할 때 쓴다.

예
- 여기 **앉아라**.

- 이걸 잡아라.
- 어머니께는 그 얘기를 하지 **마라**. → 말다
- 노래를 불러라. → 부르다

### 형태 정보

**-아라, -어라, -여라:**

-**아라**는 모음 'ㅏ, ㅗ'로 끝난 동사 뒤에 쓰인다. 예 잡아라, 놓아라

-**어라**는 'ㅏ, ㅗ' 이외의 모음으로 끝난 동사 뒤에 쓰인다.
  예 먹어라, 입어라

-**여라**는 '하다' 뒤에 쓰인다. 예 하여라/해라

### 도움말

**1. '-아라'와 '-아':**

동사의 어간이 '-아'이면, 명령형의 어미 '-아라'와 같은 소리 중의 하나가 생략되어 '-라'로 나타난다.

　예: 네가 먼저 가라.

**2. '말다'와 '-아라':**

'말다'와 '-아라'가 결합하면 '마라'가 된다.

　예: 가지 **마라**(○)/가지 말아라(×).

## -아라² [아이고, 좋아라.]

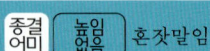

1. [일상적인 말에 쓰여] 말하는이의 느낌이나 감정을 강하게 드러낸다.

　관련어 -구나
　전체참고 '-았-' 뒤에 쓰이지 않는다. 예 좋았어라.(×)

　예 • 아이고, 좋아라.

- 어휴, 더워라. → 덥다

- 아이고, 뜨거워라. → 뜨겁다

**형태 정보**

-아라, -어라, -여라:

-아라는 모음 'ㅏ, ㅗ'로 끝난 형용사나 몇몇 자동사 뒤에 쓰인다.
　예) 작아라, 높아라

-어라는 'ㅏ, ㅗ' 이외의 모음으로 끝난 형용사나 몇몇 자동사 뒤에 쓰인다. 예) 없어라, 늦어라

-여라는 '하다' 뒤에 쓰인다. 예) 하여라/해라

## -아 버리다 [파리를 잡아 버리세요.] 〔관용표현〕

1. 〔동작을 나타내는 동사와 함께 쓰여〕 '어떤 행동을 다 함, 다 끝냄'의 뜻을 나타낸다. → 쓰이다

   〔전체참고〕 동작을 끝냈기 때문에 말하는이가 시원하다든가, 섭섭하다든가 하는 감정을 나타낸다.

   예) • 파리를 잡아 버리세요.

   • 백화점에서 돈을 다 써 버렸어요. → 쓰다

   • 역에 도착해 보니 기차는 벌써 떠나 버렸다.

2. '어떤 행동을 하게 되는 것'의 뜻을 나타낸다.

   예) • 유미는 자기 뜻대로 안 되면 울어 버려요.

   • 너 자꾸 그러면 나 혼자 가 버린다.

## -아 보다 [신발을 신어 보세요.] 〔관용표현〕

1. 〔동사 뒤에 쓰여〕 어떤 행위를 한번 해 보는 것을 나타낸다.

|예| ▪ 마음에 들면 한번 신어 **보세요**.

▪ 책 좀 찾아 **보세요**.

▪ 저 옷을 입어 **볼까요**?

## −아 보이다 [얼굴이 좋아 보여요.] 〔관용표현〕

1. 〔형용사 뒤에 쓰여〕 겉으로 보아서 그러하다고 짐작하여 말하는 것을 나타낸다. '−는 것처럼 보이다/−는 것같이 보이다'의 뜻.

|예| ▪ 얼굴이 좋아 **보여요**.

▪ 너 아파 **보인다**.

▪ 유미는 나이보다 어려 **보여**.

▪ 제인 씨, 오늘 따라 더 예뻐  **보여요**.
　　　　　　　　　　　　└─●예쁘다

## −아서 [친구를 만나서 영화를 봤어요.] 〔연결어미〕

1. 시간의 앞뒤 순서를 나타낸다. 앞의 사실과 뒤의 사실이 순서대로 일어나는 것을 나타낸다.

〔준말〕 −아³

〔참고〕 1. 앞과 뒤의 주어가 동일하고, 서술어에는 주로 동작을 나타내는 동사가 쓰인다. 2. 뒤에 명령문, 청유문이 다 쓰일 수 있다.

|예| ▪ 친구를 **만나서** 영화를 봤어요.

▪ 집에 **와서** 샤워를 했어요.

▪ 유미는 미국에 **가서** 공부할 거예요.

▪ 영숙이가 편지를 **써서** 부쳤습니다.
　　　　　　　　└─●쓰다

▪ 여기 앉**아서** 조금만 기다리세요.

2. 앞에 오는 내용이 뒤에 오는 내용의 원인이나 이유가

되는 것을 나타낸다.

예
- 어제 숙제가 많**아서** 늦게 잤어요.
- 배가 아**파서** 약을 먹었어요. → 아프다
- 눈이 **와서** 길이 미끄러워요. → 미끄럽다
- 어제는 너무 바**빠서** 전화를 못 했어요. → 바쁘다

3. 행동의 방식이나 수단을 나타낸다.

예
- 밥을 물에 말**아서** 먹는다.
- 개들은 냄새를 맡**아서** 찾는다.
- 그들은 학교까지 걸**어서** 갔다. → 걷다

4. 관용적으로 '미안하다/죄송하다/반갑다/고맙다' 등과 같이 쓰인다.

예
- 회의에 늦**어서** 죄송합니다.
- 파티에 초대해 주**셔서** 고맙습니다.
- 만**나서** 반가웠어요. → 반갑다

5. 시간의 경과를 나타낸다.

예
- 유미는 열두 시가 조금 지나**서** 집으로 돌아왔어요.
- 세 시가 지나**서** 회의가 끝났습니다.
- 열 시가 넘**어서** 진수가 사무실에 왔어요.

2참고 1. 뒤에는 명령문과 청유문이 오지 못한다. 2. 앞의 내용과 뒤의 내용에 다른 주어가 쓰일 수 있다. 예 진수가 집을 나가서 엄마가 걱정하신다.

5참고 보조사 '야'가 붙어 뜻을 더 강조해 준다. 예 열두 시가 넘어서야 유미가 왔어요.

### 형태 정보

**-아서, -어서, -여서:**

-**아서**는 모음 'ㅏ, ㅗ'로 끝난 동사, 형용사 뒤에 쓰인다.

예) 잡**아서**, 높**아서**

-**어서**는 'ㅏ, ㅗ' 이외의 모음으로 끝난 동사, 형용사 뒤에 쓰인다.

예) 먹**어서**, 싫**어서**

-**여서**는 '하다' 뒤에 쓰인다. 예) 하**여서/해서**

### 도움말 1

**-아서'와 '-고'의 비교:**

1. '**-아서**'와 '**-고**'는 시간의 앞뒤 순서를 나타낼 수 있다. 그러나 의미가 조금 다르다.

2. '**-고**'는 서로 관련되지 않은 두 사건의 시간적인 앞뒤 순서만을 나타낸다.

3. '**-아서**'는 앞과 뒤의 사건이 서로 밀접한 관계가 있음을 나타낸다.

예 1과 같이 '**-고**'가 쓰이면 '영숙이가 친구를 만난 것'과 '학교에 간 것', 두 사건은 서로 관련되지 않으며, 순서대로 일어난 것이다. 그러나 예 2와 같이 '**-아서**'를 사용하면 '친구를 만난 것'과 '학교를 가는 것'이 서로 밀접한 관계가 있음을 나타낸다. 즉, 영숙이는 학교에 가기 위해 친구를 만난 것이 된다.

예 1 : 영숙이는 친구를 만나**고** 학교에 갔다.

예 2 : 영숙이는 친구를 만나**서** 학교에 갔다.

### 도움말 2

**-아서'와 '-니까'의 비교:**

1. '**-아서**'가 '원인'이나 '이유'를 나타낼 때, '**-니까**'와 바꿔 쓸 수 있다. 그러나 '**-니까**' 뒤에 명령문이나 청유문이 올 수 있지만, '**-아서**'는 그렇지 않다.

예 1 : 눈이 많이 오니까 집안에서 놀아라(○)/놀자.(○)

예 2 : 눈이 많이 와서 집안에서 놀아라(×)/놀자.(×)

2. '미안하다, 고맙다, 반갑다' 등의 감정을 나타내는 형용사는 '-아서'와 쓰인다. '-니까'와는 쓰이지 않는다.

예 1 : 늦어서(○)/늦으니까(×) 미안합니다.

예 2 : 만나서(○)/만나니까(×) 반가워요.

### 도움말 3

**'-아서'와 '-아 가지고'의 비교:**

'-아서'는 기본적으로 "가짐"의 의미를 가지고 있어서, 많은 경우에 '-아 가지고'로 바꿔 쓸 수 있다.

예 1 : 영숙이는 편지를 써서 부모님께 부쳤다. (시간의 앞뒤 순서)
→ 영숙이는 편지를 써 가지고 부모님께 부쳤다.

예 2 : 우리들은 토끼를 총으로 쏘아서 죽였다. (수단)
→ 우리들은 토끼를 총으로 쏘아 가지고 죽였다.

예 3 : 그녀는 화가 나서 입술을 꼭 다물었다. (이유)
→ 그녀는 화가 나 가지고 입술을 꼭 다물었다.

## -아서 죽겠다 [아파서 죽겠어요.] 〔관용표현〕

1. '어떠한 상태가 매우 그러함'을 강조하여 표현하는 말.

예
- 아파서 죽겠어요.
- 힘들어서 죽겠어요.
- 배가 고파서 죽겠어요. → 고프다
- 더워서 죽겠어. → 덥다

〔전체참고〕 1. 말할 때 쓴다.
2. '-아/어/여 죽겠다'로도 쓰인다. 예) 아파 죽겠다./힘들어 죽겠어.
3. '죽겠다' 대신에 '미치겠다'도 쓴다. 예) 더워서 미치겠어.

## -아야 [편지를 받아야 답장을 쓰지요.]  〔연결어미〕

1. **뒷말에 대한 필수 조건임을 나타낸다.**

   예 ▪ 편지를 받**아야** 답장을 쓰지요.

   ▪ 진수가 와**야** 비로소 일이 다 끝나게 되는 것이다.

   ▪ 외국어를 배우려면 공부를 열심히 해**야** 된다.

   [1참고] 보조사 '만'이 덧붙어 그 의미를 강조하기도 한다. 예 편지를 받**아야 만** 답장을 쓰지.

2. **〔'-아야 하다'로 쓰여〕 그런 상황에 처할 수밖에 없음을 나타낸다.**

   예 ▪ 오늘은 학교에 가**야** 해요.

   ▪ 일이 너무 많아서 야근을 해**야** 합니다.

   ▪ 돈이 없어서 아르바이트라도 해**야** 한다.

   [2참고] [반대말] -지 않아도 되다. 예 학교에 가지 않아도 돼요.

### 형태 정보

**-아야, -어야, -여야:**

- **-아야**는 모음 'ㅏ, ㅗ'로 끝난 동사, 형용사 뒤에 쓰인다.
  예 잡**아야**, 높**아야**

- **-어야**는 'ㅏ, ㅗ' 이외의 모음으로 끝난 동사, 형용사와 '-았-' 뒤에 쓰인다. 예 먹**어야**, 싫**어야**, 잡았**어야**

- **-여야**는 '하다' 뒤에 쓰인다. 예 하**여야**/해**야**

### 도움말

**'-아야'와 '-면'의 비교:**

'-면'은 단순히 조건이나 근거를 나타낸다. '-아야'는 뒤의 사실이 성립되기 위해 반드시 있어야 하는 필수 조건을 나타낸다.

예1: 비가 알맞게 오**면** 농사가 잘 된다.

비가 알맞게 **와야** 농사가 잘 된다.
예2: 성인이**면** 결혼할 수 있다.
　　　성인이**어야** 결혼할 수 있다.

## −아야 되다 [숙제를 꼭 해야 돼요.] 〈관용표현〉

1. 어떤 행동을 꼭 해야 할 필요가 있음을 나타낸다.

   예 ▪ 숙제를 꼭 **해야 돼요**.

   ▪ 내일 오전 회의에 꼭 **와야 됩니다**.

   ▪ 올여름에는 꼭 고향에 **가야 되는데요**.

   ▪ 담배를 끊으**셔야 됩니다**.

   ▪ 어제 진수를 만났**어야 되는데**.

[전체참고] '−았어야 되다'로 쓰이면, 그렇게 하지 못한 것에 대해 아쉬워하는 것을 나타낸다. 예 그 때 집에 갔**어야 됐는데**

## −아야 하다 [집에서 쉬어야 해.] 〈관용표현〉

1. '그렇게 하는 것이 옳다'의 뜻을 나타낸다.

   예 ▪ 날마다 학원에 **와야 합니다**.

   ▪ 매달 꼭 시험을 **봐야 해요**.

   ▪ 우리는 항상 최선을 다해야 **합니다**.

   ▪ 내일은 집에서 쉬**어야 해**.

[전체참고] 1. '−어야/여야 하다'로도 쓰인다. 2. '−았', '−겠−'과 같이 쓰이기도 한다. 예 시험을 봐**야 하겠다**./시험을 봐**야 했다**.

## −아야겠− [꼭 대학교에 가야겠다고 생각했어요.]

1. [1인칭 주어와 함께 쓰여] 당연히 그래야 할 일에 대한 말하는이의 의지를 나타낸다.

   예 ▪ 저는 꼭 대학교에 **가야겠**다고 생각했어요.

- 나도 끝까지 이걸 잡**아야겠**다.

- 친구가 기다리고 있어서 가**야겠**어요.

[전체참고] 1. '-아야겠구나, -아야겠다, -아야겠지…' 등으로 쓰인다. 2. '-아야 하겠-'의 준꼴.

### 형태 정보

**-아야겠-', '-어야겠-', '-여야겠-':**

-**아야겠**-은 모음 'ㅏ, ㅗ'로 끝난 동사, 형용사 뒤에 쓰인다.

예) 잡**아야겠**-, 높**아야겠**-

-**어야겠**-은 'ㅏ, ㅗ' 이외의 모음으로 끝난 동사, 형용사 뒤에 쓰인다.

예) 먹**어야겠**-, 없**어야겠**-

-**여야겠**-은 '하다' 뒤에 쓰인다. 예) 하**여야겠**-/해**야겠**-

## -아야지 [잠이나 푹 자야지.]

[종결어미] [친한사이 말낮춤] 친구에게

1. 〔1인칭 주어의 행동을 나타내면서〕 말하는이의 결심이나 의지를 나타낸다.

   [높임말]
   [전체참고] 말할 때 쓴다.

   예) • 집에 가서 잠이나 푹 **자야지**.

   • 다시는 영어를 하지 말**아야지**.

   • 진수한테 빌린 돈을 오늘은 갚**아야지**.

2. 〔2인칭 주어의 행동을 나타내면서 말하는이의 생각을 강하게 드러내어〕 상대방에게 그렇게 하도록 권유하거나 명령하는 것을 나타낸다.

   예) • 우리 집에서 자고 **가야지**.

   • 진수야, 이제 침실로 **가야지**.

   • 아저씨께 인사를 드려**야지**.

**형태 정보**

-아야지, -어야지, -여야지:

-아야지는 모음 'ㅏ, ㅗ'로 끝난 동사, 형용사 뒤에 쓰인다.

　　 잡아야지, 높아야지

-어야지는 'ㅏ, ㅗ' 이외의 모음으로 끝난 동사, 형용사 뒤에 쓰인다.

　　 먹어야지, 싫어야지

-여야지는 '하다' 뒤에 쓰인다.  해야지

**도움말**

-아야지요: -아야지의 높임

예: • 올해는 고향에 **가야지요**.

　　• 선생님, 저쪽으로 가 보**셔야지요**.

　　• 입장하려면 표를 **사야지요**.

　　• 선생님도 코트를 벗**어야지요**?

## -아 오다 [책을 읽어 오세요.]

1. 어떤 동작을 끝내고 그 결과를 가지고 오는 것을 나타낸다.

　예 • 책을 읽어 오세요.

　　• 샌드위치를 만들어 왔습니다.

　　• 내일 김밥을 사 올게요.

　　• 숙제를 꼭 해 와야 합니다.

2. 동작이나 상태 등이 계속 진행되어 오는 것을 나타낸다.

**예**
- 점점 머리가 **아파 와요**. → 아프다
- 날씨가 점점 **추워 옵니다**. → 춥다
- 오랫동안 사귀**어** 온 애인.

## —아요 [서울에서 살아요.]

**종결어미** **친한사이 말높임** 선배, 어른에게

1. 듣는이에게 말하는이가 알고 있는 사실을 알리는 것을 나타낸다.

   **예**
   - 저는 서울에서 살**아요**.
   - 그 서점에는 책이 많**아요**.
   - 저도 그 사실을 몰랐**어요**. → 모르다
   - 외국 사람들도 불고기를 좋아**해요**.

   [전체참고] 1. 어른에게 말할 때 쓴다. 2. '이다/아니다' 뒤에서는 '-에요'가 쓰인다. 예 학생이에요, 학생이 아니에요.
   [1참고] '-았-, -겠-' 뒤에 쓰인다.

2. 듣는이에게 물어 보는 뜻을 나타낸다.

   **예**
   - 어디에 살**아요**?
   - 오늘 약속 있**어요**?
   - 언제부터 한국말 배웠**어요**?
   - 그 신발 편**해요**?

   [2참고] '-았-, -겠-' 뒤에 쓰인다.

3. 상대방에게 하라고 명령하는 것을 나타낸다.

   **예**
   - 꼭 잡**아요**.
   - 포기하지 **마요**. → 말다
   - 나 좀 **봐요**.
   - 잠깐만 기다**려요**.

   [3참고] 1. 동사에만 쓰인다. 2. 부정 명령을 나타내는 '말다'와 '-아요'가 쓰이면 '말아요'가 아니라 '마요'가 된다. 예 가지 마요./하지 마요

—아요

4. 상대방에게 같이 하자고 권하는 것을 나타낸다.　[4참고] 동사에만 쓰인다.

예
- 같이 차 한 잔 하고 **가요**.
- 우리 지금 떠**나요**.
- 점심 때 냉면 같이 먹**어요**.

**형태 정보**

-아요', -어요', -여요':

　-아요는 모음 'ㅏ, ㅗ'로 끝난 동사, 형용사 뒤에 쓰인다.

　　예 잡아요, 높아요

　-어요는 'ㅏ, ㅗ' 이외의 모음으로 끝난 동사, 형용사 뒤에 쓰인다.

　　예 먹어요, 싫어요

　-여요는 '하다' 뒤에 쓰인다. '해요'의 꼴로만 쓰인다. 예 해요

**도움말**

-아요'와의 결합:

예: 
- 잡다 → 잡**아요**
- 보다 → 보**아요** → **봐요**
- 가다 → 가아요(×) → **가요**
- 좋다 → 좋**아요**

-어요'와의 결합:

예: 
- 먹다 → 먹**어요**
- (춤을) 추다 → 추**어요** → **춰요**
- 되다 → 되**어요** → **돼요**
- 서다 → 서어요(×) → **서요**
- 싫다 → 싫**어요**

## -아 있다 [침대에 누워 있어요.] 〔관용표현〕

1. 어떤 행위가 끝나고 그 완료된 상태가 지속되는 것을 나타낸다.

   예
   - 진수는 침대에 누워 있어요.
     └→ 눕다
   - 교실에서 학생들은 앉아 있고 선생님은 서 계십니다.
   - 슈퍼에 가면 김치가 병에 들어 있어요.
   - 책상 위에 책이 놓여 있어요.

   〔높임말〕 -아 계시다 ⓔ 할머니께서 병원에 입원해 계십니다.
   〔전체참고〕 '-아 있다'와 '-고 있다'의 비교: ☞ '-고 있다'의 〔도움말〕 (p.39)

## -아 주다 [문 좀 열어 주세요.] 〔관용표현〕

1. 〔동사 뒤에 쓰여〕 다른 사람을 위해 어떤 행동을 하는 것을 나타낸다.
         └→ 쓰이다

   예
   - 문 좀 열어 주세요.
   - 우리 남편은 저를 잘 도와 줘요.
   - 그 말을 여기에 써 주세요.
                  └→ 쓰다
   - 이것 좀 들어 주시겠어요?
   - 전화번호 좀 알려 주세요.
              └→ 알리다

   〔높임말〕 -아 드리다
   〔전체참고〕 1. 행동을 받는 대상이 손윗사람이면 '-아 드리다'를 쓴다. ⓔ 할머니를 도와 드렸다. 2. '-아 주시겠어요?'에 대해서 '네, -아 드리겠어요'로 대답한다. ⓔ 영희: 도와 주시겠어요? 철수: 네, 도와 드리겠어요.

## -아지다 [기분이 좋아져요.] 〔관용표현〕

1. 〔형용사 뒤에 쓰여〕 저절로 조금씩 변화하는 것을 나타낸다.

   예
   - 이 음악을 들으면 기분이 좋아져요.
                    └→ 듣다
   - 날씨가 점점 추워집니다.

   〔주의〕 '-아지다'는 항상 붙여 쓴다. ⓔ 추워지다(○)/ 추워 지다(×)

- 청소를 하고 나니 집이 깨끗해졌어요.

2. 〔몇몇 동사 뒤에 쓰여〕 어떠한 동작이 잘 되어 가는 것을 나타낸다.

**예**
- 전화가 자꾸 끊어집니다.
- 이 컵은 잘 깨져요.
- 이 가위는 잘 안 잘라집니다.

## −았− [사진을 찾았어요.]  어미

1. 말하는 때보다 과거에 있었던 것을 나타낸다.

**예**
- 어제 시험을 보았어요.
- 제가 할머니 옛날 사진을 찾았어요.
- 네가 보내 준 편지 반갑게 읽어 보았다.

[1참고] 동사와 함께 쓰여 어떤 행동이 과거에 일어났음을 나타낸다.

**예**
- 어제는 날씨가 안 좋았어요.
- 나도 어렸을 때는 예뻤다.
- 어제 본 영화가 재미있었다.

[1참고] 형용사와 함께 쓰여 어떤 상태가 과거에 있었음을 나타낸다.

2. 어떤 행동이 과거에 완결되었음을 나타낸다.

**예**
- 영숙아, 감기 다 나았니?
  └─• 낫다
- 지금 대성이네 집에 다녀왔습니다.
- 그들은 모두 운동장에 모여 있었다.

3. 과거에 일어난 행동의 결과가 현재까지 지속되고 있음을 나타낸다.

예
- 작년에 그 사람을 알**았**어요.
- 그녀는 흰 블라우스에 빨간 치마를 입**었**고 흰 운동화를 신**었**다.

4. 현재의 어떤 사실에 대하여 관용적으로 '-았-'을 사용한다.

예
- 선생님: 무슨 말인지 이해했니?
  학생: 네, 잘 알**았**습니다.
- 집에 도착하려면 아직 멀**었**니?

**형태 정보**

'-**았**-', '-**었**-', '-**였**-':

-**았**-은 모음 'ㅏ, ㅗ'로 끝난 동사, 형용사 뒤에 쓰인다. 예 잡**았**-, 높**았**-

-**었**-은 'ㅏ, ㅗ' 이외의 모음으로 끝난 동사, 형용사 뒤에 쓰인다.
  예 먹**었**- 싫**었**-, 학생이**었**-, 아니**었**-

-**였**-은 '하다' 뒤에 쓰인다. 예 하**였**-/했-

## -았다가 [창문을 닫았다가 열었어요.] 〔연결어미〕

1. 앞절의 행동을 다 하고 난 후 뒷절의 행동을 바로 이어서 하는 것을 나타낸다.
   → 잇다

예
- 창문을 닫**았다가** 열었어요.
- 지갑을 안 가져가서 시장에 갔**다가** 그냥 왔어요.
- 핸드폰을 잃어버**렸다가** 찾았어요.

### 형태 정보

**-았다가, -었다가, -였다가:**

-았다가는 모음 'ㅏ, ㅗ'로 끝난 동사 뒤에 쓰인다.

예) 잡았다가, 보았다가

-었다가는 'ㅏ, ㅗ' 이외의 모음으로 끝난 동사 뒤에 쓰인다.

예) 먹었다가, 입었다가

-였다가는 '하다' 뒤에 쓰인다. 예) 하였다가/했다가

## -았더니 [회사에 갔더니 아무도 없었어요.] 〔연결어미〕

1. 〔1인칭 주어와 함께 동사 뒤에 쓰여〕 과거의 사실과 다른 새로운 사실이 있음을 나타내거나, 앞의 사실이 원인이나 이유가 되어서 뒤의 사실에 이르게 되었음을 나타낸다.
   (쓰이다)

예)
- 토요일에 회사에 **갔더니** 아무도 없었어요.
- 어제 비를 **맞았더니** 감기에 걸렸습니다.
- 오랜만에 등산을 **했더니** 다리가 너무 아팠다.

### 형태 정보

**-았더니, -었더니, -였더니:**

-았더니는 모음 'ㅏ, ㅗ'로 끝난 동사 뒤에 쓰인다. 예) 잡았더니, 보았더니

-었더니는 'ㅏ, ㅗ' 이외의 모음으로 끝난 동사 뒤에 쓰인다.

예) 먹었더니, 입었더니

-였더니는 '하다' 뒤에 쓰인다. 예) 하였더니/했더니

## -았던 [어릴 때 내가 살았던 동네]  `수식어미`

1. 뒤에 오는 명사를 꾸미면서, 과거에 완결되지 못하고 중단되었음을 나타낸다.

   예
   - 한 번 보았던 영화인데 오늘 또 봤어요.
   - 진수가 앉았던 자리에 내가 앉았습니다.
   - 어릴 때 내가 살았던 동네.
   - 초등학교 때 키가 작았던 친구가 지금은 나보다 크다.

   > **형태 정보**
   > -았던, -었던, -였던:
   >
   > -았던은 모음 'ㅏ, ㅗ'로 끝난 동사, 형용사 뒤에 쓰인다.
   >   예 살았던, 좋았던
   >
   > -었던은 'ㅏ, ㅗ' 이외의 모음으로 끝난 동사, 형용사 뒤에 쓰인다.
   >   예 먹었던, 예뻤던
   >
   > -였던은 '하다' 뒤에 쓰인다. 예 하였던/했던

## -았었- [부산에 살았었어요.]  `어미`

1. 어떤 행동이나 사건이 과거의 어느 때에 완료되었음을 나타낸다.

   예
   - 내가 모자를 어디에 벗어 놓았었죠?
   - 어렸을 때 강에 빠져서 죽을 뻔하다가 살았었다.
   - 여섯 살 때 대성이는 벌써 한글을 쓸 줄 알았었다.

2. 과거의 사실이 현재와는 달리 변하였음을 나타낸다. [2참고] 앞에서 말한 사실이 더 이상 그렇지 않음을 나타낸다.

예
- 우리가 어릴 때 이 동네에 살**았었**거든요.
- 부산에 살**았었**어요. 그렇지만 지금은 서울에 살아요.
- 옛날에는 여자들이 치마만 입**었었**는데, 요즘은 바지도 입는다.
- 진수가 어렸을 때는 키가 **컸었**는데 지금 보니 별로 안 크네. → 크다

3. '회상'이나 '경험'을 나타낸다.

예
- 힘들었지만 그래도 그 때가 좋**았었**지.
- 몇 년 전에 유럽을 다녀**왔었**다.
- 그 식당에서 친구들과 함께 스파게티를 먹**었었**다.

---

**형태 정보**

'-았었-', '-었었-', '-였었-':

-**았었**-은 모음 'ㅏ, ㅗ'로 끝난 동사, 형용사 뒤에 쓰인다.
  예 잡**았었**-, 높**았었**-

-**었었**-은 'ㅏ, ㅗ' 이외의 모음으로 끝난 동사, 형용사 뒤에 쓰인다.
  예 먹**었었**-, 싫**었었**-, 학생이**었었**-

-**였었**-은 '하다' 뒤에 쓰인다. 예 하**였었**-, **했었**-

---

## -았으면  [좀 쉬었으면 출발합시다.]

1. 과거의 사실을 조건으로 하는 것을 나타낸다.

예
- 좀 쉬었으면 이제 출발합시다.
- 시간이 되었으면 회의를 시작해요.
- 집에 도착했으면 전화를 하세요.

2. 과거나 현재의 사실과 반대되는 상황을 가정하며 현재는 그렇지 않은 것에 대해 안타까워하거나 후회하는 것을 나타낸다.

예
- 대학교 다닐 때 더 열심히 공부**했으면** 좋은 회사에 취직했을 텐데.
- 날씨가 좋**았으면** 산책을 갔을 거야.
- 김 선생님이 내일 오**셨으면** 우리를 못 만났겠지.

**형태 정보**

**-았으면**, **-었으면**, **-였으면**:

-**았으면**은 모음 'ㅏ, ㅗ'로 끝난 동사, 형용사 뒤에 쓰인다.
  예 잡았으면, 좋았으면

-**었으면**은 'ㅏ, ㅗ' 이외의 모음으로 끝난 동사, 형용사 뒤에 쓰인다.
  예 먹었으면, 싫었으면

-**였으면**은 '하다' 뒤에 쓰인다. 예 하였으면/했으면

## -았으면 하다 [빨리 방학이 되었으면 해요.] 〔관용표현〕

1. 말하는 사람의 희망이나 바람의 뜻을 나타낸다.

예
- 빨리 방학이 되었으면 해요.

〔전체참고〕 1. '-았으면 좋겠다'로 쓸 수도 있다. 예 빨리 방학이 되었으면 좋겠어요.

- 남자친구가 있었으면 합니다.
- 휴가가 조금 더 길었으면 합니다.

## 야¹ [유미야]  조사

1. [부르는 말에 붙어 쓰여] 친구나 자기보다 나이가 어린 사람을 부를 때 사용한다.

   높임 이여, 이시여
   관련어 아¹

예
- 진수야, 학교 가자.
- 유미야, 밥 먹었니?
- 영하야, 수영하러 갈래?

**형태 정보**

야¹, 아¹:

야는 받침 없는 사람 이름 뒤에 쓰인다. 예 유미야, 진수야

아는 받침 있는 사람 이름 뒤에 쓰인다. 예 대성아, 영숙아

**도움말**

한국에서 이름 부르기: ☞ 아¹의 도움말 (P.175).

## 야² [너야 물론 예쁘지.]  조사

1. ☞ 이야(p.246)

예
- 너야 물론 예쁘지.
- 나야 늘 그렇지 뭐.
- 이제야 조금 알 것 것 같아요.

> **형태 정보**
>
> **야, 이야**:
>
> **야**는 받침 없는 말 뒤에 쓰인다. 예 너**야**
>
> **이야**는 받침 있는 말 뒤에 쓰인다. 예 선생님**이야**

## —야³ [미국 사람이야.]   종결어미 친한사이 말낮춤   친구에게

1. ['이다/아니다' 뒤에 쓰여] 단정하여 말하거나 감탄하여 말하는 것을 나타낸다.

   관련어 —아²

   전체참고 높일 때는 '—에요'가 쓰인다. 예 학생이에요. 단, 받침 없는 명사 뒤에서는 '이에요'가 '예요'로 줄어들기도 한다. 예 가수예요.

   예
   - 존슨 씨는 미국 사람이**야**.
   - 제주도는 참 아름다운 곳이**야**!
   - 그건 절대로 사실이 아니**야**.

2. 듣는이에게 물어 보는 뜻을 나타낸다.

   예
   - 진수가 아직도 학생이**야**?
   - 그게 사실이 아니**야**?
   - 유미가 다니는 학원이 어디**야**?

## 에 [학교에 가요.]   조사

1. [장소를 나타내는 명사에 붙어 쓰여] 장소, 자리를 나타낸다.
   쓰이어

   1참고 1. '있다, 없다, 많다'와 같은 말과 함께 쓰인다.

   예
   - 저는 서울**에** 살아요.
   - 학교 앞**에** 은행이 있어요.
   - 유미는 지금 집**에** 없어요.

- 이 공원에 나무가 많아요.

2. 〔'가다', '오다', '다니다'와 같은 말 뒤에 쓰여〕 가거나 오거나 하는 장소를 나타낸다.

    예 • 오늘은 일찍 학교에 갔어요.

    • 날마다 아홉 시까지 학원에 옵니다.

    • 누나는 회사에 다닙니다.

3. 놓거나 앉는 등의 동작이 영향을 받는 장소를 나타낸다.

    예 • 가방을 그 위에 놓으세요.

    • 우리는 모두 의자에 앉았다.

    • 출입문에 기대지 마시오. ──▶ 말다

4. 〔시간을 나타내는 말에 붙어 쓰여〕 시간을 나타낸다.

    예 • 열두 시에 점심을 먹습니다.

    • 주말에 영화 보러 갈 거예요.

    • 몇 시에 수업이 시작합니까?

5. 〔주로 '~ 만에'의 꼴로 쓰여〕 일정한 시간이 지났음을 나타낸다.

    예 • 숙제를 한 시간에 다 끝내세요.

    • 마이클이 3년 만에 다시 한국에 돌아왔어요.

    • 오랜만에 영화를 보았습니다.

6. 〔원인, 이유를 나타내는 말에 붙어 쓰여〕 원인이나 이유를 나타낸다.  6참고 도움말 5 관련어 로

예 ▪ 더위에 지쳤어요.

▪ 아기가 자동차 소리에 놀랐어요.

▪ 나는 소주 한 잔에 취했다.

7. 〔가격을 나타내는 말에 붙어 쓰여〕 '~를 받고', '~를 값으로 하여'의 뜻.

예 ▪ 이 가방을 남대문 시장에서 만 원에 샀어.

▪ 게임 시디를 오천 원에 팔았다.

▪ 정말 이만 원에 이걸 다 샀단 말이니?

▪ 손님: 이 사과 얼마예요? 주인: 천 원에 두 개예요.

8. 〔기준이나 단위를 나타내는 말에 붙어 쓰여〕 '~를 기준으로/단위로 하여', '~마다, ~당'의 뜻.

8참고 1. '하나에 천 원', '한 개에 얼마'와 같이 '~에 ~'로 쓰인다.
2. '마다', '당'으로 바꿔 쓸 수 있다.

예 ▪ 수박 한 개에 얼마예요? → 이다

▪ 이 빵은 하나에 천 원씩입니다.

▪ 우리 학원은 한 달에 두 번 시험을 봅니다.

**형태 정보**

받침이 있든 없든 에가 쓰인다.

예 학교에, 병원에

**도움말1**

관용 표현을 만드는 에:

1. '때문; '까닭' 등의 말에 붙어서 관용적으로 쓰인다.

예: ▪ 비 때문에 길이 더 막혀요.

- 나도 관심을 가지고 있는 까닭에 이 문제는 잘 대답할 수 있었다.

2. '중', '뒤', '동시' 등의 말에 붙어서 관용적으로 쓰인다.

예: - 저는 여름 방학 중에 다이어트를 했어요.

- 한국에 온 뒤에 한국말을 배우기 시작했습니다.

### 도움말 2
**'에'와 '에서'의 비교:**

1. '에'는 동작이나 상태가 나타나는 지점을 가리킨다. '에서'는 동작이 벌어지는 자리를 나타낸다.

   예1: 그 여자는 방에 앉았다.

   예2: 그 여자는 방에서 앉았다.

2. '살다'는 '에'와 '에서'를 모두 쓸 수 있는데, 다음과 같은 의미 차이가 있다. '에'는 서울에 살고 있다는 사실을 나타내고, '에서'는 서울에서 생활한다는 동작을 나타낸다.

   예1: 저는 서울에 살아요.

   예2: 저는 서울에서 살아요.

### 도움말 3
**[장소]를 나타내는 '에'와 '로'의 비교:**

1. 이동을 뜻하는 동사와 쓰일 때 '에'는 도착점을, '로'는 출발할 때 목표점이나 방향, 경유지(거쳐서 지나가는 곳)를 나타낸다.

   예1: ㄱ. 나는 대구에 도착했다. (도착점)
        ㄴ. 나는 대구로 도착했다.(×)

   예2: ㄱ. 나는 대구로 떠났다. (목표로 하는 것, 방향)
        ㄴ. 나는 대구에 떠났다.(×)

   예3: ㄱ. 나는 저 길로 돌아서 갔다. (경유지: 거쳐서 지나가는 곳)
        ㄴ. 나는 저 길에 돌아서 갔다.(×)

2. '에'와 '로'가 같이 쓰일 수 있는 경우에는 다음과 같은 의미 차이가 있다. '에'를 사용하면 '학원'이 도착점임을 나타낸다. '로'를 사용하면 여러 가지 선택의 가능성이 있는 가운데, '학원'이라는 장소를 선택하여 향함(방향)이라는 의미를 나타낸다.

예 1 : 9시까지 학원**에** 오세요.

예 2 : 9시까지 학원**으로** 오세요.

### 도움말 4

[도구]를 나타내는 에와 로의 비교:

'에'는 그것을 도구로 하여 의도하지 않은 채 그 행위가 일어났음을 나타낸다. '로'는 의도적으로 그러한 행동을 하였음을 나타낸다.

예 1 : ㄱ. 나는 잘못해서 칼**에** 손을 베었다.(○)
ㄴ. 나는 잘못해서 칼**로** 손을 베었다.(?)

예 2 : ㄱ. 나는 칼**에** 감자를 잘랐다.(×)
ㄴ. 나는 칼**로** 감자를 잘랐다.(○)

### 도움말 5

[원인]을 나타내는 에와 로의 비교:

'에'는 앞에 오는 명사가 직접적이고 실제의 사물에 의한 원인인 경우에 쓰인다(예 1, 2). '로'는 전체적인 영향을 끼치는 원인인 경우에 쓰인다(예 3, 4).

예 1 : 큰소리**에** 놀란 아이가 울고 있다.

예 2 : 비바람**에** 나뭇잎들이 다 떨어졌다.

예 3 : 감기**로** 고생하고 있어.

예 4 : 남자친구의 오해**로** 헤어지게 되었다.

## 에게 [친구에게 이메일을 써요.]. 조사

1. ('주다, 가르치다, 던지다'와 같은 서술어의 동작이

미치는 사람에게 쓰여〕 간접 목적어를 나타낸다.   높임말 께
　　　　　　　　　　　　　　　　　　　　　　　　　비슷한말 한테

예 · 김 선생님이 다나까 씨에게 한국말을 가르칩니다.

　　· 친구에게 이메일을 썼요. ← 쓰다

　　· 진수가 제시카에게 전화를 했습니다.

　　· 민호가 유미에게 물건을 던집니다.

　　· 나는 책을 동생에게 주었다.

2. 어떤 기준이 되는 대상을 나타낸다. 　　2참고 '좋다', '나쁘다', '알
　　　　　　　　　　　　　　　　　　　　　　맞다', '어울리다'와 같은
예 · 배 아픈 사람들에게 죽이 좋아요. 　　　서술어와 함께 쓰인다.

　　· 한복이 저에게 어울릴까요?

　　· 이 책은 저에게 쉬운 편이에요.

3. 〔피동문에서 행위의 주체를 나타내는 말에 붙어〕 3참고 '잡히다', '빼앗기다',
　　'~에 의해'의 뜻을 나타낸다. 　　　　　　　　　'밟히다', '쫓기다', '발견되
　　　　　　　　　　　　　　　　　　　　　　　　다'와 같은 서술어와 함께
예 · 너에게 잡힐 물고기가 어디 있겠니? 　　　　쓰인다.

　　· 김 씨는 다행스럽게도 지나가는 사람에게 발견되
　　　었다.

4. 〔어떠한 행위를 하도록 시킴을 받는 대상을 나타내 4참고 '읽히다', '입히다',
　　는 말에 붙어〕 '~로 하여금 -게 하다', '~가 (~도 '-게 하다' 등의 사동 표현
　　록)'의 뜻을 나타낸다. 　　　　　　　　　　　　에 쓰인다.

예 · 선생님이 학생들에게 책을 읽히신다.

　　· 어머니가 아이에게 우유를 먹이신다.

　　· 아이에게 콜라를 마시지 못하게 했다.

에게

5. 〔어떠한 상태가 일어나는 고정된 위치를 나타내는 말에 붙어〕 '안에'의 뜻을 나타낸다.

[5참고] '생기다', '있다', '많다'와 같은 서술어와 함께 쓰인다.

예
- 친구**에게** 급한 일이 생겨서 가 봐야 해요.
- 남편**에게** 문제가 생겨 변호사를 찾아갔다.
- 위장병은 젊은 여자들**에게** 많은 병이다.

6. 〔어떠한 느낌을 가지게 하는 대상을 나타내는 말에 붙어〕 '~에 대하여'의 뜻을 나타낸다.

[6참고] '느끼다', '실망하다'와 같은 서술어와 함께 쓰인다.

예
- 나는 나 자신**에게** 실망했다.
- 나는 차츰 유미**에게** 관심이 갔다.
- 이번 일로 그**에게** 너무 미안했다.

7. 〔편지와 같은 글에서 편지를 받는 사람을 나타내는 말에 붙어 쓰여〕 '~를 받는 사람으로 하여'의 뜻.

[7참고] 받는 대상을 높이지 않아도 되는 경우에 '에게'가 쓰이고 높여야 할 경우에는 '께'가 쓰인다.

예
- 보고 싶은 엄마**에게**.
- 사랑하는 나의 친구 유미**에게**!

**형태 정보**

받침이 있든 없든 **에게**가 쓰인다.
  예 아내**에게**, 남편**에게**

**도움말**

'에게'의 준말 '게':

1. 말할 때 '나에게, 저에게, 너에게'는 '**내게, 제게, 네게**'로 줄여 쓴다. ☞ 게¹
   예 1: 친구가 **내게** 준 선물
       **제게** 전화해 주세요.

네게 이걸 줄게.

2. 위의 의미 항목 7을 제외하고 '에게'는 '한테'로 바꿔 쓸 수 있다.
3. '한테'는 주로 말할 때 쓰고 '에게'는 말할 때와 글 모두에 쓴다.

예 2 : 책을 동생**에게** 주었다.

→ 책을 동생**한테** 주었다.

## 에게서 [동생에게서 전화가 왔습니다.] 〔조사〕

1. 〔행동이 시작되는 대상을 나타내는 말에 붙어 쓰여〕 '~로부터'의 뜻.

〔관련어〕 에게
〔전체참고〕 입말에서는 '한테서'로도 흔히 쓰인다.

〔예〕
- 이게 진수**에게서** 받은 선물이에요.
- 동생**에게서** 전화가 왔습니다.
- 매일 과일 장사 아줌마**에게서** 사과를 삽니다.
- 나는 학생**에게서** 어려운 질문을 받아 당황했다.
  → 어렵다

〔형태 정보〕
받침이 있든 없든 **에게서**가 쓰인다.

〔예〕 너**에게서**, 동생**에게서**

## ~에 관해서 [골프에 관해서 아는 것이 없다.] 〔관용표현〕

1. '그것과 관련됨'의 뜻을 나타낸다.

〔예〕
- 나는 골프**에 관해서** 거의 아는 것이 없다.
  → 알다
- 학생들은 한글**에 관하여** 질문을 했다.

〔전체참고〕 '~에 관하여/관한'으로도 쓰인다. 〔예〕 요즘은 온통 월드컵 축구**에 관한** 이야기뿐이다.

- 일본에 관해서 조사해 보자.

## 에다 [화분에다 물을 주었어요.] 〔조사〕

1. ☞ 에다가(p. 216)　　　　　　　　　　〔본말〕 에다가

예 · 화분에다 물을 주었어요.

· 감기에다 몸살이 겹친 것 같아요.

· 2층 집에다 방을 얻었다.

**형태 정보**
받침이 있든 없든 에다가 쓰인다.
　　예 학교에다, 운동장에다

## 에다가¹ [감기에다가 몸살까지 걸렸다.] 〔조사〕

1. 〔'~에다가 ~'의 꼴로 쓰여〕 어떤 것에 다른 것이　〔준말〕 에다
더하여짐의 뜻을 나타낸다.

예 · 감기에다가 몸살까지 겹쳤어요.

· 그는 병에다가 사업까지 실패해서 날마다 술만 마신다.

2. 〔'~에다가 ~'의 꼴로 쓰여〕 여러 가지 사실을 더하여 나열하여 놓음의 뜻을 나타낸다.

예 · 맥주 열 병에다가 갈비 육 인분에다가 소주 두 병 주세요.

· 저녁에다가 커피까지 주시니 자주 와야겠어요.

> **형태 정보**
> 받침이 있든 없든 **에다가**가 쓰인다.
>
> 예) 감기**에다가** 몸살, 몸살**에다가** 감기

## 에다가² [국에다가 소금을 넣으세요.]   조사

1. 〔행동의 영향을 받는 장소를 나타내는 '명사 + 에'에 쓰여〕 그 위치를 꼭 유지하고서 붙들어 두는 뜻을 나타낸다.   
   [1참고] '에다'나 '에'로 쓸 수 있다. 예) 접시**에다**/접시**에** 과일을 담는다.

   예) 
   - 접시**에다가** 과일을 담습니다.
   - 벽**에다가** 그림을 걸었어요.
   - 싱거우면 국**에다가** 소금을 넣으세요.   (싱겁다)
   - 누나는 상처 위**에다가** 약을 발랐습니다.   (바르다)

2. 〔도구나 수단을 나타내는 말에 붙어〕 '~를 가지고'의 뜻.   [2참고] [관련어] 로다가

   예) 
   - 빨래는 햇볕**에다가** 말려야 좋아요.   (말리다)
   - 젖은 옷을 난로**에다가** 말렸다.

> **형태 정보**
> 받침이 있든 없든 **에다가**가 쓰인다.
>
> 예) 학교**에다가**, 운동장**에다가**

> **도움말**
> '에'와 '에다가'의 비교:
>
> '**에다가**'는 서술어의 행위를 받는 장소나 대상을 나타낸다(예 1). '위치'를 나타내거나 '이유'를 나타내는 것은 '**에다가**'가 쓰일 수 없다(예 2).

예1: ▪ 책상**에다가** 책을 놓았다.

▪ 1**에다가** 2를 더하면 얼마인가?

▪ 밥을 고추장**에다가** 비볐다.

예2: ▪ 책상에다가 책이 놓였다.(×)

▪ 그것에다가 충격을 받았다.(×)

## ~에 대해서 [컴퓨터에 대해서 잘 몰라요.] 〔관용표현〕

1. '그것과 관련됨'의 뜻을 나타낸다.

   전체참고 '~에 대하여/대해/대한'으로도 쓰인다.

   예 ▪ 한국 문화**에 대해서** 배워 봅시다.

   ▪ 전 컴퓨터**에 대해** 잘 몰라요. → 모르다

   ▪ 축구**에 대한** 관심이 없으면 동료들과 할 이야기가 없다.

## 에도 [비 오는 날에도 산책을 해요.] 〔조사〕

1. '앞에 오는 내용과 상관없이'의 뜻을 나타낸다.

   예 ▪ 진수는 비 오는 날**에도** 산책을 해요.

   ▪ 마이클: 우리 나라는 겨울**에도** 눈이 오지 않아요.

2. 〔부정을 나타내는 서술어와 함께 쓰여〕 '에도'가 붙은 말을 강조하는 뜻을 나타낸다.

   2참고 '어느, 아무' 등과 함께 쓰인다.

   예 ▪ 유미는 어떠한 일**에도** 흔들리지 않고 공부만 해요.

   ▪ 나를 도와 줄 사람은 그 어느 곳**에도** 없었다.

**형태 정보**

받침이 있든 없든 **에도**가 쓰인다.

예) 학교**에도**, 교실**에도**, 운동장**에도**

## ~에 따라 [회사에 따라 토요일에 쉬는 곳도 있어요.] 〔관용표현〕

1. '기준에 의거하여'의 뜻.

   예)
   - 세탁물**에 따라** 요금이 달라요. → 다르다
   - 회사**에 따라서** 토요일에 쉬는 곳도 있어요.
   - 스트레스가 상황**에 따라서는** 생활에 도움을 주기도 한다.

   〔전체참고〕 '~에 따라서/따라서는'으로도 쓰인다. 예) 주말을 보내는 방법은 사람**에 따라서** 다르다.

## ~에 비해서 [지하철이 버스에 비해서 빠릅니다.] 〔관용표현〕

1. 앞에 오는 명사와 비교하여 뒤의 결과가 있게 되는 것을 나타낸다.

   예)
   - 시장이 백화점**에 비해서** 값이 싸요.
   - 지하철이 버스**에 비해** 빠르고 편리합니다.
   - 제인이 마이클**에 비해서** 한국말을 잘하는 편이다.

   〔전체참고〕 '~에 비해/비하여/비하면'으로도 쓰인다. 예) 값**에 비하면** 품질이 좋은 거예요.

## 에서 [학생들이 교실에서 공부하고 있어요.] 〔조사〕

1. 〔어떤 행동이나 상태가 일어나고 있는 장소를 나타내는 말에 붙어〕 '~를 그 장소로 삼아'의 뜻.

   〔준말〕 서²

   예)
   - 학생들이 교실**에서** 공부하고 있어요.
   - 우리들은 날마다 운동장**에서** 축구를 해요.

- 어제 백화점에서 친구를 만났어요.

2. 행위나 사건이 시작되는 곳을 나타낸다.

예
- 이 기차는 서울역에서 출발해요.
- 저는 지금 부산에서 오는 길입니다.
- 유미: 어디에서 오셨어요? 마이클: 저는 미국에서 왔어요.
- 하늘에서 눈이 내립니다.

3. 행동이나 상태가 미치는 범위를 나타낸다.

예
- 우리 반에서 진수 씨가 제일 커요. → 크다
- 제주도가 한국에서 제일 아름답다고 해요.
- 진수 씨 친구들 중에서 누가 제일 술을 잘 마셔요?

4. 〔'학교에서 집', '집에서 회사'와 같이 '~에서 ~까지'로 쓰여〕 시작하는 곳과 끝나는 곳을 모두 나타낸다.

예
- 집에서 회사까지는 멀지 않아요.
- 지하철역에서 사무실까지는 걸어서 5분 걸려요. → 걷다
- 시청역에서 신촌까지 얼마나 걸려요?

5. 〔주어로 쓰이는 단체 명사 뒤에 붙어〕 주어를 나타낸다.    5참고 준말 서²  관련어 가

예
- 저게 삼성에서 만든 차래요.
- 이번에는 우리 학교에서 우승을 했다.

> **형태 정보**
> 받침이 있든 없든 에서가 쓰인다.
> 
> 예) 학교에서, 운동장에서

> **도움말**
> '에서'와 '에'의 비교. → '에'의 도움말2(P.211).

## 에서부터 [머리에서부터 발끝까지~]   조사

1. ['~에서부터 ~까지'의 꼴로 쓰여] 어떤 일이나 상황의 범위가 시작되는 시작점을 나타낸다.

   준말) 서부터
   전체참고) '에서'와 '부터'가 합하여 쓰인 꼴.

   예)
   - 그 여자는 머리에서부터 발끝까지 검은색 옷을 입고 있었다.
   - 요즘은 아이에서부터 어른들까지 바쁘지 않은 사람이 없다.

2. [어떤 행위의 시작 지점을 나타내는 말에 붙어] '~로부터', '~을 출발 지점으로 하여'의 뜻.

   2참고) 위의 것과 달리 '까지'가 없어도 된다.

   예)
   - 서울에서부터 계속 걸었어요. → 걷다
   - 수원에서부터 전철을 타고 서울의 직장에 다닌다.

> **형태 정보**
> 받침이 있든 없든 에서부터가 쓰인다.
> 
> 예) 학교에서부터, 운동장에서부터

### 도움말

**'에서부터'의 쓰임:**

1. '**에서**'와 '**부터**'가 합하여 쓰인 꼴이다. '**에서**'나 '**부터**'로도 쓰일 수 있다.

    예: 머리**에서부터**/머리**에서**/머리**부터** 발끝까지.

2. [명사₁**에서부터** 명사₂**까지**] 전체가 서술어를 꾸민다.

3. 뒤에 오는 '**까지**'가 없으면 문장이 성립되지 않는다.

## -에요 [저는 학생이에요.]

종결어미 / 친한사이 말높임 / 선배, 어른에게

1. 듣는이에게 말하는이가 알고 있는 사실을 알리는 것을 나타낸다.

    **예**
    - 저는 학생이**에요**.
    - 저는 회사원이 아니**에요**.
    - 오늘이 목요일이**에요**.

[관련어] –아요, –어요
[전체참고] '이어요', '이에요'에서 '-어요', '-에요' 둘 다 표준어이다. 실제로는 '-에요'가 더 많이 쓰인다.

2. 듣는이에게 물어 보는 뜻을 나타낸다.

    **예**
    - 유미 씨는 학생이**에요**?
    - 마이클 씨가 영국 사람이**에요**?
    - 우리 선생님은 누구**예요**? → 이다

### 형태 정보

-에요는 '이다/아니다' 뒤에 쓰인다.

  예) 학생이**에요**, 학생이 아니**에요**

## 도움말

**-에요**:

1. '이다'나 '아니다' 뒤에서는 어간의 모음이 'ㅣ'이므로 '-어요'와 결합하여 '이어요', '아니어요'로 쓰여야 한다. 하지만 실제로는 '이에요', '아니에요'가 더 많이 쓰인다.

2. 받침 없는 명사 뒤에서 '**이에요**'는 '**예요**'로 줄어든다.

   예: 가수이에요. → 가수**예요**.

3. '**-에요**'의 말낮춤은 '**-야**'이다.

   예: 학생이**야**./학생이 아니**야**.

## ~에 좋다 [건강에 좋아요.] `관용표현`

1. 어떤 것이 몸이나 건강에 좋은 효과가 있음을 나타낸다.

   예
   - 두부나 콩은 몸**에 좋은** 음식이에요.
   - 많이 웃는 게 건강**에 좋아요**.

   `전체참고` 반대말인 '~에 나쁘다'도 쓰인다. 예 술, 담배는 건강**에 나빠요**.

## -예요 [집이 어디예요?] `종결준꼴` `친한사이말높임` 선배, 어른에게

1. [받침 없는 명사 뒤에서] '이에요'가 줄어든 꼴.

   예
   - 집이 어디**예요**?
   - 내일 뭐 할 거**예요**?
   - 이제는 겨울 날씨**예요**.

   `전체참고` 받침 없는 명사 아래에서 '이에요'가 '예요'로 줄어들어 쓰인다. 예 누구이에요(×)/누구**예요**(○)

### 형태 정보

-예요는 받침 없는 명사 뒤에 쓰인다.

   예 가수**예요**, 영화배우**예요**

## -오 [우리는 지금 가오.]

<종결어미> <말조금높임> 늙은 부부 사이 (어른말)

1. 현재의 동작이나 상태에 대해 알리거나 감탄하는 것을 나타낸다.

예
- 우리는 지금 가오.
- 반갑소, 나 김대성이라고 하오.
- 오늘은 날씨가 참 따뜻하오.

[전체참고] 1. 높임을 나타내는 '-시-'와 결합하여 '-시오'로도 쓰인다. 예 어디 가시오? 2. 의미 항목1의 의미로는 '-시-'가 쓰이지 않는다.

2. 듣는이에게 물어 보는 뜻을 나타낸다.

예
- 어디까지 가시오?
- 이 생선은 얼마 하오?
- 내가 바보 같으오?

3. 부드럽게 명령하거나 권유하는 것을 나타낸다.

예
- 그 책 좀 다오.
- 바로 그 곳으로 가 보시오.
- 부디 잘 살도록 하오.

**형태 정보**

'-오', '-소', '-으오':

-오는 받침 없는 동사, 형용사와 '이다/아니다' 뒤에 쓰인다.
예 가오, 비싸오, 학생이오, 학생이 아니오

-소는 받침 있는 동사, 형용사와 '-았-', '-겠-' 뒤에 쓰인다.
예 먹소, 높소, 먹었소, 먹겠소

-으오는 받침 있는 동사와 형용사 뒤에 더러 쓰인다. 예 잡으오

## 와 [어머니와 아버지]　　　접속조사

1. ☞ 과(p.40)

예
- 어머니와 아버지.
- 그 사람은 나와 나이가 같아요.
- 모자와 장갑을 샀어요.

**형태 정보**

와, 과:

와는 받침 없는 말 뒤에 쓰인다. 예 학교와, 교회와

과는 받침 있는 말 뒤에 붙어 쓰인다. 예 집과, 교실과

## 요 [질문이 있어요.]　　　조사

1. 〔'-어', '-지', '-네', '-군' 등 '친한사이 말낮춤'을 나타내는 종결 어미에 붙어〕 말하는이가 듣는이에게 친근한 높임을 나타내는 데에 쓰인다.

[전체참고] '친한사이 말높임'을 나타내는 종결 어미를 만들거나 그렇게 끝맺는 데에 쓰인다.

예
- 질문이 있어요.
- 축하해요.
- 날씨가 참 좋지요.
- 식당에 갈까요?

2. 〔'-아서', '-니까', '-는데' 등의 연결 어미에 붙어〕 종결 어미처럼 쓰이게 한다.

[2참고] 뒷말을 생략하거나 앞의 말과 뒤의 말을 바꿔서 쓴 것이다. 예 비가 오니까 우산을 가지고 가세요./토요일인데 오늘도 회사에 가세요?

예
- 남학생: 선생님, 어디 가십니까?
  선생님: 네, 약속이 있어서요.

- 우산을 가지고 가세요. 비가 오니까요.

- 오늘도 회사에 가세요? 토요일인데요.

3. 〔독립된 말 뒤에 붙어〕 말을 끝맺는 데에 쓰인다.

[3참고] 1. 그 자체로 문장이 끝남을 나타낸다.
2. 앞선 말이나 상황으로 그 나머지 부분이 쉽게 이해될 수 있으므로 반복되는 부분을 생략한 채 새로운 부분만을 이야기하는 것이다. 예 집에요→집에 있었어요.

예
- 엄마: 어제 누구 만났니? 딸: 대성이요.

- 제인: 어디 있었어요? 유미: 집에요.

- 빨리요, 빨리.

- 선생님, 저는요?

- 시장에요? 왜요?

**형태 정보**

요는 문장의 끝이나 독립된 말 뒤에 쓰인다.

예 먹어요, 먹지요, 먹네요, 먹는군요, 빨리요, 왜요

**도움말**

[친한사이 말낮춤] 과 [친한사이 말높임] :

'요'는 문장 끝에 쓰이는 조사로서, '보아', '먹지', '갈래'와 같이 [친한사이 말낮춤]을 나타내는 말에 붙어 '보아요', '먹지요', '갈래요'와 같은 [친한사이 말높임]을 나타내는 어미를 만든다. 그러나 '이에요'나 '하세요'에서와 같이 '요'를 분리할 수 없는 형태가 있다.

예: 책상이에(×) / 안녕하세(×)

## 으로 [집으로 돌아갔다.] 조사

1. ☞ 로(p.141)

예 - 나는 바로 집으로 돌아갔다.

- 비둘기는 하늘**로** 날아갔습니다.
- 우리는 북쪽**으로** 가지 않고 남쪽**으로** 갔다.
- 그 사람도 우리 쪽**으로** 왔다.

> **형태 정보**
> '으로', '로':
>   **으로**는 받침 있는 말 뒤에 쓰인다. 예 집으로
>   **로**는 받침 없는 말과 'ㄹ' 받침으로 끝나는 말 뒤에 쓰인다.
>     예 학교로, 교실로

## 은 [한국말은 배우기가 어렵다.]  조사

1. ☞ 는(p.71)

예
- 한국말**은** 배우기가 어렵다.
- 삼각형의 세 각의 합**은** 180도이다.
- 술**은** 못 마시지만 그 분위기**는** 좋아해요.

> **형태 정보**
> '은', '는':
>   **은**은 받침 있는 말 뒤에 쓰인다. 예 남편은
>   **는**은 받침 없는 말 뒤에 쓰인다. 예 언니는

## 을 [책을 펴세요.]  조사

1. ☞ 를(p.146)

예
- 책**을** 펴세요.

- 술을 마십시다.

- 이 책을 김 선생님에게 주어라.

- 유미가 손을 들었다.

**형태 정보**

을', 를':

을은 받침 있는 말 뒤에 쓰인다. 예 라면을, 과일을

를은 받침 없는 말 뒤에 쓰인다. 예 사과를, 딸기를

## 의 [개의 주인]     조사

1. 어떤 물건을 가지고 있는 사람임을 나타낸다.

   발음 [의/에]
   전체참고 입말에서 흔히 [에]로 발음된다.

   예
   - 영하의 책.

   - 유미의 얼굴.

   - 당신의 이름.

   - 이 개의 주인.

2. 〔'누구의 누구'와 같은 꼴로 쓰여〕 앞, 뒤 사람의 관계를 나타낸다. '~에게 (~라는) 관계를 가진'의 뜻.

   예
   - 나의 어머니.

   - 당신의 동생.

   - 김 사장님의 부인.

3. 〔'무엇의 뒤'와 같은 꼴로 쓰여〕 '무엇'이 뒷말의 위치, 방향을 나타내기 위한 기준임을 나타낸다. '~로부터, 에서'의 뜻.

예 · 유미는 진수의 뒤에 서 있어요.

· 우리 학원은 은행의 오른쪽에 있어요.

· 서울은 우리나라의 중앙에 있다.

4. 뒤에 오는 말에 대해 주어나 목적어를 나타낸다.

예 · 나의 결심.

· 너의 부탁.

· 나라의 발전.

4참고 뒤의 말은 주로 한 자어 명사로서 '하다'가 붙어 용언이 될 수 있다.
㉠ 나라의 발전→나라가 발전하는 것.

예 · 자연의 관찰.

· 학문의 연구.

4참고 ㉠ 학문의 연구→학문을 연구하는 것.

5. 〔수량을 나타내는 말에 붙어〕 앞말이 뒷말의 수량을 한정하는 것을 나타낸다. '~라는 (수량)이 되는'의 뜻.

5참고 1. 수를 나타내는 말, 또는 단위나 양을 나타내는 말 등에 붙어 쓰인다. 2. '의'가 생략되어 쓰이기도 한다.

예 · 한 시간 정도의 이야기.

· 십 년의 시간.

· 두 가지의 주의 사항.

· 십만 명의 사람.

6. 〔여럿을 나타내는 말에 붙어〕 그 중의 일부나 부분을 나타낸다. '~가운데서', '중에'의 뜻.

예 · 대학생의 반은 아르바이트를 하는 것 같아요.

· 중학생의 대부분은 학원에 다닌다고 한다.

· 월급의 절반을 저축한다.

### 형태 정보

받침이 있든 없든 **의**가 쓰인다.

> 예) 아내**의**, 남편**의**

### 도움말 1

**'나', '저', '너'와 '의'의 결합:**

'나의'는 '내'로, '저의'는 '제'로 '너의'는 '네'로 줄어들어 쓰인다.

예: 나**의** 소원=**내** 소원, 저**의** 어머니=**제** 어머니, 너**의** 책=**네** 책

### 도움말 2

**'의'의 생략에 대하여:**

'**의**'는 다음의 세 가지 경우에는 생략이 가능하고, 그 외의 경우에는 잘 생략되지 않는다.

첫째, '물건의 주인과 그 물건'의 관계를 나타내는 경우:

> 예 1: 철수**의** 책/영희**의** 연필.
>
> 예 1': 철수(∅) 책/영희(∅) 연필.

둘째, '전체-부분'의 관계를 나타내는 경우:

> 예 2: 코끼리**의** 코/영하**의** 귀.
>
> 예 2': 코끼리(∅) 코/영하(∅) 귀.

셋째, 가족 관계를 나타내는 경우:

> 예 3: 김 회장**의** 부인/철수**의** 엄마.
>
> 예 3': 김 회장(∅) 부인/철수(∅) 엄마.

## 이 [학생이 와요.] <sub>조사</sub>

1. ☞ **가**(p.19)

   예
   - 학생**이** 학교에 가요.
   - 동생**이** 키가 작아요.
   - 나는 등**이** 아파서 병원에 갔다.

   **형태 정보**
   **이', 가':**
   
   **이**는 받침 있는 말 뒤에 쓰인다. 예 학생**이**, 딸**이**
   
   **가**는 받침 없는 말 뒤에 쓰인다. 예 친구**가**, 누나**가**

## 이고 [술이고 뭐고 모두 마셔 버렸다.] <sub>접속조사</sub>

1. 〔'~이고 ~이고 (간에)'로 쓰여〕 '~이든', '~과 같은 것을', '~과 ~과 ~ 등을 가리지 않고'의 뜻.

   예
   - 그 사람은 술**이고** 뭐고 모두 마셔 버렸다.
   - 학교에서**고** 학원에서**고** 간에 가리지 않고 열심히만 하면 됩니다.
   - 요즘은 시골**이고** 도시고 간에 모두 인터넷을 한다.

   [1참고] 1. 연결되는 맨 마지막 말에도 '이고'를 붙인다. 예 시골**이고** 도시**고**.
   2. '과'는 앞말에만 붙는다. 예 시골과 도시와(×)

2. 〔'무엇, 언제, 어느'와 같은 말에 붙어〕 '~든지', '~라고 한정하지 않고'의 뜻.

   예
   - 우리 애는 건강해서 무엇**이고** 잘 먹어요.
   - 어디**고** 간에 다 마찬가지니까 그냥 여기서 하자.
   - 언제 어느 때**고** 간에 다 좋으니 연락해라.

   [2참고] '-고 간에'로 잘 쓰인다.

이나

**형태 정보**
'이고', '고':
이고는 받침 있는 말 뒤에 쓰인다. 예 라면이고, 과일이고
고는 받침 없는 말 뒤에 쓰인다. 예 커피고, 주스고

## 이나¹ [연필이나 볼펜으로 쓰세요.] 〔접속조사〕

1. 〔비슷한 여럿을 나타내는 말 중 선택된 대상에 붙어 쓰여〕 그 중에 하나를 선택하는 것을 나타낸다. '또는'의 뜻. 〔비슷한말〕 이든지 예 강든지 바다로 놀러간다.

예
- 여름에는 산이나 바다로 놀러가요.
- 연필이나 볼펜으로 쓰세요.
- 기차나 버스로 여행을 합니다.
- 버스나 지하철을 탈까요?

**형태 정보**
'이나', '나':
이나는 받침 있는 말 뒤에 쓰인다. 예 트럭이나 버스
나는 받침 없는 말 뒤에 쓰인다. 예 기차나 고속버스

## 이나² [잠이나 자자.] 〔조사〕

1. 〔행동의 목적을 나타내는 말에 붙어〕 '~가 아주 좋지는 않지만', '~이라도 괜찮으니'의 뜻. 〔참고〕 별로 나쁘지 않은 두 번째 정도의 선택이라는 의미를 나타낸다.

예
- 잠이나 자자.
- 술이나 한 잔 마셔요.

- 밥이 없으면 라면**이나** 먹을까요?
- 바쁘지 않으면 영화**나** 보러 갑시다.

2. 〔'누구, 무엇, 언제' 등의 말에 붙어〕 '~라도 가리지 않고 모두'의 뜻.

예
- 누구**나** 입장할 수 있어요.
- 요즘은 어디**나** 차가 갈 수가 있습니다.
- 그들은 아무**나** 죽였다.

3. 〔수량을 나타내는 말에 붙어〕 '~가 될 만큼 (많이)'의 뜻.

[3참고] 말하는이의 기대보다 많다고 하는 뜻이 들어 있다.

예
- 대전에 가기 위해 세 시간**이나** 차를 타고 갔어요.
- 떡을 다섯 개**나** 먹었어요.
- 너무 피곤해서 열두 시간**이나** 잤어요.

4. 〔자세하지 않은 수량을 나타내는 말에 붙어〕 '(짐작으로, 대충 세어서) ~정도'의 뜻.

[4참고] 1. 비슷한 의미를 나타내는 '쯤'과 같이 쓰인다. 2. 주로 의문문에 쓰인다.

예
- 한 백 명**이나** 될까?
- 지금 몇 시쯤**이나** 되었지?
- 커피를 하루에 몇 잔쯤**이나** 마셔요?

**형태 정보**

'이나', '나':

**이나**는 받침 있는 말 뒤에 쓰인다. 예 라면**이나**

**나**는 받침 없는 말 뒤에 쓰인다. 예 커피**나**

이나마 [잠깐**이나마** 행복했어요.] 〈조사〉

1. '~라도, 일지라도 (마음에 만족하지 못하나 그런 대로)'의 뜻.

예
- 잠깐**이나마** 미영 씨를 만나서 행복했어요.
- 라면**이나마** 먹으니까 좀 괜찮다.
- 그렇게**나마** 해 주시면 고맙겠습니다.

*형태 정보*
'이나마', '나마':
   **이나마**는 받침 있는 말 뒤에 쓰인다. 예 라면**이나마**
   **나마**는 받침 없는 말 뒤에 쓰인다. 예 커피**나마**

이니 [책**이니** 신문**이니** 가리지 않고 읽어요.] 〈접속조사〉

1. 〔'-니 -니'로 쓰여, 나열된 여러 사물들을 나타내는 말에 붙어〕 '~과 ~과 ~ 등의 (온갖)'의 뜻. [비슷한말] 이다$^1$, 하고$^2$

예
- 유미는 책**이니** 신문**이니** 가리지 않고 읽어요.
- 가방 안에는 화장품**이니** 볼펜**이니** 여러 가지가 가득하였다.
- 뷔페에는 갈비**니** 생선회**니** 온갖 음식들이 있어요.

*형태 정보*
'이니', '니':
   **이니**는 받침 있는 말 뒤에 쓰인다. 예 라면**이니**
   **니**는 받침 없는 말 뒤에 쓰인다. 예 커피**니**

## 이다¹ [책이다 노트다 ~]   〖접속조사〗

1. 〔'~이다 ~이다' 꼴로 쓰여〕 **사물을 나열할 때 쓰인다.**

   [비슷한말] 이니

   [전체참고] 연결되는 맨 마지막 말에도 '이다'를 붙인다.

   예 • 영하는 수영**이다** 테니스**다** 못 하는 운동이 없어요.

   • 우리는 옷을 사려고 남대문 시장**이다** 동대문 시장**이다** 돌아다니느라 바빴어요.

   • 여기는 책**이다** 노트**다** 연필**이다** 없는 게 없구나.

   **형태 정보**
   **이다, 다:**

   **이다**는 받침 있는 말 뒤에 쓰인다. 예 라면**이다**

   **다**는 받침 없는 말 뒤에 쓰인다. 예 커피**다**

## 이다² [여기가 서울**입니다**.]   〖조사〗

1. 〔명사 등에 붙어〕 **'무엇은 무엇이라고' 지정하는 뜻을 나타낸다.**

   예 • 저는 김유미**입니다**.

   • 저는 일본 사람**이에요**.

   • 여기가 서울**입니다**.

   • 1킬로그램에 오천 원**이에요**.

   [1참고] 1. '이다' 앞에 오는 명사는 꾸미는 말과 함께 쓰일 수 있다. 예 착한 학생**이다**. 2. '무엇이 무엇이다'의 부정은 '무엇이 무엇이 아니다'이다. 예 저는 일본 사람이 아니에요.

2. 〔일부 명사, '~ -적', 부사에 붙어〕 **서술어로 쓰인다.**

   예 • 민수가 자기를 안 데려간다고 불평**이었다**.

   • 젊은 세대는 감정적**이다**.

   • 여기에 온 건 내가 제일 먼저**다**.

   [2참고] 1. '이다' 앞에 오는 말이 꾸미는 말과 함께 쓰일 수 없고, 부사어의 수식을 받는다. 예 매우 감정적이다. 2. 이것의 부정은 '무엇이 무엇이 아니다'로 되지 않는다.

이다

### 형태 정보

이다는 '집이고', '집이니', '집입니다', '집이에요', '집입니까' 등으로 꼴이 바뀐다.

예) 학생이다, 가수이다/가수다

### 도움말 1
'이다'의 품사:

'이다'를 학교 문법에서는 조사라고 한다. 그러나 '이다'는 동사나 형용사와 같이 꼴이 바뀌고 문장에서 서술어로 쓰인다.

### 도움말 2
'이다'의 해요체:

1. '이다'의 해요체는 '이에요'와 '이어요'이다. 그러나 주로 '이에요'가 사용된다. 받침이 없는 말 뒤에 쓰일 때는 '예요', '여요'로 줄어들어 쓰이기도 한다.

   예 1 : 이게 내 사진이에요./사진이어요.

   예 2 : 이게 사과예요./사과여요.

2. 성과 이름에 '이에요'가 붙어 쓰일 때는 다음과 같다.

   한국 이름이고 받침이 있으면 먼저 이름에 '이'를 붙이고 '이에요'를 줄인 말 '예요'를 붙인다.

   예 3 : 은정이예요.

   받침이 없으면 '유미예요, 김유미예요'라고 한다.

   받침이 있는 성명을 함께 말할 때는 '이대성이에요'라고 한다.

   외국 사람 이름에 받침이 있으면 '존이에요', 받침이 없으면 '메리예요'라고 한다.

3. '아니다'에는 '-예요', '-어요'가 붙으므로 '아니에요/아녜요', '아니어요/아녀요'라고 해야 한다. '아니예요/아니여요'는 잘못이다.

### 도움말 3

**'이다'의 어간 '이-'의 생략에 대하여:**

모음으로 끝난 말 아래에서는 '이-'가 생략되기도 한다.

예 1 : 이게 맛있는 사과**다**.
　　　마이클이 가수**다**.

단, '가수인 형'과 같이 꾸미는 꼴로 쓰일 때나, '의사임'과 같이 명사로 만들어 주는 어미 '-ㅁ' 앞에서는 생략되지 않는다(예 2).

예 2 : 직업이 가수**인** 형은 날마다 노래만 불러야 했다.

예 2' : 직업이 가순(×) 그.

예 3 : 그가 의사**임**을 오늘에서야 비로소 알았다.

예 3' : 그가 의삼을(×).

## 이든 [무엇이든 구할 수 있다.] 〔조사〕

1. 〔'누구, 무엇, 아무' 등의 말에 붙어〕 '~이라도 가리지 않고'의 뜻. 여럿 중에서 어느 것을 선택해도 상관 없음을 나타낸다.

   관련어 이나
   전체참고 '든가'나 '든지'가 '든'으로 줄어들어 쓰인다.

   예 ・ 남대문 시장에서는 무엇**이든** 구할 수 있다고 한다.

   ・ 누구든 이 일을 할 수 있을 것이다.

2. 〔'~든 ~든 (간에)'로 쓰여〕 '가리지 말고'의 뜻.

   예 ・ 떡**이든** 과자든 많이 먹어라.

   ・ 먹을 것**이든** 마실 것**이든** 한 가지씩 가져오세요.

### 형태 정보

**이든, 든:**

**이든**은 받침 있는 말 뒤에 쓰인다. 예) 라면**이든**

**든**은 받침 없는 말 뒤에 쓰인다. 예) 커피**든**

## 이든가 [귤이든가 배든가 가지고와.] 〔접속조사〕

1. 〔'누구, 무엇, 아무' 등의 말에 붙어〕 '~라도 가리지 않고/상관없이'의 뜻. 여럿 중에서 어느 것을 선택해도 상관없음을 나타낸다.

   [비슷한말] 이든지
   [준말] 이든

   예)
   - 누구**든가** 한 사람은 가야 한다.
   - 어디**든가** 나가 보아라.
   - 언제**든가** 그를 찾아보아야 한다.

2. 〔'~든가 ~든가 (간에)'로 쓰여〕 '가리지 말고'의 뜻.

   예)
   - 귤**이든가** 배**든가** 가지고 와.
   - 이 사람**이든가** 저 사람**이든가** 한 사람은 떠나야 한다.

### 형태 정보

**이든가, 든가:**

**이든가**는 받침 있는 말 뒤에 쓰인다. 예) 라면**이든가**

**든가**는 받침 없는 말 뒤에 쓰인다. 예) 커피**든가**

## 이든지 [책이든지 잡지든지 다 읽어요.] 〔접속조사〕

1. 〔'누구, 무엇, 언제, 어디' 등의 말에 붙어〕 '~라도

가리지 않고 모두'의 뜻. 여럿 중에서 어느 것을 선택해도 상관없음을 나타낸다.

[비슷한말] 이든가
[준말] 이든
[전체참고] '이나'로 바꿔 쓸 수 있다.

예
- 모르는 게 있으면 언제**든지** 물어 보세요.
- 뭐**든지** 처음엔 힘들지요.
- 어디**든지** 사는 것은 다 똑같다. → 살다

2. [`~든지 ~든지`로 쓰여] '가리지 말고'의 뜻.

예
- 커피**든지** 차**든지** 마시고 싶은 대로 마셔라.
- 책**이든지** 잡지**든지** 다 읽어요.
- 종이**든지** 플라스틱**이든지** 무엇**이든지** 다 괜찮아.

**형태 정보**

'이든지', '든지':

**이든지**는 받침 있는 말 뒤에 쓰인다. 예 라면**이든지**

**든지**는 받침 없는 말 뒤에 쓰인다. 예 커피**든지**

## 이라고¹  "비가 오겠군."**이라고** 말했다.

[인용 조사]

1. ☞ **라고**¹(p.130)

[전체참고] 받침 있는 말로 끝나는 종결 어미가 적으므로 잘 쓰이지 않는다.

예
- 선생님께서는 "비가 오겠군."**이라고** 말씀하셨다.
- 영희는 "맛이 너무 없군."**이라고** 말하며 화를 냈다.

**형태 정보**

'이라고', '라고':

**이라고**는 받침 있는 종결 어미 뒤에 쓰인다. 예 "좋군."**이라고**

**라고**는 받침 없는 종결 어미 뒤에 쓰인다. 예 "좋아."**라고**

## 이라고² [월급이라고 얼마 안 돼.] 〔조사〕

1. 〔얕잡아 보는 대상을 나타내는 말에 붙어〕 '~이라고 하지만'의 뜻.

   예 ▪ 월급**이라고** 얼마 안 돼.

   ▪ 엄마**라고** 원, 아이가 저렇게 아픈데도 병원에도 안 데려가다니…

   ▪ 이렇게 작은 것도 사과**라고** 원! 너무 작아서 먹을 것도 없구나.

2. 〔다른 것에 비하여 못하지 않음을 나타내는 말에 붙어〕 '~라고 하여도', '~일지라도'의 뜻.

   [2참고] 주로 의문문의 형식에 쓰여 강조하는 것을 나타낸다.

   예 ▪ 철수**라고** 다른 사람만 못하겠나?

   ▪ 선생님**이라고** 별 수 있겠니?

   ▪ 남자**라고** 별 수 있나?

   **형태 정보**

   '**이라고**', '**라고**':

   **이라고**는 받침 있는 말 뒤에 쓰인다. 예 수박**이라고**, 과일**이라고**

   **라고**는 받침 없는 말 뒤에 쓰인다. 예 사과**라고**, 딸기**라고**

## 이라도 [라면이라도 먹어요.] 〔조사〕

1. 〔아주 마음에 들지는 않으나 최소한의 선택임을 나타내는 말에 붙어〕 '아주 마음에 들지 않지만 그래도'의 뜻.

   [1참고] [관련어] 이나마

예
- 배가 고프면 라면**이라도** 먹어요.
- 김밥**이라도** 사다 줄까요?
- 공부할 시간이 없으면 숙제**라도** 하세요.

2. 〔가장 심한 조건이나 정도를 나타내는 말에 붙어〕
   가능함 또는 불가능한 것을 강조한다. '~이라고 하여도, 까지도 (상관하지 않고)'의 뜻.

예
- 네가 원한다면 미국**이라도** 데려다 줄게.
- 이 문제는 천재**라도** 풀 수 없다.

3. 〔부사 뒤에 붙어 쓰여〕 그 의미를 강조하여 나타낸다.

예
- 그녀는 금방**이라도** 울 것 같았다.
- 잠시**라도** 앉으세요.
- 한 살**이라도** 더 먹기 전에 시작해야죠.

**형태 정보**

'이라도', '라도':

**이라도**는 받침 있는 말 뒤에 쓰인다. 예 수박**이라도**, 과일**이라도**

**라도**는 받침 없는 말 뒤에 쓰인다. 예 사과**라도**, 딸기**라도**

## 이라면 [한국말**이라면** 다나까씨가 제일 잘하지요.] 조사

1. 이야기에서 처음으로 지적되어 나오는 대상을 가리키는 뜻을 나타낸다.

예
- 한국말**이라면** 우리 반에서 다나까 씨가 제일 잘하지요.

- 한식**이라면** 뭐든지 다 잘 먹어요.
- 김치**라면** 역시 우리 엄마가 만든 김치가 제일 맛있다.

**형태 정보**

이라면, 라면:

**이라면**은 받침 있는 말 뒤에 쓰인다. 예 한국말**이라면**

**라면**은 받침 없는 말 뒤에 쓰인다. 예 영어**라면**

## 이라야 [김 선생님**이라야** 그 일을 할 수 있어요.]  조사

1. 어떤 것을 예를 들어 말하면서 꼭 그것이라고 지정하여 말하는 것을 나타낸다. '~만, ~만이'의 뜻.

   전체참고 '에서라야', '로라야'로도 쓰인다.

   예
   - 김 선생님**이라야** 그 일을 할 수 있어요.
   - 꼭 서울**에서라야** 성공할 수 있는 것은 아니다.

**형태 정보**

이라야, 라야:

**이라야**는 받침 있는 말 뒤에 쓰인다. 예 옷**이라야**

**라야**는 받침 없는 말 뒤에 쓰인다. 예 치마**라야**

## 이란¹ [사랑**이란** 두 사람이 서로 믿는 것이다.]  조사

1. 〔일반적인 설명의 대상을 나타내는 말에 붙어〕 그 대상을 특별히 화제로 삼아 설명하는 것을 나타낸다. '~는 (일반적으로)'의 뜻.

   관련어 는
   전체참고 1. '이란' 다음에 보통 잠깐 쉬었다가 말을 한다. 2. 주로 '~란 ~을 말한다'로 단어의 뜻을 정의할 때 쓰인다.

   예
   - 사랑**이란** 두 사람이 서로 믿고 의지하는 것이다.

- 가격**이란** 상품의 값을 돈으로 표시한 것이다.
- 선배**란** 경험이 많은 사람을 말한다.

**형태 정보**

'이란', '란':

　　**이란**은 받침 있는 말 뒤에 쓰인다. 예 인생**이란**

　　**란**은 받침 없는 말 뒤에 쓰인다. 예 공부**란**

## 이란² [창문이란 창문은 모두 닫혀 있었다.] 〔조사〕

1. 〔'~이란 ~는'의 꼴로, 특별히 지정하여 말하는 대상에 붙어〕 '~라고 하는 것은 모두'의 뜻.

　[전체참고] 1. '~'에는 같은 명사가 쓰인다. 2. 뒤에는 '전부, 모두, 다'와 같이 앞의 것을 모두 합치는 말이 쓰인다.

　예
- 여기서는 택시**란** 택시는 전부 콜택시뿐이에요.
- 버스의 창문**이란** 창문은 모두 닫혀 있었다.
- 냄새**란** 냄새는 전부 이곳에서 나는 것 같았다.

**형태 정보**

'이란', '란':

　　**이란**은 받침 있는 말 뒤에 쓰인다. 예 남편**이란** 남편은

　　**란**은 받침 없는 말 뒤에 쓰인다.  아내**란** 아내는

## 이랑¹ [찌개랑 밥이랑 많이 먹었어요.] 〔접속조사〕

1. 〔비슷한 대상을 나타내는 여러 말들에 붙어〕 '~도 ~도 같이'의 뜻.

　[관련어] 과¹, 하고²
　[전체참고] 1. 말할 때 쓴다. 2. 연결되는 마지막 말에도 '이랑'이 쓰일 수 있다.

　예
- 커피**랑** 맥주 주세요.

- 돈**이랑** 지갑**이랑** 다 잃어버렸어요.
- 찌개**랑** 밥**이랑** 많이 먹었어요.
- 유미**랑** 진수**랑** 다 같이 만나기로 했어요.

## 이랑² [친구들이랑 영화를 봤어요.]   조사

1. **행동이 미치거나 행동을 같이 하는 대상임을 나타낸다.**   비슷한말 과², 하고¹

예
- 엄마**랑** 음식을 만들었어요.
- 친구들**이랑** 농구를 하다가 다쳤어요.
- 진수는 영화배우**랑** 결혼한대.

2. **어떠한 관계에 있는 대상임을 나타낸다.**

예
- 네 딸이 너**랑** 많이 닮았어.
- 우리**랑** 친하게 지냅시다.

3. **비교의 대상이나 기준으로 삼는 대상임을 나타낸다.**

예
- 우리가 배운 거**랑** 똑같구나.
- 유미**랑** 비교되는 게 싫어요.
- 나**랑** 잘 어울리는 남자친구.
- 커피**랑** 잘 어울리는 케이크를 만들어요.

### 형태 정보
이랑', 랑':

이랑은 받침 있는 말 뒤에 쓰인다. 예 과일**이랑**

랑은 받침 없는 말 뒤에 쓰인다. 예 사과**랑**

## 이며 [옷이며 수건 등을 가지고 오세요.] `접속조사`

1. [`~이며 ~이며`와 같이, 비슷한 여러 사물을 나타내는 말들에 붙어] '~과 ~과 ~등이'의 뜻.

   `비슷한말` 하며

   `전체참고` 뒤에는 '모두, 전부, 다'와 같이 앞의 것을 모두 합치는 말이 흔히 쓰인다.

   예
   - 비가 많이 와서 논**이며** 밭**이며** 집**이며** 모두가 물에 잠겼다.
   - 옷**이며** 수건, 칫솔 등을 가지고 오세요.
   - 이 아이는 눈**이며** 코**며** 자기 아빠랑 똑같아요.

   *형태 정보*
   '이며', '며':
   
   **이며**는 받침 있는 말 뒤에 쓰인다. 예 떡**이며**
   
   **며**는 받침 없는 말 뒤에 쓰인다. 예 과자**며**

## 이면 [운동이면 운동, 못하는 게 없다.] `접속조사`

1. [`~이면 ~`의 꼴로 쓰여] 어떤 것을 지정하여 예를 들어 말할 때 사용한다.

   `전체참고` '~면 ~'에 같은 명사가 쓰인다.

   예
   - 영하는 공부**면** 공부, 운동**이면** 운동, 못 하는 게 없다.
   - 이 집은 불고기**면** 불고기, 냉면**이면** 냉면, 다 맛있어요.

   *형태 정보*
   '이면', '면':
   
   **이면**은 받침 있는 말 뒤에 쓰인다. 예 운동**이면** 운동
   
   **면**은 받침 없는 말 뒤에 쓰인다. 예 공부**면** 공부

> **도움말**
>
> **조사 '이면'과 어미 '-면'의 구별:**
>
> 조사 '**이면**'과 '이다'에 활용형 어미 '-면'이 붙은 것과는 다르다. 아래 예문의 '**이면**'은 '이다'와 가정을 나타내는 어미 '-면'이 쓰인 것이다.
>
> 예: 남자**면** 남자답게 행동해라.(참고: 당신이 남자다)

## 이야 [밥이야 먹지만 여행은 가기 힘들어.] 〔조사〕

1. 〔대조가 되는 말을 강조하기 위해 그 말에 붙어 쓰여〕 '(다른 사람은 몰라도, 다른 것은 몰라도) ~는'의 뜻. (모르다)

   [1참고] '물론, 당연히'의 뜻을 더해 준다.
   [관련어] 는

   예 ▪ 밥**이야** 먹지만 여행은 가기 힘들어.

   ▪ 너**야** 물론 누구나 좋아하지.

2. 〔대수롭지 않은 대상을 나타내는 말에 붙어〕 '~은 (대수롭지 않고, 별로 문제되지 않고)'의 뜻.

   [2참고] 1. '그까짓, 기껏' 등의 단어와 함께 쓰인다.
   2. '쯤이야'로 잘 쓰인다.

   예 ▪ 그까짓 돈**이야** 벌면 되지.

   ▪ 재산**이야** 기껏 집 하나가 전부다.

3. 〔시간을 나타내는 부사 및 부사어에 붙어 그 때를 강조하여〕 '~에 이르러 비로소'의 뜻.

   [3참고] '비로소', '겨우' 같은 말이 함께 쓰이기도 한다.

   예 ▪ 아침 일찍 떠났는데도, 저녁 때**야** 겨우 도착할 수 있었다.

   ▪ 이제**야** 비로소 부모님의 마음을 조금 알 것 같습니다.

**형태 정보**

'이야', '야':

**이야**는 받침 있는 말 뒤에 쓰인다. 예) 라면**이야**

**야**는 받침 없는 말 뒤에 쓰인다. 예) 커피**야**

## 이야말로 [책이야말로 가장 좋은 선물이다.] 〔조사〕

1. 〔강조의 대상이 되는 말에 붙어〕 강조하여 확인하는 뜻을 나타낸다. '~는 정말'의 뜻.

   〔전체참고〕 1. '이야'로 바꿔 쓸 수 없다. 2. 강세가 놓인 조사 '가'로 바꾸어 쓸 수 있다. 예) 네**가** 올 필요가 없다.

   예)
   - 스스로 찾아서 하는 것**이야말로** 정말 좋은 공부다.
   - 책**이야말로** 가장 좋은 선물이다.
   - 너**야말로** 올 필요가 없다.

**형태 정보**

'이야말로', '야말로':

**이야말로**는 받침 있는 말 뒤에 쓰인다. 예) 남편**이야말로**

**야말로**는 받침 없는 말 뒤에 쓰인다. 예) 아내**야말로**

**도움말**

'이야말로'와 '이야'의 비교:

'**이야말로**'는 단순히 '**이야**'의 긴 꼴이 아니다.

'**이야**'는 힘줌을 나타내는 대상과 다른 대상을 대조하는 의미를 나타낼 수 있다. '**이야말로**'는 이런 의미를 가지지 않는다.

예문 1은 '그가 '말'은 잘하지만, '행동'을 하지는 않는다'와 같은 대조의 뜻이 있다. 이것을 '**이야말로**'로 바꿔 쓸 수 없다. 예문 2에서와 같이 '**이야말로**'는 그 앞에 오는 말을 지적하여 말하는 것을 나타낸다.

   예 1: 그는 말**이야** 잘하지. (행동을 안 해서 그렇지)

   예 2: 그 사람**이야말로** 진짜 좋은 사람이다.

## 이여 [신이여 제 기도를 들어 주세요.] 조사

1. 〔2인칭의 높임의 대상을 나타내는 말에 붙어〕 감탄하듯이 높여 부르는 뜻을 나타낸다.

   전체참고 1. '아'의 높임말이고 '이시여'보다는 낮은 말. 2. 시와 같은 글에 쓴다.

   예 · 신이여, 제 기도를 들어 주세요.
       ↳ 듣다
   · 오, 우리를 사랑하시는 주여.

   **형태 정보**
   '이여', '여':
   이여는 받침 있는 말에 쓰인다. 예 신이여
   여는 받침 없는 말에 쓰인다. 예 주여

## -자¹ [수영하러 가자.] 종결어미 말아주낮춤 할아버지가 아이에게

1. 〔동사와 동사처럼 쓰이는 몇몇 형용사 뒤에 쓰여〕 서로 함께 하기를 권유하는 것을 나타낸다.

   관련어 -자꾸나
   전체참고 말할 때 쓴다.

   예 · 수영하러 가자.
   · 진수야, 일어나서 아침밥 먹자.
   · 우리 그런 얘기는 그만하자!
   · 기분 좋게 술이나 마시자!

2. 상대방의 요청이나 요구를 받아들이는 것을 나타낸다.

   예 · 영숙: 엄마, 지금 놀이터에 나가면 안 돼요?
       엄마: 그래, 그러자.
   · 유미: 우리 그림 그릴까? 미선: 그래, 그렇게 하자.

3. 듣는이에게 그렇게 할 것을 요구하는 것을 나타낸다.

예
- 대성아, 너 잠깐 나 좀 보**자**.
- 좀 천천히 읽**자**.
- 좀 조용히 하**자**. 수업 시간인데.

4. 말하는이가 그렇게 할 것을 듣는이의 양해를 얻으려고 할 때 쓰인다.

예
- 나도 좀 마시**자**.
- (버스나 지하철에서) 나 좀 내리**자**.

**형태 정보**

받침이 있든 없든 **-자**가 쓰인다. **-자**는 동사 뒤에 쓰인다.

예 가**자**, 먹**자**

## -자² [자동차에서 내리자 비가 오기 시작했어요.]  〔연결어미〕

1. 〔동사 뒤에 쓰여〕 앞의 행동이 끝난 후 곧 뒤의 행동이 시작되는 것을 나타낸다.

예
- 자동차에서 내리**자** 비가 오기 시작했어요.
- 내가 그 사람 흉을 보기 시작하**자** 그 사람이 방 안에 들어오는 거야.

2. 앞의 사실이 뒤에 오는 사실의 원인이 되는 것을 나타낸다.

예
- 그가 이 소문을 내**자** 사람들은 그대로 믿어 버렸다.
- 시간이 많아지**자** 사람들이 여행을 다니기 시작하였다.

[전체참고] 뒤에는 명령문이나 청유문은 올 수 없다.
[1참고] 앞의 사실과 뒤의 사실이 시간상 가깝고 원인·결과 관계를 나타내는 경우에 쓰인다.
[비슷한말] -자마자

### 형태 정보

받침이 있든 없든 **-자**가 쓰인다. **-자**는 동사와 '이다' 뒤에 쓰인다.

㉠ 가**자**, 먹**자**, 학생이**자**

## -자고 [너 좀 보자고~]   〔인용어미〕

1. 〔동사 뒤에 쓰여〕 제안하는 내용으로 표현된 내용을 간접적으로 전하는 것을 나타낸다.

   ㉠ • 네 언니가 저녁에 너 좀 보**자고** 하더구나.

   • 미선: 밥 먹으러 가자. 대성: 유미야, 미선이가 뭐라고 하니? 유미: 밥 먹으러 가**자고** 하는데.

   • 대성: 언제 술 한잔 합시다. 진수: 뭐라고 했어요? 대성: 언제 술 한잔 하**자고** 했어요.

   • 그러니까 함께 가**자고** 했잖아.

   〔관련어〕 -다고, -냐고, -라고
   〔전체참고〕 '가자고 해'가 '가재'로 축약되어 쓰이는 등 '-자고 해'가 '-재'로 축약되어 쓰인다.
   〔1참고〕 '-자'로 쓰이기도 한다. ㉠ 밥 먹으러 가**자** 하는데.

2. 〔제안하는 내용 절을 요구하는 일부 동사 앞에 쓰여〕 누가 무엇을 할 때, '무엇을'에 해당하는 것을 나타낸다. '-ㄹ 것을'의 뜻.

   ㉠ • 그녀는 그에게 영화나 보**자고** 제안했다.

   • 제인 씨가 같이 영화를 보**자고** 말했습니다.

   • 언젠가는 반드시 만나**자고** 결심했다.

   〔2참고〕 '-자'로는 쓰이지 않는다. ㉠ 영화나 보자 제안했다.(×)

### 형태 정보

받침이 있든 없든 **-자고**가 쓰인다. **-자고**는 동사 뒤에 쓰인다.

㉠ 가**자고**, 먹**자고**

### 도움말
**간접 인용의 '-자고':**

1. 어떠한 말을 간접적으로 옮겨 말할 때, 제안하는 내용의 말은 화계나 어미에 상관없이 모두 '-**자**'로 된다. 여기에 인용을 나타내는 조사 '**고**'가 붙어 '-**자고**'로 된다.

   예 1 : A: 내일 시장에 **가요**.  B: (A가) 뭐라고 해요?
   C: 내일 시장에 가**자고** 해요.

   예 2 : A: 우리는 오늘 **갑시다**.
   B: (A가) 뭐라고 해요?
   C: 우리는 오늘 가**자고** 해요.

2. 제안하거나 청유하는 내용을 간접적으로 옮겨 말하는 것을 나타내는 '-**자고**'는 '-**자**'로 줄여 쓰기도 한다.

   예 3 : 바다로 가**자고** 하는 걸 내가 반대했다.
   → 바다로 가**자** 하는 걸 내가 반대했다.

## -자마자 [회사에 도착하**자마자** 전화해 주세요.] 〔연결어미〕

1. 〔동사 뒤에 쓰여〕 앞의 행동이 진행되는 순간과 뒤의 행동이 일어나는 순간이 거의 동시적인 상태에 있음을 나타낸다.

   [비슷한말] -자², -는 대로
   [전체참고] '-자²'의 의미 항목 1과 동일한 의미이나, 앞의 사실과 뒤에 오는 사실의 시간적인 차이가 더 적을 때 '-자마자'를 쓰는 경향이 있다.

   예
   - 진수 씨가 나가**자마자** 과장님이 들어옵니다.
   - 회사에 도착하**자마자** 전화해 주세요.
   - 결혼하**자마자** 애를 낳았어요.

   **형태 정보**
   받침이 있든 없든 **-자마자**가 쓰인다. **-자마자**는 동사 뒤에 쓰인다.
   예 가**자마자**, 먹**자마자**

### 도움말

**'-자마자'와 '-는 대로'의 비교:**

1. '-는 대로'는 앞의 행위가 일어나고 그것이 유지되는 가운데 뒤에 오는 행위가 우연히 같이 발생하는 것을 나타낸다.

    예1 : 집밖을 나서**자마자** 비가 내리기 시작했다.(○)

    예2 : 집밖을 나서는 **대로** 비가 내리기 시작했다.(×)

2. '-는 대로' 다음에는 주로 앞으로 있을 일을 나타내는 것과 같이 쓰인다. '-**자마자**'에는 이런 제약이 없다.

    예1 : 미국에 도착하는 대로/도착하자마자 전화하세요.

    예2 : 미국에 도착하자마자/도착하는 대로(??) 친구 집으로 갔어요.

## -잖아 [내가 말했잖아.]

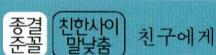 친구에게

1. 말하는이가 듣는이에게 자신의 말이 맞지 않느냐고 다시 생각하게 하면서 핀잔하듯이 말하는 것을 나타낸다.

   [높임말] -잖아요 예) 아직도 비가 오**잖아요**.
   [전체참고] '-지 않아'의 준꼴.

   예
   - 내가 아까 말했**잖아**.
   - 선생님은 벌써 집에 가셨**잖아**.
   - 내가 어제 이야기했**잖아**.

## -재 [너도 같이 가재.]

 친구에게

1. [동사 뒤에 쓰여] 권유하는 내용을 다시 인용하여 전달하는 것을 나타낸다.

   [높임말] -재요
   [관련어] -대, -내, -래
   [전체참고] 1. 말할 때 쓴다. 2. '-자고 해'의 준꼴.

   예
   - 너도 같이 가**재**.
   - 누나가 같이 밥 먹**재**.

- 아빠가 내일 등산 가**재**.

- 다음 일요일에 같이 공원에 가**재**.

2. 들어서 이미 알고 있는 권유한 내용을 물어 볼 때 사용한다. ● 듣다

예 • 나도 같이 가**재**?

• 같이 밥 먹**재**?

**형태 정보**

받침이 있든 없든 **-재**가 쓰인다. **-재**는 동사 뒤에 쓰인다.

예 가**재**, 먹**재**

**도움말**

**-재**의 높임 **-재요**:

예: • 같이 나가**재요**.

• 진수 씨, 선생님이 좀 보**재요**.

• 저도 같이 가**재요**?

• 언제 같이 밥 먹**재요**?

## 조차 [눈조차 뜰 수 없다.] 조사

1. [부정의 뜻을 나타내는 문장에 쓰여, 가장 쉽다고 생각되는 것을 나타내는 말에 붙어] '~도, ~마저도 (할 수 없어, 될 수 없어)'의 뜻. [비슷한말] 도, 까지, 마저

예 • 너무 아파서 식사**조차** 못하고 있어요.

• 침**조차** 삼킬 수 없을 정도로 목이 부었다. ● 붓다

- 머리가 너무 아파서 눈**조차** 뜰 수 없었다.

- 한국에서 마이클을 만나리라고는 생각**조차** 하지 못했어요.

### 형태 정보

받침이 있든 없든 **조차**가 쓰인다.

⑩ 아내**조차**, 남편**조차**

### 도움말

'까지'와 '조차'의 구별:

1. '**까지**'와는 달리, '**조차**'의 경우에는 말하는이의 태도가 나타난다.

   예1 : 그는 요리**조차** 못 한다.(말하는이가 요리가 가장 쉬운 것이라 생각하는 경우에 쓴다.)

   예2 : 그는 요리**까지** 못 한다.(말하는이가 어떠한 것을 전제하거나 하지 않는다.)

2. 부정적인 의미를 나타낼 때 '**조차**'는 주로 부정문에, '**마저**'와 '**까지**'는 긍정문과 부정문에 모두 쓰인다.

   예1 : 눈이 오는데 바람**조차** 부네요.(??)
   바람**마저** 부네요.(○)/바람**까지** 부네요.(○)

   예2 : 이렇게 더운데 비**조차** 안 오네요.(○)
   비**마저** 안 오네요.(○)/비**까지** 안 오네요.(○)

## -죠 [감기엔 쉬는 게 최고**죠**.]

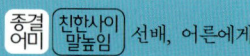 선배, 어른에게

1. 〔서술문에서〕 듣는이도 알고 있는 사실을 재확인시키거나, 자신의 이야기를 상대방에게 어느 정도 친근하게 말하는 것을 나타낸다.

   [본말] -지요
   [전체참고] 친근하게 말할 때 많이 쓴다.

   예 ▪ 감기엔 쉬는 게 최고**죠**.

- 애들이 다 그렇죠.
- 그 사진을 보면서 생각을 했죠.

2. 〔의문문에서〕 말하는이가 이미 알고 있으나, 다시 확인하거나 상대방에게 친근하게 물어 보는 뜻을 나타낸다.

예
- 날씨가 꽤 춥죠?
- 유미 씨, 지금 퇴근하나 보죠?
- 부모님과 함께 사시죠?

3. 〔주로 '-겠-'과 같이 쓰여〕 짐작하는 것을 나타낸다.

예
- 이메일이 벌써 도착했겠죠?
- 우표는 우체국에서 팔겠죠?
- 진수 씨는 지금쯤 여행을 하고 있겠죠.

4. 〔청유문이나 명령문에 쓰여〕 함께 하기를 권유하거나 의견을 제시하는 것을 나타낸다. ④참고 동사의 어간 뒤에만 쓰인다.

예
- 저하고 같이 가시죠.
- 빨리 한 잔 마시고 가시죠.
- 여기 앉으시죠.

**형태 정보**

받침이 있든 없든 **-죠**가 쓰인다. **-죠**는 동사와 형용사, '이다', '-았-', '-겠-' 뒤에 쓰인다.

예 가죠, 살죠(살다), 비싸죠, 먹죠, 좋죠, 학생이죠, 학생이 아니죠, 먹었죠, 먹겠죠

## -지¹ [날씨가 좋지.]  〔종결어미〕〔친한사이 말낮춤〕 친구에게

1. 〔서술문에서〕 듣는이도 알고 있는 사실을 재확인시키거나 자신의 이야기를 상대방에게 다정하게 말하는 것을 나타낸다.

   〔높임말〕 -지요
   〔관련어〕 -아²
   〔전체참고〕 말할 때 쓴다.
   〔1참고〕 '-았-, -겠-' 뒤에도 쓰인다.

   예 ▪ 너는 나를 여러 번 속였지.

   ▪ 너는 어릴 때 참 예뻤지.

   ▪ 바로 그 선생님이 나에게 한국말을 가르치셨지.

2. 〔의문문에서〕 말하는이가 알고 있는 것을 확인하듯이 친근하게 물어 보는 뜻을 나타낸다.

   〔2참고〕 '-지 않니'로 쓰여 확인하는 의미를 더 강하게 나타내기도 한다. 예 결혼하니까 행복하지 않니?

   예 ▪ 유미: 오늘 날씨가 정말 따뜻하지? 진수: 응, 정말 따뜻하네.

   ▪ 정말 오랜만이지?

   ▪ 결혼하니까 행복하지?

3. 〔의문문에서〕 상대방이 알고 있다고 생각하는 것을 다정하게 물어 보는 뜻을 나타낸다.

   예 ▪ 얘, 부모님은 어디 계시지?

   ▪ 너 지금 몇 학년이지?

   ▪ 언제부터 방학이지?

4. 〔서술문이나 의문문에서 주로 '-겠-'과 같이 쓰여〕 짐작하는 것을 나타낸다.

   〔4참고〕〔관련어〕 -아²

   예 ▪ 시간이 흐르다 보면 차츰 잊혀지겠지.

   ▪ 곧 좋아지겠지.

- 언제고 장가는 가게 되겠**지**.

- 살아 있으면 만나겠**지**.

**형태 정보**

받침이 있든 없든 **–지**가 쓰인다. **–지**는 동사, 형용사와 '이다', '–았–', '–겠–' 뒤에 쓰인다.

예) 가**지**, 비싸**지**, 먹**지**, 좋**지**, 학생이**지**, 학생이 아니**지**, 잡았**지**, 잡겠**지**

**도움말1**

'–지'의 높임 '–지요':

예: - 존슨 씨도 한국말을 배우고 있**지요**.

- 저도 젊었을 땐 예뻤**지요**.

- 날씨가 추워졌**지요**?

- 이 사람은 누구**지요**?

- 같이 가시**지요**.

- 우리 내일 만나**지요**.

**도움말2**

1. '–지'와 '–구나'의 비교:

'–지'는 말하는이가 '이미 알고 있는' 사실임을 나타낸다. '–구나'는 말하는이가 '비로소 알게 된' 사실임을 나타낸다.

예1: 채소가 많이 비싸**지**.

예2: 채소가 많이 비싸**구나**.

예 1은 채소가 많이 비싸다는 것을 이미 알고 있었음을 나타내는 데 반해, 예 2는 채소가 비싸다는 말하는 순간 비로소 알게 되었음을 나타낸다.

2. '–지'와 '–아'의 비교: ☞ '–아'의 도움말 2 (P.178).

## －지² [바쁘지 않아요.]

1. 용언의 어간과 보조 동사 '않다', '못하다', '말다'를 이어 준다.

   예
   - 오늘은 바쁘지 않습니다.
   - 한국 생활이 힘들지 않아요?
   - 가지 마세요.
   - 어제 모임에 가지 못해서 미안합니다.

2. 서로 대조되는 앞의 사실과 뒤의 사실을 대등하게 이어 주는 것을 나타낸다.

   예
   - 지금은 비가 오지 눈이 오지 않아요.
   - 진수는 회사에서 일하지 학교에 다니지 않아요.
   - 선생님, 학생들한테 시키지 왜 직접 하세요?

   > **형태 정보**
   > 받침이 있든 없든 －지가 쓰인다. －지는 동사와 형용사 뒤에 쓰인다.
   > 예 가지, 비싸지, 먹지, 좋지

---

## －지마는 [김치는 맵지마는 맛있어요.]

1. '－지만'의 본말. ☞ －지만(p.259)   [전체참고] 준말인 '－지만'이 더 많이 쓰인다.

   예
   - 김치는 맵지마는 맛있어요.
   - 한국에 산 지는 오래되었지마는 한국말은 잘 못한다.

**형태 정보**

받침이 있든 없든 **-지마는**이 쓰인다. **-지마는**은 동사, 형용사와 '-았-', '-겠-' 뒤에 쓰인다.

예) 가**지마는**, 비싸**지마는**, 먹**지마는**, 좋**지마는**, 잡았**지마는**, 먹겠**지마는**

## -지만 [조금 어렵지만 재미있어요.]  〔연결어미〕

1. 어떤 사실을 말하고 그에 대립되는 사실을 말하는 것을 나타낸다.

   예)
   - 한국말 공부는 조금 어렵**지만** 재미있어요.
   - 한국 음식은 조금 맵고 짜**지만** 맛이 있어요.
   - 눈이 오는 날은 좋**지만** 비가 오는 날은 싫어요.
   - 약을 먹었**지만**, 감기가 잘 낫지 않아요.
   - 이 집 안경은 값도 싸**지만** 질도 좋다.

   〔본말〕 -지마는
   〔비슷한말〕 -나, -는데
   〔전체참고〕 준말인 '-지만'이 '-지마는'보다 더 많이 쓰이고, '-지마는'은 주로 글에, '-지만'은 말할 때와 글에 두루 쓰인다.

2. '미안하다, 실례하다' 등의 말에 관용적으로 붙어 쓰인다.

   예)
   - 미안하**지만** 김 선생님 좀 바꿔 주세요.
   - 진수: 유미 씨, 내일 영화 보러 갈까요?
     유미: 미안하**지만** 내일은 안 돼요.
   - 유미: 여보세요. 거기 영수네 집이죠?
     아주머니: 실례**지만** 누구세요?

**형태 정보**

받침이 있든 없든 **-지만**이 쓰인다. **-지만**은 동사, 형용사와 '-았-', '-겠-' 뒤에 쓰인다.

예) 가**지만**, 비싸**지만**, 먹**지만**, 좋**지만**, 잡았**지만**, 먹겠**지만**

## -지 말다 [사진을 찍지 마세요.] 〔관용표현〕

1. 〔동사 뒤에 쓰여〕 어떤 행위를 하지 못하게 금지하는 것을 나타낸다.

   예
   - 이곳에 주차하**지 마십시오.** → 말다
   - 박물관 안에서 사진을 찍**지 마세요.**
   - 걱정하**지 마세요.**
   - 수업 중에 떠들**지 마.**
   - 너 혼자 가**지 마라.** 같이 가자.
   - 토요일 오후에는 영화관에 가**지 말자.**

   〔도움말〕 1. '-지 말다'는 명령문과 청유문에만 쓰인다. 서술문과 의문문에는 '-지 않다'가 쓰인다. 2. '-아', '-아라'가 결합하면 '마', '마라'가 된다. '-지 말아라'는 틀린 표현이지만, 말할 때에 흔히 잘못 사용한다. 예 떠들지 말아라.(×)

## -지 못하다 [친구를 자주 만나지 못해요.] 〔관용표현〕

1. 〔동사 뒤에 쓰여, 말하는 사람의 의지와 상관없이〕 '할 수 없음'의 뜻을 나타낸다.

   예
   - 표가 없으면 들어가**지 못합니다.**
   - 바빠서 편지를 쓰**지 못했어요.**
   - 친구를 자주 만나**지 못해요.**
   - 아파서 학교에 가**지 못했습니다.**

   〔도움말〕
   -지 못하다와 못~:
   '-지 못하다' 대신 '못 ~'으로 쓸 수 있다.
   예 1: 표가 없으면 들어가**지 못합니다.**

표가 없으면 **못** 들어갑니다.

예2: 바빠서 편지를 쓰**지 못했어요.**

바빠서 편지를 **못** 썼어요.

### 도움말 2

**-지 못하다와 -지 않다의 비교:**

'**-지 않다**'가 말하는이의 의도를 담은 부정을 나타내는 데 반해, '**-지 못하다**'는 상황에 따른 부정을 나타낸다. 따라서 '**-지 않다**'는 "할 수 있지만 하지 않겠다"는 의미를 가지고 있어 상대방을 기분 나쁘게 할 수도 있다.

예1: 선생님: 자, 내일 누가 올 수 있지요?

학생: 저는 오**지 않겠어요.** (부정의 의도 표시)

저는 오**지 못하겠어요.** (상황의 부정)

예2: 진수: 자, 빨리 가자.

유미: 나는 뛰**지 않겠어.** (부정의 의도 표시)

나는 뛰**지 못하겠어.** (상황의 부정)

## -지 않다 [학교에 가지 않아요.]

1. 〔동사와 형용사 뒤에 쓰여〕 **행위를 부정하거나 상태를 부정하는 것을 나타낸다.**

   예 • 일요일에는 학교에 가**지 않아요.**

   • 지금은 배가 고프**지 않습니다.**

   • 누구한테도 말하**지 않았어요.**

   • 당신을 만나**지 않겠어요.**

### 도움말1
'-지 않다'는 서술문과 의문문에만 쓰이고, 명령문과 청유문에는 '-지 말다'가 쓰인다.

### 도움말2
-지 않다와 안~:

'-지 않다' 대신 '안 ~'을 쓸 수 있다.

예1: 주말에는 회사에 가**지 않습니다**.
주말에는 회사에 **안** 갑니다.

예2: 지금은 배가 고프**지 않아요**.
지금은 배가 **안** 고파요.

### 도움말3
-지 않다와 같이 쓰이지 못하는 동사들:

'-지 않다'는 '알다', '깨닫다', '견디다'와 같은 동사와 같이 쓰일 수 없다.

예1: 나는 그 사실을 알**지 않아**.(×) / 알**지 못해**.(○)

예2: 제인은 그 때까지 자신이 마이클을 사랑했다는 사실을 깨닫**지 않았다**.(×) / 깨닫**지 못했다**.(○)

예3: 진수는 조금만 힘든 일도 견디**지 않는다**.(×) / 견디**지 못한다**.(○)

### 도움말4
-지 않다와 -지 못하다의 비교:

☞ '-지 못하다'의 도움말 (p.260).

---

## 처럼 [영화배우**처럼** 잘생겼어요.]   조사

1. 〔비슷한 두 대상을 비교하면서 그 중 하나를 나타내는 말에 붙어〕'~만큼 (같은 정도로)', '~과 같이'의 뜻.   비슷한말 만큼

예
- 하나코 씨는 한국 사람**처럼** 한국말을 잘해요.
- 제 동생은 농구 선수**처럼** 키가 커요. → 크다
- 마이클은 영화배우**처럼** 잘생겼어요.

2. 〔상태나 행위의 비유로 쓰인 말에 붙어〕 '~**같이**', '~**모양으로**'의 뜻.

관련어 같이
2참고 흔히 '마치 ~처럼'으로 쓰인다.

예
- 유미는 발레리나**처럼** 걸어요. → 걷다
- 마이클은 마치 주인**처럼** 행동합니다.

### 형태 정보
받침이 있든 없든 **처럼**이 쓰인다.
예 비**처럼**, 눈**처럼**

## 하고¹ [친구들하고 등산 가기로 했어요.]   조사

1. '~**과 (함께)**'의 뜻.

비슷한말 과², 랑
전체참고 1. 말할 때 주로 쓴다. 2. 주로 [하구]로 발음된다.

예
- 일요일에 친구들**하고** 등산 가기로 했어요.
- 누구**하고** 갔어요?
- 지금 누구**하고** 이야기하는 거예요? → 이다

2. 〔비교의 대상을 나타내는 말에 붙어〕 '~**과 (비교하여)**'의 뜻.

2참고 '비슷하다', '비교하다', '다르다', '같다', '가깝다', '친하다' 등과 같이 쓰인다.

예
- 너**하고** 나**하고**는 다르다.
- 그 아이는 너**하고** 비슷한 나이더구나.
- 너는 누구**하고** 제일 친하니?

3. 상대로 하는 대상임을 나타낸다.

[3참고] '만나다, 사귀다, 싸우다, 어울리다, 결혼하다' 등과 같이 쓰인다.

[예]
- 마이클은 하나코하고 결혼했어요.
- 길에서 우연히 진수하고 만났어요.
- 너, 나하고 사귀지 않을래?
- 그런 나쁜 아이들하고 어울리면 안 돼.

**형태 정보**

받침이 있든 없든 **하고**가 쓰인다.

[예] 친구하고, 선생님하고

## 하고² [빵하고 커피 한 잔 주세요.]

접속조사

1. 〔잇달아 쓰인 둘 이상의 여러 비슷한 사물을 나타내는 말에 붙어〕 '과 (그리고)'의 뜻.

[비슷한말] 과¹, 랑
[전체참고] 1. '과'와는 달리 연결되는 마지막 말에도 '하고'가 쓰일 수 있다.
[예] 빵하고 커피하고 먹어요(○)/빵과 커피와 먹어요(×) 2. 주로 [하구]로 발음된다.

[예]
- 빵하고 커피 한 잔 주세요.
- 방에는 텔레비전하고 침대가 있습니다.
- 이름하고 주소를 말씀해 주세요.
- 수영복하고 물안경하고 준비하세요.

**형태 정보**

받침이 있든 없든 **하고**가 쓰인다.

[예] 커피하고 빵, 빵하고 커피

## 하고³  ['쿵' 하고 소리가 났다.]

〖인용조사〗

1. 〔'말하다' 등의 서술어와 함께 쓰여〕 다른 사람이 말한 내용이나 소리를 직접 인용하여 쓰는 데에 쓰인다.

   〖관련어〗 라고
   〖전체참고〗 '라고'로 바꿔 쓸 수 없다. 예) 돼지가 "꿀꿀"이라고 울었다.(×)

   예
   - '쿵'하고 소리가 났다.
   - "가도 돼요?"하고 물었다. → 묻다
   - 어머니께서 "진수야!"하고 부르셨다.
   - 돼지가 "꿀꿀"하고 울었다.

   ▸ 형태 정보
   받침이 있든 없든 하고가 쓰인다.
   예) '쿵'하고, '하하'하고

   ▸ 도움말
   '하고'와 '라고'의 비교:

   '하고'와 '라고'는 다른 사람의 말을 직접 인용하는 것을 나타낸다. 단, 생각한 것의 내용이나 소리의 인용을 나타내는 데에는 '하고'만이 쓰인다.

   예1: ㄱ. "어서 오세요."하고 말했다.(○)
   ㄴ. "어서 오세요."라고 말했다.(○)

   예2: ㄱ. 유미는 "아빠!"하고 아빠 방으로 달려갔다.(○)
   ㄴ. 영희는 "아빠!"라고 아빠 방으로 달려갔다.(×)

   예3: ㄱ. "진수가 지금 집에 있을까?"하고 유미가 생각했다.(×)
   ㄴ. "진수가 지금 집에 있을까?"라고 유미가 생각했다.(○)

   예 1은 다른 사람이 말한 것을 직접 인용하거나 어떤 소리를 인용하여 말하는 것이므로 '하고'와 '라고'를 모두 쓸 수 있다. 그러나 예 2는 아이가 내는 소리를 인용하여 말하는 것이므로 '라고'를 쓸 수 없다. 예 3은 유미의 생각을 나타내는 것이므로 '하고'를 쓸 수 없다.

## 한테 [형한테 편지를 씁니다.] 조사

1. 〔'주다, 가르치다, 맡기다, 가다, 보이다'와 같은 말과 함께 쓰여〕 서술어의 동작이 미치는 대상을 나타낸다.

   [전체참고] 1. 사람이나 동물을 나타내는 말에 붙어 쓰인다. 2. '에게'의 입말이다.

   [예]
   - 가방을 친구**한테** 맡겼어요.
   - 저는 형**한테** 편지를 씁니다.
   - 이것은 너**한테** 주는 선물이다.
   - 그 책을 누구**한테** 주었어요?

2. 기준이나 비교의 대상을 나타낸다.

   [2참고] '맞다', '알맞다', '어울리다', '비하다'와 같은 서술어와 함께 쓰인다.

   [예]
   - 이 일이 저**한테** 잘 맞는지 모르겠습니다.
   - 이 옷이 유미**한테** 잘 어울리네요.
   - 진수**한테** 비하면 우리 영숙이는 아직도 애지.
   - 달리기만 하면 대성이는 항상 마이클**한테** 져요.

3. 〔피동문에서 행위의 주체를 나타내는 말에 붙어〕 '~에 의해'의 뜻을 나타낸다.

   [3참고] '빼앗기다', '밟히다', '쫓기다'와 같은 서술어와 함께 쓰인다.

   [예]
   - 진수**한테** 쫓기다가 넘어졌어.
   - 지나가는 사람**한테** 발이 밟혔어.

4. 〔어떠한 행위를 하도록 시킴을 받는 대상을 나타내는 말에 붙어〕 '~로 하여금', '~가 (~하도록)'의 뜻을 나타낸다.

   [4참고] '읽히다, 입히다, -게 하다' 등의 사동 표현에 쓰인다.

   [예]
   - 대성이**한테** 사 오게 시키자.
   - 어머니가 유미**한테** 책을 읽힙니다.

5. 〔어떠한 상태가 일어나는 고정된 위치를 나타내는 말에 붙어〕 '사이에, 안에'의 뜻을 나타낸다.

예
- 나**한테** 그 책이 있어.
- 누나**한테** 뭐 안 좋은 일 있어요?
- 너**한테** 색연필 있니?
- 나**한테** 돈이 좀 있다.

6. 〔어떠한 느낌을 가지게 하는 대상을 나타내는 말에 붙어〕 '~에 대하여'의 뜻을 나타낸다.

6참고 '느끼다', '실망하다'와 같은 서술어와 함께 쓰인다.

예
- 영희**한테** 미안해요.
- 당신**한테** 실망했어요.

형태 정보
받침이 있든 없든 **한테**가 쓰인다.
예 아내**한테**, 남편**한테**

## 한테서 [친구한테서 선물을 받았어요.]  조사

1. 〔말, 행동, 상황이 시작된 사람에 붙어〕 '~에게서', '~로부터'의 뜻.

전체참고 말할 때는 '한테서' 대신에 '한테'를 쓰기도 한다. 예 한국말을 누구**한테** 배워요?

예
- 친구**한테서** 선물을 받았어요.
- 한국말을 누구**한테서** 배우고 있어요?
- 어제 부모님**한테서** 편지가 왔습니다.
- 유미**한테서** 돈을 빌렸어요.

### 형태 정보

받침이 있든 없든 **한테서**가 쓰인다.

예) 너한테서, 남편한테서

# 찾아보기

## ㄱ

가 [제 친구가 왔어요.] ································ 19
같이 [얼음같이 차갑다.] ···························· 22
-거나 [등산을 하거나 책을 읽어요.] ·············· 22
-거든¹ [오늘 우리가 이겼거든.] ····················· 23
-거든² [먹기 싫거든 먹지 마라.] ··················· 24
-건 [네가 믿건 말건 난 상관없어.] ················ 25
게¹ [내게 주세요.]. ······································ 26
-게² [자네가 먼저 먹게.] ······························ 27
-게³ [너 집에 가게?] ···································· 27
-게⁴ [모두가 다 먹을 수 있게 많이 만들자.] ··· 29
-게 되다 [회사가 문을 닫게 되었어요.] ········· 31
-게 생겼다 [귀엽게 생겼어요.] ····················· 31
-게 하다 [피아노를 치게 하셨다.] ················ 32
-겠- [학교에 늦겠다.] ································· 32
고¹ [도시고 시골이고 인터넷이 다 된다.] ······ 34
-고² [열이 나고 목도 아팠어요.] ··················· 35
-고 가다 [모자를 쓰고 갑니다.] ···················· 36
-고 계시다 [할머니께서 신문을 읽고 계십니다.] ······ 37
-고 나서 [밥 먹고 나서 과자를 먹어라.] ········ 37
-고서 [문을 열고서 보아라.] ························ 37
-고 싶다 [저녁을 사고 싶습니다.] ················ 38
-고 싶어하다 [유미가 집에 가고 싶어해요.] ··· 39
-고 있다 [밥을 먹고 있어요.] ······················· 39
과¹ [흰색과 빨간색 티셔츠를 샀어요.] ········· 40
과² [부모님과 함께 삽니다.] ························ 40
~과 같은 [눈, 코, 입과 같은 것] ··················· 43
~과 같이 [그림과 같이 가격에 따라 분류할 수 있다.] ······ 43
~과 달리 [일본 사람과 달리 밥을 숟가락으로 먹는다.] ······ 43
-구나 [키가 크구나.] ··································· 43
-군 [날씨가 좋군.] ······································ 44

-기 [비가 오기 시작했다.] ················································· 45
-기가 쉽다 [살이 찌기가 쉽다.] ········································· 47
-기 때문에 [잠만 자기 때문에 이야기 할 시간이 없다.] ········· 47
-기로 하다 [수영장에 가기로 했어요.] ································ 47
-기 시작하다 [비가 오기 시작해요.] ··································· 47
-기에 [겉으로 보기에 비싸 보인다.] ··································· 48
-기 위한 [놀이를 하기 위한 넓은 장소] ····························· 48
-기 위해서 [한국말을 배우기 위해서 한국에 가요.] ············· 48
-기 전에 [세수를 하기 전에 이를 닦습니다.] ······················ 48
까지[1] [처음부터 끝까지 다 읽었어.] ································· 49
까지[2] [비까지 오다니.] ····················································· 49
께 [선생님께 질문해요.] ····················································· 51
께서 [선생님께서 글씨를 쓰십니다.] ··································· 52

# ㄴ

ㄴ[1] [난 안 가.] ···································································· 53
-ㄴ[2] [예쁜 여자] ································································· 54
-ㄴ[3] [어제 그린 그림] ························································ 55
-ㄴ 뒤에 [비가 온 뒤에 추워졌다.] ····································· 55
-ㄴ 적이 있다 [서울에 가 본 적이 있다.] ··························· 56
-ㄴ지 [어떤 생각인지 말해 주세요.] ·································· 56
-ㄴ 지 [한국에 온 지 일 년이 지났어요.] ··························· 57
-ㄴ 후에 [수업이 끝난 후에 만나요.] ································· 58
나[1] [커피나 녹차] ······························································· 58
나[2] [커피나 마시자.] ·························································· 59
-나[3] [자네 이제 오나?] ······················································ 59
-나[4] [무슨 일이 있나?] ······················································ 60
-나[5] [비는 오나 바람은 불지 않는다.] ······························ 61
-나 보다 [비가 오나 봐요.] ················································ 62
나마 [이거나마 먹어라.] ····················································· 62
-나마나 [극장에 가나마나 표가 없다.] ································ 62
-냐 [너 어디 아프냐?] ························································ 63
-네[1] [자네를 이해하네.] ······················································ 64
-네[2] [밖에 비가 오네.] ······················································· 65

-느냐 [어디를 가느냐?] ·········································· 65
-느냐고 [뭐라고 부르느냐고?] ································· 66
-느내 [어디로 가느내?] ·········································· 67
-느니¹ [그런 사람과 결혼하느니 혼자 살겠어요.] ······ 67
-느니² [극장에 가느니 마느니 모두 의견이 달랐다.] ·· 68
-느라 [농장을 돌보느라 바쁘다.] ···························· 69
-느라고 [영화를 보느라고 점심을 못 먹었다.] ········· 69
는¹ [저는 학생입니다.] ·········································· 71
-는² [공부하는 사람들] ·········································· 73
-는가¹ [자네 어디 가는가?] ···································· 74
-는가² [환경 문제는 왜 나타나는가?] ······················ 75
-는걸 [날씨가 추워지는걸.] ··································· 75
-는 것 [먹는 것] ·················································· 76
-는 것 같다 [비가 오는 것 같아요.] ······················· 77
-는다 [학생들이 책을 많이 읽는다.] ························ 77
-는 대로 [퇴근하는 대로 같이 가 보자.] ················· 78
-는 대신 [대답을 하는 대신 전화를 끊었다.] ·········· 79
-는데¹ [정말 잘 먹는데.] ······································· 79
-는데² [산책하러 가는데 같이 가요.] ······················ 81
-는데도 [내가 가는데도 그는 듣지 못했다.] ············ 82
-는 동안 [친구를 기다리는 동안 신문을 봅니다.] ···· 83
-는 바람에 [교통사고가 나는 바람에 길이 막혔다.] · 83
-는 중이다 [시내에 나가는 중이에요.] ···················· 84
-는지 [어디에 있었는지 말해.] ······························· 84
-는 척하다 [모르는 척한다.] ·································· 85
-는 체하다 [자기 아내를 사랑하는 체한다.] ············ 85
-는 편이다 [공부를 잘하는 편이다.] ······················· 86
니¹ [과자니 빵이니 많이 샀다.] ······························ 86
-니² [너 뭐 먹니?] ················································ 86
-니³ [지금 생각하니 우습다.] ································· 87
-니까 [비가 오니까 우산을 가져가세요.] ················· 88

## ㄷ

다¹ [사과다 귤이다] ······ 90
-다² [가다] ······ 90
-다³ [이것은 책이다.] ······ 91
-다⁴ [한국 대학생 백두산에 오르다.] ······ 91
-다⁵ [먹다 남긴 밥] ······ 92
-다가 [비가 오다가 이제는 눈이 온다.] ······ 92
-다고¹ [그래, 알았다고.] ······ 94
-다고² [그는 바쁘다고 매우 서둘렀다.] ······ 96
-다고³ [밥을 먹었다고 했다.] ······ 96
-대 [건강이 안 좋대.] ······ 98
대로 [내 말대로 해 봐.] ······ 98
-대요¹ [진수가 또 거짓말했대요.] ······ 99
-대요² [월급이 아주 많대요.] ······ 100
-더- [집에 없더라.] ······ 101
-더군요 [집이 그리워지더군요.] ······ 102
-더니 [잠을 못 잤더니 피곤하군요.] ······ 103
-더라 [나를 찾아왔더라.] ······ 104
-던 [언니가 결혼하던 날] ······ 105
-던가 [내가 말 안 했던가?] ······ 106
도 [친구도 같이 가요.] ······ 107
-도록 [제가 그 일을 하도록 허락해 주세요.] ······ 109
든¹ [뭐든 괜찮으니까 많이 사 와.] ······ 110
-든² [어딜 가든 사람이 많다.] ······ 111
-든지 [가든지 말든지 마음대로 해.] ······ 111
-듯 [땀이 비 오듯 쏟아진다.] ······ 112
-듯이 [얼굴이 다르듯이 나라마다 문화도 다르다.] ······ 113
따라 [오늘따라 기분이 좋다.] ······ 113

## ㄹ

ㄹ¹ [널 좋아해.] ······ 114
-ㄹ² [지금쯤 대학교에 다닐 너] ······ 115

-ㄹ 거야 [난 부산에 갈 거야.] ········· 116
-ㄹ 거예요 [비가 올 거예요.] ········· 116
-ㄹ걸¹ [이를 뽑을 때 많이 아플걸.] ········· 117
-ㄹ걸² [밥이라도 많이 먹고 올걸.] ········· 119
-ㄹ 겁니다 [내일 출장을 갈 겁니다.] ········· 119
-ㄹ 것¹ [9시까지 올 것] ········· 120
-ㄹ 것² [마실 것] ········· 120
-ㄹ 것 같다 [비가 올 것 같다.] ········· 120
-ㄹ게 [맛있는 것 사 줄게.] ········· 120
-ㄹ까 [토요일에 뭐 할까?] ········· 122
-ㄹ까 하다 [내일은 산에 갈까 해요.] ········· 123
-ㄹ께 ········· 124
-ㄹ 때 [점심을 먹고 있을 때 대성이가 찾아왔다.] ········· 124
-ㄹ래 [수영하러 갈래.] ········· 124
-ㄹ 뻔하다 [큰일날 뻔했어요.] ········· 125
-ㄹ 수 없다 [지금 갈 수 없어요.] ········· 126
-ㄹ 수 있다 [한국말로 편지를 쓸 수 있어요.] ········· 126
-ㄹ 줄 모르다 [피아노를 칠 줄 몰라요.] ········· 126
-ㄹ 줄 알다 [수영할 줄 알아요?] ········· 127
-ㄹ지 [언제 올지 알아요?] ········· 127
-ㄹ 테니까 [지하철은 복잡할 테니까 택시 타고 가요.] ········· 128
-ㄹ 텐데 [바쁠 텐데 가 보세요.] ········· 129
-라 [그는 학생이 아니라 회사원이야.] ········· 129
-라고¹ ["싫어."라고 했다.] ········· 130
-라고² [저 사람은 직업이 선생님이라고 해요.] ········· 130
-라고³ [10시까지 오라고 하는데요.] ········· 131
-라면¹ [노래라면 저도 잘해요.] ········· 133
-라서 [내일이 친구 생일이라서 선물을 사려고 해요.] ········· 133
-랑 [너랑 나랑] ········· 134
-래¹ [누가 아니래?] ········· 134
-래² [선생님이래.] ········· 135
-래³ [거기서 기다리래.] ········· 135
-러 [운동을 하러 체육관에 가요.] ········· 136
-려 [아이들이 뭔가 말하려 했다.] ········· 138

-려고 [저녁을 먹으러 가려고 시내버스를 탔다.] ·············· 138
-려고 하다 [백화점에 가려고 해요.] ·············· 139
-려면 [남자 옷을 사려면 4층으로 가세요.] ·············· 140
-려면 멀었다 [수업이 끝나려면 아직 멀었어요.] ·············· 140
로 [사무실로 오세요.] ·············· 141
로부터 [나뭇잎이 가지로부터 떨어진다.] ·············· 143
로서 [네 친구로서 말한 것이다.] ·············· 144
로써 [이메일로써 안부를 주고받아요.] ·············· 145
~로 해서 [어디로 해서 갈까요?] ·············· 146
를 [주로 차를 마셔요.] ·············· 146
~를 위하여 [회사를 위하여 무엇을 할까.] ·············· 150

## ㅁ

-ㅁ [어딜 가든 학생임을 잊어버리지 마라.] ·············· 150
-마 [편지를 보내마.] ·············· 151
마다 [주말마다 산에 가요.] ·············· 151
마저 [추운 데다가 바람마저 불었다.] ·············· 152
만 [아빠는 동생만 데리고 가셨어요.] ·············· 153
만큼 [개가 송아지만큼 커요.] ·············· 154
말고 [그것말고 다른 거 없어요?] ·············· 155
-며 [누나는 의사이며 엄마는 약사다.] ·············· 156
면[1] [공부면 공부] ·············· 157
-면[2] [배가 고프면 식사하러 가세요.] ·············· 158
-면 되다 [그냥 오시면 돼요.] ·············· 159
-면서 [텔레비전을 보면서 밥을 먹어요.] ·············· 160
-면 안 되다 [이곳에 주차하면 안 돼요.] ·············· 161
-면 좋겠다 [우리 집에 오면 좋겠다.] ·············· 162
-므로 [진수는 고등학생이므로 술집에 갈 수 없습니다.] ·············· 162

## ㅂ

-ㅂ시다 [산에 갑시다.] ·············· 163
밖에 [두시간 밖에 못 잤어요.] ·············· 163
보고 [너보고 오래.] ·············· 164
보다 [지하철이 버스보다 빠릅니다.] ·············· 165

부터¹ [10시부터 12시까지 수업을 들어요.] ················ 166
부터² [밥부터 먹어요.] ················ 166
뿐 [나를 도와 줄 사람은 누나뿐이다.] ················ 167

## ㅅ

서¹ [둘이서 살고 있어요.] ················ 168
서² [서울서 삽니다.] ················ 168
-세요 [할머니께서는 시골에서 사세요.] ················ 169
-셔 [선생님께서 오셔.] ················ 170
-셨- [마이클씨가 오셨어요.] ················ 170
-습니까 [어디에 있습니까?] ················ 171
-습니다 [만나서 반갑습니다.] ················ 172
-시- [할머니께서 오시기로 했어요]. ················ 172
-십시오 [이리로 오십시오.] ················ 174

## ㅇ

아¹ [대성아] ················ 175
-아² [편지를 받아.] ················ 176
-아³ [우리는 책상에 앉아 공부했어요.] ················ 178
-아 가다 [선물을 사 가세요.] ················ 181
-아 가지고 [김밥을 사 가지고 오세요.] ················ 181
-아 계시다 [할머니께서 앉아 계십니다.] ················ 182
-아 놓다 [저녁을 준비해 놓으세요.] ················ 182
-아다 [고기를 잡아다 병에 넣어요.] ················ 182
-아다가 [아기를 안아다가 침대에 눕힙니다.] ················ 183
-아도 [손을 잡아도 돼요.] ················ 185
-아도 되다 [이제 집에 가도 돼요.] ················ 186
-아 두다 [여기에 놓아 두세요.] ················ 186
-아 드리다 [부모님께 선물을 사 드립니다.] ················ 187
-아라¹ [여기 앉아라.] ················ 187
-아라² [아이고, 좋아라.] ················ 188
-아 버리다 [파리를 잡아 버리세요.] ················ 189
-아 보다 [신발을 신어 보세요.] ················ 189
-아 보이다 [얼굴이 좋아 보여요.] ················ 190

-아서 [친구를 만나서 영화를 봤어요.] ······ 190
-아서 죽겠다 [아파서 죽겠어요.] ······ 193
-아야 [편지를 받아야 답장을 쓰지요.] ······ 194
-아야 되다 [숙제를 꼭 해야 돼요.] ······ 195
-아야 하다 [집에서 쉬어야 해.] ······ 195
-아야겠- [꼭 대학교에 가야겠다고 생각했어요.] ······ 195
-아야지 [잠이나 푹 자야지.] ······ 196
-아 오다 [책을 읽어 오세요.] ······ 197
-아요 [서울에서 살아요.] ······ 198
-아 있다 [침대에 누워 있어요.] ······ 200
-아 주다 [문 좀 열어 주세요.] ······ 200
-아지다 [기분이 좋아져요.] ······ 200
-았- [사진을 찾았어요.] ······ 201
-았다가 [창문을 닫았다가 열었어.] ······ 202
-았더니 [회사에 갔더니 아무도 없었어요.] ······ 203
-았던 [어릴 때 내가 살았던 동네] ······ 204
-았었- [부산에 살았었어요.] ······ 204
-았으면 [좀 쉬었으면 출발합시다.] ······ 205
-았으면 하다 [빨리 방학이 되었으면 해요.] ······ 206
야¹ [유미야] ······ 207
야² [너야 물론 예쁘지.] ······ 207
-야³ [미국 사람이야.] ······ 208
에 [학교에 가요.] ······ 208
에게 [친구에게 이메일을 써요.] ······ 212
에게서 [동생에게서 전화가 왔습니다.] ······ 215
~에 관해서 [골프에 관해서 아는 것이 없다.] ······ 215
에다 [화분에다 물을 주었어요.] ······ 216
에다가¹ [감기에다가 몸살까지 걸렸다.] ······ 216
에다가² [국에다가 소금을 넣으세요.] ······ 217
~에 대해서 [컴퓨터에 대해서 잘 몰라요.] ······ 218
에도 [비 오는 날에도 산책을 해요.] ······ 218
~에 따라 [회사에 따라 토요일에 쉬는 곳도 있어요.] ······ 219
~에 비해서 [지하철이 버스에 비해서 빠릅니다.] ······ 219
에서 [학생들이 교실에서 공부하고 있어요.] ······ 219

에서부터 [머리에서부터 발끝까지 ~] ····· 221
-에요 [저는 학생이에요.] ····· 222
~에 좋다 [건강에 좋아요.] ····· 223
-예요 [집이 어디예요?] ····· 223
-오 [우리는 지금 가오.] ····· 224
와 [어머니와 아버지] ····· 225
요 [질문이 있어요.] ····· 225
으로 [집으로 돌아갔다.] ····· 226
은 [한국말은 배우기가 어렵다.] ····· 227
을 [책을 펴세요.] ····· 227
의 [개의 주인] ····· 228
이 [학생이 와요.] ····· 231
이고 [술이고 뭐고 모두 마셔 버렸다.] ····· 231
이나¹ [연필이나 볼펜으로 쓰세요.] ····· 232
이나² [잠이나 자자.] ····· 232
이나마 [잠깐이나마 행복했어요.] ····· 234
이니 [책이니 신문이니 가리지 않고 읽어요.] ····· 234
이다¹ [책이다 노트다~] ····· 235
이다² [여기가 서울입니다.] ····· 235
이든 [무엇이든 구할 수 있다.] ····· 237
이든가 [귤이든가 배든가 가지고와.] ····· 238
이든지 [책이든지 잡지든지 다 읽어요.] ····· 238
이라고¹ ["비가 오겠군."이라고 말했다.] ····· 239
이라고² [월급이라고 얼마 안 돼.] ····· 240
이라도 [라면이라도 먹어요.] ····· 240
이라면 [한국말이라면 다나까씨가 제일 잘하지요.] ····· 241
이라야 [김선생님이라야 그 일을 할 수 있어요.] ····· 242
이란¹ [사랑이란 두 사람이 서로 믿는 것이다.] ····· 242
이란² [창문이란 창문은 모두 닫혀 있었다.] ····· 243
이랑¹ [찌개랑 밥이랑 많이 먹었어요.] ····· 243
이랑² [친구들이랑 영화를 봤어요.] ····· 244
이며 [옷이며 수건 등을 가지고 오세요.] ····· 245
이면 [운동이면 운동, 못하는 게 없다.] ····· 245
이야 [밥이야 먹지만 여행은 가기 힘들어.] ····· 246

이야말로 [책이야말로 가장 좋은 선물이다.] ·········································· 247
이여 [신이여 제 기도를 들어 주세요.] ············································· 248

## ㅈ

-자¹ [수영하러 가자.] ································································· 248
-자² [자동차에서 내리자 비가 오기 시작했어요.] ································· 249
-자고 [너 좀 보자고~] ································································ 250
-자마자 [회사에 도착하자마자 전화해 주세요.] ··································· 251
-잖아 [내가 말했잖아.] ······························································· 252
-재 [너도 같이 가재.] ································································· 252
조차 [눈조차 뜰 수 없다.] ··························································· 253
-죠 [감기엔 쉬는 게 최고죠.] ························································ 254
-지¹ [날씨가 좋지.] ···································································· 256
-지² [바쁘지 않아요.] ································································· 258
-지마는 [김치는 맵지마는 맛있어요.] ··············································· 258
-지만 [조금 어렵지만 재미있어요.] ················································· 259
-지 말다 [사진을 찍지 마세요.] ···················································· 260
-지 못하다 [친구를 자주 만나지 못해요.] ······································· 260
-지 않다 [학교에 가지 않아요.] ···················································· 261
처럼 [영화배우처럼 잘생겼어요.] ··················································· 262

## ㅎ

하고¹ [친구들하고 등산 가기로 했어요.] ········································· 263
하고² [빵하고 커피 한 잔 주세요.] ················································ 264
하고³ ['쿵' 하고 소리가 났다.] ······················································ 265
한테 [형한테 편지를 씁니다.] ······················································· 266
한테서 [친구한테서 선물을 받았어요.] ············································ 267

### 이 희 자

연세대학교 국어국문학과 학부, 대학원에서 공부하고 독일 베를린 자유대에서 언어학 박사 학위를 받았다. 연세대학교 언어정보원의 연구 교수 및 '사전편찬실' 팀장, 연세 한국어학당 강사를 역임하였고, 현재 경인교육대학교 국어교육과 교수로 재직하고 있다.

국어 문법, 텍스트 문법을 전공하였으며 현재는 한국어 교육 문법에 관심을 가지고 있고, 사전편찬 전문가로서 《겨레말큰사전》 남북사전편찬사업의 편찬위원으로 활동 중이다. 저서로는 《한국어 학습용 어미·조사 사전》(공저), 《사전식 텍스트 분석적 국어 조사의 연구》(공저), 《사전식 텍스트 분석적 국어 어미의 연구》(공저), 《연세초등국어사전》(공저), 《인터넷에서 가장 많이 틀리는 한국어》(공저), 《초등학습용어사전》(공저) 등이 있다.

### 이 종 희

연세대학교 국어국문학과 학부, 대학원에서 공부하고 문학 박사 학위를 받았다. 연세대학교 언어정보원의 연구 교수 및 '사전편찬실' 팀장, SUV 국제어학원 원장을 역임하였고, 현재는 경희대학교, 경인교육대학교에서 가르치고 있다.

국어학을 전공하였으며, 한국어 교육에서 외국 사람을 위한 문법이 따로 기술되어야 한다는 인식을 가지고 있다. 저서로 《한국어 학습용 어미·조사 사전》(공저), 《국어 어미의 의미 연구》, 《사전식 텍스트 분석적 국어 조사의 연구》(공저), 《사전식 텍스트 분석적 국어 어미의 연구》(공저), 《초등학습용어사전》(공저) 등이 있다.

이희자·이종희 공저
- 《사전식 텍스트 분석적 국어 조사의 연구》(1998)
- 《사전식 텍스트 분석적 국어 어미의 연구》(1999)
- '전문가용'《한국어 학습용 어미·조사 사전》(2001)
- '학습자용'《한국어 학습자용 어미·조사 사전》(2006)
- 《초등학습용어사전》 제1권~제4권 (2007)

이희자 논문 및 저서
- 《연세초등국어사전》(2000)의 제 1 집필 및 편집
- 《연세한국어사전》(1998) 공동 편찬
- 《인터넷에서 가장 많이 틀리는 한국어》(2006)
- 《선생님을 위한 문법책》(2007) 등의 저서와 50여 편의 논문이 있다.

이종희 논문 및 저서
- 《국어 어미의 의미 연구》(2005) 등 10여 편의 논문이 있다.

### 한국어 학습 초급용 어미·조사 사전

| | |
|---|---|
| 인 쇄 | 2008년 5월 20일(초판 1쇄) |
| 발 행 | 2008년 5월 30일(초판 1쇄) |
| 지은이 | 이 희 자 · 이 종 희 |
| 발행인 | 김 진 수 |
| 편 집 | 하 경 민 |
| 발행처 | 한국문화사 |
| 등 록 | 제2-1276호(1991.11.9) |
| 주 소 | 서울시 성동구 성수1가2동 656-1683 두앤캔B/D 502호 |
| 전 화 | (02) 464-7708, 3409-4488 |
| 팩 스 | (02) 499-0846 |
| 홈페이지 | www.hankookmunhwasa.co.kr |
| 이메일 | hkm77@korea.com |
| 가 격 | 15,000원 |
| ISBN | 978-89-5726-558-1 91710 |

잘못된 책은 교환해 드립니다.

# 찾아보기

**자음순서** ㄱㄲㄴㄷㄸㄹㅁㅂㅃㅅㅆㅇㅈㅉㅊㅋㅌㅍㅎ
**모음순서** ㅏㅐㅑㅒㅓㅔㅕㅖㅗㅘㅙㅚㅛㅜㅝㅞㅟㅠㅡㅢㅣ

| | | |
|---|---|---|
| **ㄱ** | 가 | 19 |
| **ㄴ** | ㄴ[1] | 53 |
| **ㄷ** | 다[1] | 90 |
| **ㄹ** | ㄹ[1] | 114 |
| **ㅁ** | -ㅁ | 150 |
| **ㅂ** | -ㅂ시다 | 163 |
| **ㅅ** | 서[1] | 168 |
| **ㅇ** | 아[1] | 175 |
| **ㅈ** | -자[1] | 248 |
| **ㅊ** | 처럼 | 262 |
| **ㅎ** | 하고[1] | 263 |

어미 · 조사사전을 위한

# 한국어 사전

## 일러두기

- 문법 용어는 [문법] 표시를 했다.

- 어려운 뜻풀이 용어는 파란색으로 표시를 했다.

- 다른 나라 말로 표현할 수 없는 '되다' 결합형이나 일부 문법 용어는 ( * ) 이 표시로 대신했다.

| 한국어 | 영어 | 일본어 | 중국어 |
|---|---|---|---|
| | | ㄱ | |
| 문법 1인칭 | the first person | 一人称 | 第一人称 |
| 문법 2인칭 | the second person | 二人称 | 第二人称 |
| 2호선 | line no. 2 | 2号線 | 2号线(地铁) |
| 문법 3인칭 | the third person | 三人称 | 第三人称 |
| 21세기 | 21st century | 21世紀 | 21世纪 |
| 가격 | price | 価格 | 价格 |
| 가깝다 | to be close | 近い | 近(形) |
| 가난하다 | to be poor | 貧しい | 贫穷(形) |
| 가능성 | possibility | 可能性 | 可能性 |
| 가능하다 | to be possible | 可能だ | (有)可能(形) |
| 가득하다 | to be full of | いっぱいだ | 满(表示有很多)(形) |
| 가루약 | medicinal powder | 粉薬 | 药末, 药粉 |
| 가르치다 | to teach | 教える | 教, 教导(动) |
| 가리지 않다 | to disregard | * | 没问题, 都行 |
| 가리키다 | to point at | 指さす | 指, 指向(动)方向ほうこ |
| 문법 가리키는 말 | demonstrative | 指示語 | 指引 |
| 가만있다 | to remain still | おとなしくしている、黙っている | 默不作声, 老实呆着(动) |
| 가만히 | still, quietly | 静かに / ひっそり / そっと | 默不作声地, 静静地(副) |
| 가방 | bag | カバン | 提包, 书包 |
| 가볍다 | to be light | 軽い | 轻(形) |
| 가수 | singer | 歌手 | 歌手 |
| 가엾다 | to be pitiful | かわいそうだ、あわれだ | 可怜(形) |
| 가운데 | middle | 真中 | 中间 |
| 가위 | scissors | はさみ | 剪刀 |
| 가을 | fall, autumn | 秋 | 秋天, 秋季 |
| 가장 | the first | もっとも、一番 | 最~(副) |
| 가정[1] | home, family | 家庭 | 家庭 |
| 가정[2] | supposition | 仮定 | 假定 |
| 가정교사 | private teacher, tutor | 家庭教師 | 家庭教师 |
| 가정하다 | to assume, to suppose | 仮定する | 假定, 假设(动) |
| 가져가다 | to take along, take away | 持って行く | 拿走, 取走(动) |
| 가족 | family | 家族 | 家庭, 家人, 家族 |
| 가지고 가다 | * | 持って行く | 带走 |
| 가지고 오다 | * | 持って来る | 拿来, 拿过来 |

| 가지고 있다 | | * | 持っている | 持有 |
|---|---|---|---|---|
| 각각 | | each | 各各 | 各自(副) |
| 각자 | | each one | 各自 | 每个人, 各自 |
| 간단하다 | | to be simple | 簡単だ | 简单(形) |
| 간접 | | indirectness | 間接 | 间接 |
| [문법] 간접 목적어 | | indirect objective | * | 近宾语 |
| [문법] 간접 인용 | | indirect quotation | 間接引用 | 间接的 引用 |
| 간접적 | | indirect | 間接的 | 间接的(形) |
| 간편하다 | | to be handy | 手軽で、便利だ | 简便(形) |
| 갈비 | | rib | カルビ | 排骨 |
| 갈아입다 | | to change (clothes) | 着替きがえる | 换(衣服等)(动) |
| 갈아타다 | | to change (cars, trains), to transfer | 乗り換える | 换乘(动) |
| 감기 | | cold | 風邪 | 感冒 |
| 감다 | 눈을 ~ | to close (eyes) | (目めを)閉じる | 闭(眼睛) |
| 감사하다 | | to thank, to be thankful | 感謝する | 感谢(动) |
| 감자 | | potato | ジャガイモ | 土豆 |
| 감정 | | feelings, emotion | 感情 | 感情, 情绪 |
| 감정적 | | emotional | 感情的 | 情绪化的, 富有感情的 |
| 갑자기 | | suddenly, all of a sudden | 急に、突然 | 突然(副) |
| 값 | | price | 値段 | 价钱 |
| 강 | | river | 川 | 江 |
| [문법] 강세 | | stress, accent | ストレス、アクセント | 重音, 语调 |
| 강원도 | | Gangwon province | 江原道 | 江原道 |
| 강조 | | emphasis | 強調 | 强调 |
| 강하다 | | to be strong | 強い | 强, 坚强(形) |
| 갖다 | | to have | 持つ | 带, 拿(动) |
| 갖추다 | | to prepare [for] | 整える | 具备(动) |
| 같다 | | to be the same, to be identical | 同だ | 相同, 一样(形) |
| 같이 | | together | いっしょに | 一起(副) |
| 갚다 | | to repay, to pay back | 深い | 偿还(动) |
| 개¹ | | dog | 犬 | 狗 |
| 개² | 두 개 | a piece, unit | 個 | 个 |
| 개구쟁이 | | naughty boy, mischievous boy | いたずらっ子 | 淘气鬼 |
| 개씩 | 두 개씩 | each | 個ずつ、ずつ | ~个的 |
| 개월 | 3개월 | month (numeral) | ヵ月 | ~个月 |
| 객관적 | | objective | 客觀的 | 客观的 |

| 한국어 | | 영어 | 일본어 | 중국어 |
|---|---|---|---|---|
| 거기 | | there | そこ | 那里, 那边 |
| 거실 | | living room | 居間 | 客厅 |
| 거의 | | almost | ほとんど | 差不多, 几乎(副) |
| 거절하다 | | to refuse | 断わる | 拒绝(动) |
| 거짓 | | lie, falsehood | 嘘、偽り | 假话, 谎言 |
| 거짓말 | | lie, falsehood | 嘘、虚言 | 谎话, 假话 |
| 거치다 | | to pass, go through | ふれる | 经过, 经历(动) |
| 걱정 | | worry | 心配 | 担心 |
| 건강 | | health | 健康 | 健康 |
| 건강하다 | | to be healthy | 健康だ | 健康(形) |
| 건 | 것은 | * | ことは | ~的情况(主格) |
| 건너다 | | to cross | 渡る | 过, 渡(动) |
| 건물 | | building | 建物 | 楼, 建筑物 |
| 걷다 | | to walk | 歩く, たたむ | 走, 走路(动) |
| 걸-것을 | | * | ことを | * |
| 걸리다 | | to take, to require (time) | かかる | 费时, 需要(时间)(动) |
| 걸어가다 | | to walk, to go on foot | 歩いて行く | 走着去(动) |
| 걸음 | | step | 歩き | 脚步, 步伐 |
| 검사 | | inspection, check | 検査 | 检查, 调查 |
| 검은 색 | | black | 黒色 | 黑色 |
| 겁니다 | 것입니다 | * | ～つもりです、～予定です／～でしょう | 将要做~(敬体) |
| 것 | | thing, the one | こと／もの | ~的(名词化) |
| 겉 | | surface, outside | 表、上べ | 表面, 外表 |
| 게 | 것이 | * | * | * |
| 게임 시디 | | game CD | ゲームCD | 游戏CD |
| 겨우 | | barely | やっと／わずか | 勉强地, 好不容易地(副) |
| 겨울 | | winter | 冬 | 冬天, 冬季 |
| 격식적 | | formal | 格式的 | 格式的, 形式的 |
| 문법 격식체 | | formal speech style | * | 敬辞 |
| 겪다 | | to undergo, to experience | 経験する | 经过, 经历(动) |
| 견디다 | | to endure (hardships), to bear | 耐える | 经得住 |
| 결과 | | result | 結果 | 结果 |
| 결심 | | determination | 決心 | 决心(名) |
| 결심하다 | | to determine | 決心する | 决心(动) |
| 결정 | | decision, conclusion | 決定 | 决定(名) |
| 결정하다 | | to decide | 決定する | 决定(动) |
| 결합 | | union, combination | 結合 | 结合(名) |

| | | | |
|---|---|---|---|
| 결합되다 | to be combinated | * | * |
| 결합하다 | to combine | 結合する | 结合(动) |
| 결합형 | combined form | * | 结合型 |
| 결혼 | marriage | 結婚 | 结婚(名) |
| 결혼하다 | to marry | 結婚する | 结婚(动) |
| 경과 | progress | 経過 | 经过, 原委 |
| 경기 | match, game | 試合 | 比赛 |
| 경로 | channel, route | 経路 | 路径, 途径 |
| 경비실 | guardhouse, guardroom | 警備室けいびしつ | 门卫处, 警卫处 |
| 경우 | case, instance | 場合ばあい | 情况 |
| 경찰 | police | 警察けいさつ | 警察 |
| 경치 | landscape, scenery | 景色けしき | 风景, 景致 |
| 경향 | tendency, trend | 傾向 | 倾向, 趋势 |
| 경험 | experience | 経験 | 经验(名) |
| 경험하다 | to experience | 経験する | 经验(动) |
| 계산 | calculation | 計算 | 计算(名) |
| 계산하다   카드로 ~ | to pay | 勘定する | 计算(动) |
| 계속 | continuously | 継続 | 继续 |
| 계속되다 | to be continued | 続く | 赓续 |
| 계시다 | to be (honorific form) | いらっしゃる | 在(敬体)(动) |
| 계절 | season | 季節 | 季节 |
| 계획 | plan | 計画 | 计划(名) |
| 계획하다 | to plan | 計画する | 计划(动) |
| 고기 | meat | 肉 | 肉 |
| 고등학생 | high school student | 高校生 | 高中生 |
| 고르다 | to choose | 選ぶ, | 弄平, 平整(动), 挑, 选(动) |
| 고맙다 | to be thankful, to be grateful | ありがたい、ありがとう | 感谢, 感激(形) |
| 고백하다 | to confess | 告白する | 坦白, 表白, 吐露(动) |
| 고생 | hardship, suffering, trouble | 苦労 | 辛劳(名) |
| 고생하다 | to suffer | * | 辛劳(动) |
| 고속버스 | expressway bus | 高速バス | 高速客车 |
| 고장 | malfunction, breakdown | 故障 | 故障, 毛病 |
| 고정되다 | to be fixed | 固定される | 固定(动) |
| 고추장 | thick soypaste mixed with red pepper | とうがらし味噌 | 辣椒酱 |
| 고프다 | to be hungry | (お腹が)すく | 饿(形) |
| 고향 | hometown | 故郷 | 故乡 |
| 곧 | soon | すぐ / 間もなく | 不久, 马上(副) |

| 골프 | golf | ゴルフ | 高尔夫球 |
| 곱다 | to be beautiful, to be lovely | 美しい、きれいだ | 美丽 |
| 곳 | place | 場所 | 地方, 场所 |
| 공룡 | dinosaur | 恐龍 | 恐龙 |
| 공부 | study | 勉強 | 学习(名) |
| 공부하다 | to study | 勉強する | 学习(动) |
| 공손하다 | to be polite | 礼儀正しい | 谦恭的, 有礼貌的 |
| 공식적 | formal, official | 公式的 | 正式的 |
| 공원 | park | 公園 | 公园 |
| 공주 | princess | 王女 | 公主 |
| 공항 | airport | 空港 | 飞机场 |
| 과거 | past | 過去 | 过去 |
| [문법] 과거 시제 | past tense | 過去時制 | 过去时态 |
| 과일 | fruit | 果物 | 水果 |
| 과자 | cookies | 菓子 | 糕点, 点心 |
| 과장님 | sectionchief, manager | 課長の尊称 | 科长(敬语式) |
| 과장하다 | to exaggerate | 誇張する | 夸张(形) |
| 과정 | a process | 過程 | 过程 |
| 과학 | science | 科学 | 科学 |
| 관계 | relation, relationship | 関係 | 关系 |
| [문법] 관련어 | related words | * | 关联语 |
| 관계없이 | regardless of | 関係なく | 不相关地 |
| 관련되다 | to be related (to) | 関連する | (与…)相关(动) |
| 관심 | interest | 関心 | 兴趣 |
| 관용적 | idiomatic | 慣用的 | 惯用的 |
| [문법] 관용표현 | idiomatic phrase | * | 熟语, 习语 |
| 관찰 | observation, survey | 観察 | 观察 |
| 관하여 ~에 관하여 | concerning | 関して | 对于, 关于(动) |
| 관한 ~에 관한 | regarding, concerning | 関する | 有关于…的(形) |
| 관해서 ~에 관해서 | concerning | 関して | 关于~ |
| 광고 | advertisement | 広告 | 广告 |
| 괜찮다 | to be all right, to be OK | 大丈夫だ | 可以, 没关系, 不要紧(形) |
| 교과서 | textbook | 教科書 | 教科书 |
| 교수 | professor | 教授 | 教授 |
| 교수님 | professor (honorific) | 教授の尊称 | 教授(敬语) |
| 교실 | classroom | 教室 | 教室 |
| 교육 | education | 教育 | 教育 |

| | | | |
|---|---|---|---|
| 교통 수단 | means of transportation | 交通手段 | 交通工具 |
| 교통사고 | traffic accident | 交通事故 | 交通事故 |
| 교회 | church | 教会 | 教会 |
| 구두 | shoes | 靴 | 皮鞋 |
| 구별 | distinction, discrimination | 区別 | 区别 |
| 구체적 | concrete, definite | 具体的 | 具体的(形) |
| 구하다 | to look for, to search for | 求める | 寻求(动) |
| 국　　국물 | soup | スープ、汁 | 汤 |
| 국가 | country, state | 国家 | 国家 |
| 국어 | language, one's native tongue | 国語 | (一个国家的)国语 |
| 군대 | army, troops | 軍隊 | 军队 |
| 굶다 | to skip a meal, to go without food | 飢える、（食事を）欠かす | 挨饿(动) |
| 권위 | authority, power, prestige | 権威 | 权威 |
| 권위적 | authoritative | 権威的 | 权威的 |
| 권유하다 | to invite, to persuade | 勧誘する | 劝, 劝导(动) |
| 귀 | ear | 耳 | 耳朵 |
| 귀걸이 | earring | イヤリング | 耳环 |
| 귀엽다 | cute | かわいい | 可爱(形) |
| 규칙적 | regular | 規則的 | 有规律的(形) |
| 귤 | mandarine, tangerine | みかん | 橘子 |
| 그 | that, it, the | 彼、その、それ | 那；那个, 那；那个；他, 那；那个；他 |
| 그것 | that (thing), it | これ | 那个 |
| 그게　　그것이 | * | これが | 那个 |
| 그까짓 | such a trifling | それしきの | 那么小的, 没有价值的 |
| 그냥 | just, without doing anything | そのまま／そのままずっと | 就那样, 不为什么(副) |
| 그녀 | she | 彼女 | 她 |
| 그대로 | as it is, that way | そのまま | 照样儿, 原原本本地. (副) |
| 그들 | they | 彼ら | 他们 |
| 그때 | at that time | * | 那时 |
| 그래 | yes, right, all right, OK | うん、ああ／そうだ | 对, 好, 是啊(感) |
| 그래도 | but still, and yet | それでも | (就算~)也, (连) |
| 그래서 | so | だから | 所以, 因此, (连) |
| 그래야 | only if one does (says) that, only if it is that way | そうして始めて／それでも | 这样才…… |

| 한국어 | | 영어 | 일본어 | 중국어 |
|---|---|---|---|---|
| 그랬어 | 그러하였어 | * | そうだった | 那样做了…… |
| 그러나 | | but, however, still | しかし | 但是, 可是(连) |
| 그러니까 | | so, therefore, consequently, for that reason | だから | 所以, 因此, (连) |
| 그러다 | | then | そのようにすると | 然后 |
| 그러다가 | | then | そうするうちに | 然后 |
| 그러면 | | if so, in that case, then | ～してみると / それでは / そうすれば | 那样的话……(连) |
| 그러므로 | | therefore, hence | そのような理由で、それだから | 因此, 故…(连) |
| 그러자 | | just then, thereupon | すると、そうすると | 好, 那样做吧。 |
| 그러하다 | | to be so, to be such | そのようだ | 如此 |
| 그런 | | such, like that, that sort of | そんな | 那样的(形) |
| 그런데 | | by the way | ところで | 但是, 不过(连) |
| 그럼 | | then, if (that is) so, if that is the case | では / もちろん | 那么(连) |
| 그렇게 | | so, so much, to that extent | そんなに | 那样地, 那么(副) |
| 그렇지만 | | but | それはそうだが、しかし | 虽说是那样, 但…(连) |
| 그릇 | | container, vessel, bowl | 器 | 碗, 器皿 |
| 그리고 | | and, and then | そして、それから、それに | 而且, 还有(连) |
| 그리다 | 그림을 ~ | to draw, to paint | 描く | 画(动) |
| 그리워지다 | | to get to miss | 戀しくなる、懷かしくなる | 思念起来, 开始怀念(动) |
| 그림 | | picture | 繪 | 画儿 |
| 그만 | | that much and no more, to that extent only | その程度の / それぐらいに | 就此, 到此为止(副) |
| 그만두다 | | to quit, to stop (doing) | やめる | 作罢, 停止(动) |
| 그만하다 | | to stop (doing) | それぐらいだ、ほどほどだ | 不再继续作某事, 就此停止(动) |
| 그분 | | he/she (honorific) | その方 | 那位 |
| 그이 | | he/she, that person | その人 / 彼 | 指称自己的丈夫或恋人的用语 |
| 그저 | | just, mere | ただ、ひたすら | 只是(副) |
| 그치다 | | to stop | 止む | 停, 住, 止(动) |
| 극단적 | | extreme, excessive | 極端的 | 极端的(形) |
| 극장 | | movie theater | 劇場 | 剧场, 电影院 |
| 근거 | | basis, foundation | 根拠 | 根据 |
| 근거하다 | | to be based on, | 根拠とする | 根据(动) |

| | | | |
|---|---|---|---|
| 근무 | to be founded on/upon duty, work, service | 勤務 | 办公, 工作 |
| 근처 | neighborhood, near | 近所 | 附近 |
| 글 | writing, composition | 文、文章 | 文章 |
| [문법] 글말 | written language | 文語 | 文语 |
| 글씨 | hand writing | 字 | 字 |
| 글자 | letter | 文字 | 字, 文字 |
| 금방 | right now, right away | すぐ / たった今 | 刚才, 方才 |
| 금연 | no-smoking, nonsmoking | 禁煙 | 禁烟 |
| 금요일 | Friday | 金曜日 | 星期五 |
| 금지 | prohibition, interdiction | 禁止 | 禁止 |
| 금하다 | to forbid (a person to do) | 禁じる | 禁止…(动) |
| 급하다 | to be urgent, to be pressing | 緊急だ | 急, 急忙(形) |
| 긍정 | affirmation | 肯定 | 肯定 |
| [문법] 긍정문 | affirmative sentence | 肯定文 | 肯定文 |
| 긍정적 | affirmative, positive | 肯定的 | 肯定的(形) |
| 기간 | period, term (of time) | 期間 | 期间 |
| 기계 | machine | 機械 | 机器 |
| 기껏 | at most | せっかく、わざわざ | 费最大的劲儿做~ |
| 기능 | function | 機能 | 机能, 功能 |
| 기다리다 | to wait | 待つ | 等, 等待(动) |
| 기대 | expectation, hope | 期待 | 期待, 期望 |
| 기대다 | to lean on, to rely on | もたれる / 頼る | 倚, 靠(动) |
| 기도 | prayer | 祈り | 祈祷 |
| 기록하다 | to record, to write down | 記錄する | 记录(动) |
| 기본 | basis, fundamentals, basics | 基本 | 基本, 基础 |
| 기본적 | basic, fundamental | 基本的 | 基本的(形) |
| 기분 | feeling | 気持ち | 心情, 情绪 |
| 기쁘다 | to be glad | うれしい | 高兴(形) |
| 기사 | news | 記事 | 消息 |
| 기숙사 | dormitory | 寄宿舎 | 宿舍 |
| 기억 | memory, remembrance | 記憶 | 记忆 |
| 기억하다 | to remember | 記憶する | 记忆(动) |
| 기준 | standard | 基準 | 基准, 标准 |
| 기차 | train | 汽車、電車 | 火车 |
| 기침 | cough, coughing | 咳 | 咳嗽 |
| 길 | road | 道 | 路, 道儿 |

| | | | | |
|---|---|---|---|---|
| 길다 | | to be long | 長い | 长(形), 话多 |
| 길잡이말 | | guide word | * | * |
| 김 | | seaweed | 海苔 | 紫菜 |
| 김 선생님 | | Mr. Kim | 金先生 | 金老师, 金先生 |
| 김밥 | | gimbap, rice rolled in dried seaweed with ingredients in the center | 海苔卷 | 紫菜卷饭 |
| 김치 | | gimchi | キムチ | 辣白菜 |
| 김치찌개 | | gimchi soup | キムチチゲ | 辣白菜汤 |
| 깊다 | | to be deep, to be profound | 深い | 深(形) |
| 까닭 | | reason, cause | わけ、原因 | 理由, 原故 |
| 까맣다 | | to be deep-black | 黒い | 黑, 黝黑(形) |
| 깎다¹ | 사과를 ~ | to peel | 削る | 削 |
| 깎다² | 머리를 ~ | to cut, to clip, to crop | 剃る | 剃(动) |
| 깨끗하다 | | to be clean, to be neat/ tidy | 清潔だ、きれいだ | 干净(形) |
| 깨끗해지다 | | to become clean | 清潔になる、きれいになる | 变得干净(自动) |
| 깨다 | | to wake up | 覚める | 砸(他动), 醒(自动) |
| 깨닫다 | | to realize, to perceive | 悟る、自覚する | 觉醒, 领悟(动) |
| 깨뜨리다 | | to break | 割る | (不小心)打碎(动) |
| 깨물다 | | to bite, to gnaw | かむ、かみつく | 咬, 咬紧(动) |
| 깨우다 | | to wake up | 起こす | 叫醒(他动) |
| 깨지다 | | to be broken | 壊れる、割れる | 碎(自动) |
| 꺼내다 | | to take out | 取り出す | 拿出, 掏出(动) |
| 꺼지다 | | to be put out, to be extinguished | 消える | 熄灭；塌陷(自动) |
| 꺾다 | | to break off (a thing) | 折る | 折, 折断(动) |
| 꼭 | | without fail, certainly | ぎゅっと / 必ず、きっと | 牢牢地；一定(副) |
| 꼴 | | shape, form, figure | ありさま、格好 | 样子, 态相 |
| 꽂다 | | to insert, to put in | さす、さし込む | 插(动) |
| 꽃 | | flower | 花 | 花儿 |
| 꽃병 | | (flower) vase | 花びん | 花瓶 |
| 꽤 | | quite, fairly, pretty, considerably | かなり / わりあいに | 相当, 颇为(副) |
| 꾸다 | 꿈을 ~ | to dream | (夢を)見る | 做(梦)(动) |
| [문법]꾸미는 어미 | | adnominalizer modifying ending | 修飾語尾 | * |
| 꾸중 | | scolding | お叱り | 责备, 批评 |

| | | | | |
|---|---|---|---|---|
| 꿀꿀 | | oink | * | 咿咿(猪) |
| 꿈 | | dream | 夢 | 梦 |
| 꿈속 | | in the dream | 夢の中 | 梦中 |
| 끊다¹ | 술을 ~ | to stop drinking | やめる | 切 |
| 끊다² | 전화를 ~ | to ring off | 切る | 断(动) |
| 끊어지다 | 전화가 ~ | to be cut off | 切れる | 折, 折断(自动) |
| 끌다 | 책상을 ~ | to pull, to drag | 引く | 拉, 拖(动) |
| 끓이다 | | to boil | 煮る、沸かす | 烧, 煮(他动) |
| 끝 | | end, finish, conclusion | 終 | 结尾, 端头 |
| 끝내다 | | to finish | 終える | 结束, 做完(动) |
| 끝맺다 | | to finish, to conclude | やり遂げる、締めくくる | 结尾(动) |
| 끼다¹ | 안경을 ~ | to wear - sunglasses | かける―眼鏡 | 戴―太阳镜(动) |
| 끼다² | 팔짱을 ~ | to fold arms | * | 挴-手 |
| 끼치다 | | to give, to cause | (影響を)及ぼす | 添(麻烦), (动) |
| 나 | | I, myself, me | 私 | 我 |
| 나가다 | | to go out | 出る | 出去(动) |
| 나다¹ | 열이 ~ | to develop a fever | 出る―熱が出る | 发-烧, 热(自动) |
| 나다² | 화가 ~ | to get angry | * | 生-气 |
| 나다³ | 고장이 ~ | to happen, to occur | 故障が起こる | 发生(他动) |
| 나라 | | country | 国 | 国家 |
| 나머지 | | remainder, the rest | 余り、残り | 剩余 |
| 나무 | | tree | 木 | 树 |
| 나뭇잎 | | leaf (of a tree) | 木の葉 | 树叶 |
| 나쁘다 | | to be bad | 悪い | 坏, 不好, 差(形) |
| 나서다 | 집밖을 ~ | to go out | 前に出る | 出发 |
| 나아가다 | | to move forward, to advance, to make progress | 進む | 前进, 进行(自动) |
| 나열되다 | | to be arranged in row | ずらりとならべる | * |
| 나열하다 | | to arrange in row | 羅列する | 罗列(动) |
| 나오다 | | to come out | 出る | 出来, 出现(自动) |
| 나이 | | age | 年齢 | 岁数, 年纪 |
| 나중 | | next time, later, afterwards | あと | 后来, 随后, 以后 |
| 나침반 | | compass | 羅針盤 | 指南针, 罗盘 |
| 나타나다 | | to appear | 現われる | 出现(自动) |
| 나타내다 | | to show, to indicate | 現わす | 现出, 呈现(他动) |
| 낚시 | | fishing | 釣 | 钓鱼 |

| 난 | 나는 | * | 私は | 我(主格) |
|---|---|---|---|---|
| 난로 | | heater | 暖炉、ストーブ | 火炉, 暖炉 |
| 날¹ | 비오는 날 | day | 日 | 天, 刀刃 |
| 날² | 나를 | me | わたしを | * |
| 날다 | | to fly | 飛ぶ | 飞(自动) |
| 날마다 | | every day | 毎日 | 每天 |
| 날씨 | | weather | 天気 | 天气 |
| 날아가다 | | to fly away | 飛んでいく | 飞走(自动) |
| 남 | | another person | 他人 | 别人, 他人 |
| 남기다 | | to leave (behind) | 残す | 留下, 剩下(他动) |
| 남다 | | to be left over, to remain | 残る | 留下, 剩下(自动) |
| 남대문 | | Namdaemun, The South Gate of Seoul | 南大門 | 南大門 |
| 남자 | | man | 男 | 男人 |
| 남자친구 | | boyfriend | 彼氏 | 男朋友 |
| 남쪽 | | south side | 南側 | 南边 |
| 남편 | | husband | 主人 | 丈夫 |
| 낫다¹ | 병이 ~ | to get well, to recover from illness | 治る | (病)见好, 治好(自动) |
| 낫다² | 더 좋다 | to be better | よい | 比较好 |
| 낮 | | day | 昼 | 白天 |
| 낮다 | | to be low | 低い | 低(形) |
| 낮잠 | | nap, siesta | 昼寝 | 午觉或白天睡觉 |
| **낮추다** | 말을 ~ | to drop one's honorifics in talking | 低くする | 降低, 削减(他动) |
| **낮춤** | | humble | * | * |
| 낳다 | | to give birth to (a baby) | 産む | 生育(他动) |
| 내¹ | 내가 | I | 私（が） | 我(非敬体) |
| 내² | 내 동생 | my | 私（の） | * |
| 내년 | | next year | 来年 | 明年 |
| 내놓다 | | to put | 出す、出しておく | 拿出来, 拿出去(他动) |
| 내놔라 | 내놓다 | imperative form of '내놓다' | 出しておけ→出しておく | 拿出来, 拿出去(命令式)(他动) |
| 내다¹ | 화를 ~ | to get angry | 怒る | 生气 |
| 내다² | 소리를 ~ | to make | (音を) 出す | 做声 |
| 내다³ | 소문을 ~ | to start a rumor | うわさを立てる | 广播 |
| 내려가다 | 억양이 ~ | to go down | 降りる、下る | 下, 下去(自动) |
| 내려오다 | 나무에서~ | to come down | 降りてくる | 下, 下来(自动) |
| 내리다¹ | 비가 ~ | it rains | (雨などが)降る | 下-雨 |

| 한국어 | | 영어 | 일본어 | 중국어 |
|---|---|---|---|---|
| 내리다² | 자동차에서 ~ | to put down, to get off | 降りる | 下-车(动) |
| 내리다³ | 결정을 ~ | to make a decision | 下す | 作-决定 |
| 내용 | | contents | 内容 | 内容 |
| 내일 | | tomorrow | 明日 | 明天 |
| 냉면 | | naengmyeon, cold noodles | 冷麺 | 冷面 |
| 너 | | you (singular) | 君、お前、あんた | 你(非敬体) |
| 너무 | | too much | あまりにも、とても | 太~(副) |
| 너희 | | you (plural) | 君達、あんたたち | 你们 |
| 넓다 | | to be wide | 広い | 宽, 宽敞, 广阔(形) |
| 넘다 | | to exceed, to go beyond, to go over | 超える / あふれる / 過ぎる | 超过(动) |
| 넘어지다 | | fall down | 倒れる、転ぶ | 跌倒, 摔倒(自动) |
| 넣다 | | to put in | 入れる | 装入, 放入(他动) |
| 네¹ | 네가 | you | 君、お前 | 你的, 你 |
| 네² | 네 형 | your | あなた（の） | * |
| 넥타이 | | necktie | ネクタイ | 领带 |
| 넷 | | four | よっつ、よん | 四(数) |
| 년 | 1년 | year | 年 | 年 |
| 노래 | | song | 歌 | 歌曲 |
| 노래하다 | | to sing a song | 歌う | 唱歌 |
| 노력 | | effort, endeavor | 努力 | 努力 |
| 노력하다 | | to make efforts | 一懸命に努める | 努力(动) |
| 노인 | | old person, the aged | 老人 | 老人 |
| 노트 | | notebook | ノート | 笔记本, 本子 |
| 논 | | rice field | 田 | 田, 稻田 |
| 논리적 | | logical | 論理的 | 逻辑的(形) |
| 논문 | | paper, thesis | 論文 | 论文 |
| 놀다 | | to play | 遊ぶ | 玩儿(动) |
| 놀라다 | | to be surprised | 驚く | 惊讶, 惊叹(自动) |
| 놀러가다 | | to go (for vacation) | 遊びに行く | 去玩儿(自动) |
| 놀이 | | playing, game, excursion | 遊び | 游戏 |
| 놀이터 | | playground | 遊び場 / 行楽地 | 游玩的场所 |
| 농구 | | basketball | バスケットボール | 篮球 |
| 농담 | | joke | 冗談 | 玩笑 |
| 농부 | | farmer | 農夫、百姓 | 农夫 |
| 농사 | | farming, agriculture | 農業 | 农活儿 |
| 농장 | | farm, plantation | 農場 | 农场 |
| 높다 | | to be high | 高い | 高(形) |
| 높이다 | 말을 ~ | to use honorifics | * | 讲-敬语 |

| 높임 | | showing respect | 高さ | 尊敬 |
|---|---|---|---|---|
| [문법] 높임말 | | an honorific term honorific word | 尊敬語 | 敬语 |
| [문법] 높임법 | | honorific | * | 敬语体 |
| [문법] 높임없음 | | neutralized speech style | * | * |
| 놓다 | | to put down | 置く | 放, 放开, 放下(他动) |
| 놓이다 | | to be placed | 置かれる | 放置(被动式) |
| 누가 | 누구+가 | who | 誰が | 谁(主格) |
| 누구 | | who | 誰 | 谁, 哪位 |
| 누나 | | elder sister | 姉、お姉さん | 男性对姐姐的称呼 |
| 눈¹ | | eye | 目 | 眼睛 |
| 눈² | | snow | 雪 | 雪 |
| 눈물 | | tear | 涙 | 眼泪 |
| 눈치 | | tact, sense, quickwittedness | 気のきくこと / 表情 / いやがる気配 | 眼色, 眼力见儿 |
| 눕다 | | to lie down | 横になる | 躺, 卧(自动) |
| 눕히다 | | to lay down | 横にさせる | 使躺, 卧(他动) |
| 느껴지다 | | to feel(passive) | 感じられる | 感觉到…(他动) |
| 느끼다 | | to feel | 感じる | 感觉 |
| 느낌 | | feeling, sense | 感じ | 感觉 |
| 늘 | | always | いつも、ずっと | 总是, 时时(副) |
| 늙다 | | to age, to grow old | 年を取る | 变老(形) |
| 능력 | | ability, capability | 能力 | 能力 |
| 늦다 | | to be late | 遅い | 迟, 晚(形) |

ㄷ

| 다녀오다 | to get back (from visiting) | 行って来る | (去了再)回来(自动) |
|---|---|---|---|
| 다니다 | to go to (school, work), to attend, to go to and from | 通う | 上(学), 上(班)；(汽车等)来往(动) |
| 다르다 | to be different (from) | 違う | 不一样, 不同, 相异(形) |
| 다름없다 | to be the same, to be not different (from) | 変わりない | 无异, 一样(形) |
| 다리 | leg | 足 | 腿 |
| 다만 | only, just, merely | ただ / ただし | 只, 只是(副) |
| 다물다 | to shut, to close | (口くちを)つぐむ | 闭口, 缄口(他动) |
| 다방 | tearoom, coffee shop | 喫茶店 | 茶座 |
| 다섯 | five | いつつ、ご | 五 |
| 다시 | again | もう一度 | 重新, 再(副) |

| 다음 | | the next, the following | 次 | 下, 下次 ; 之后 |
|---|---|---|---|---|
| 다이어트 | | diet | ダイエット | 减肥 |
| 다정하다 | | to be friendly, to be nice to | 情が深い | 亲热的, 充满感情的(形) |
| 다치다 | | to get hurt | 怪我をする | 受伤, 负伤(动) |
| 다하다 | 최선을 ~ | to perform | (最善を)尽す | 做完, 结束 ; 竭尽~(动) |
| 다행스럽다 | | to be fortunate, to be blessing | 幸運だ, 幸い | 幸运的(形) |
| 닦다 | | to brush | 磨く | 擦, 刷(自动) |
| 단 | | just, only | ただ, 単に | 只是(副) |
| 단맛 | | sweetness | 甘み | 甜的味道 |
| 단순하다 | | to be simple | 単純だ | 单纯(形) |
| 단어 | | word | 単語 | 单词 |
| 단위 | | unit, denomination | 単位 | 单位, 范畴 |
| 단정하다 | | to conclude, to arrive at a decision | 断定する | 断言(动) |
| 단지 | | merely, simply, just | ただ, 単に | 仅仅, 不过(副) |
| [문법]단체 명사 | | collective noun | 団体名詞 | 集团名词 |
| 닫다 | | to close | 閉める | 关(他动) |
| 닫히다 | | to get closed, to be shut | 閉まる | 关闭(自动) |
| 달 | | a month, the moon | 月 | 月亮 ; 月份 |
| 달다 | | to be sweet | 甘い | 甜(形) |
| 달라고 | 달다 | to give | くれと | 悬挂 |
| 달려가다 | | to run, hurry, hasten | 走って行く | 跑去(动) |
| 달려오다 | | to come running | 走って来る | 跑来(动) |
| 달리기 | | run, race | かけっこ | 赛跑, 跑步 |
| 달리다 | | to run | 走る | 奔跑(自动) |
| 달아나다 | | to run away, to escape | 逃げる | 逃跑(自动) |
| 담다 | | to put in, to serve | (器に)盛る | 盛, 装(他动) |
| 담배 | | cigarette | たばこ | 烟, 香烟 |
| 답 | | answer, reply | 答え | 答案 |
| 답장 | | reply (letter), answer (to a letter) | 返事 | 回信, 回夏 |
| 답하다 | | to answer, to reply | 答える | 回答(动) |
| 당근 | | carrot | にんじん | 胡萝卜 |
| 당기다 | | to pull, to draw | 引っ張る | 拉, 拽(他动) |
| 당신 | | you, dear, darling (between spouses) | あなた | 您, 你, 亲爱的 (爱人之间的称呼) |
| 당연히 | | naturally, deservedly, | 当然 | 当然(副) |

| 한국어 | | 영어 | 일본어 | 중국어 |
|---|---|---|---|---|
| 당장 | | necessarily right away, immediately | そのば / その場ですぐ | 立刻, 马上(副) |
| 당첨되다 | | to win a lottery | 当選する | 中标, 中奖(动) |
| 당하다 | | to receive, to suffer, to undergo | 会う | 遇到, 遭到(动) |
| 당황하다 | | to be confused, to be embarrassed | 慌てる | 不知所措, 尴尬, 慌张(形) |
| 대 | 버스 한 대 | a unit of vehicle | 台一 一台いちだい | 辆(量) |
| 대답 | | answer, reply, response | 答え | 回答, 应答 |
| 대답하다 | | to answer, to reply | 答える | 回答, 应答(动) |
| 대등하다 | | to be equal | 対等 | 平等的(形) |
| 대립 | | confrontation, opposition | 対立 | 对立 |
| 대립되다 | | to be opposed | 対立する | 对立(动) |
| [문법] 대명사 | | pronoun | * | 代词 |
| 대부분 | | majority | 大部分 | 大部分 |
| 대상 | | object | 対象 | 对象 |
| 대수롭다 | | to be important | たいしたことである | 了不起, 重要(形) |
| 대신 | | instead | 代り | 替代 |
| 대접하다 | | to treat, to offer one's hospitality | もてなす | 招待(他动) |
| 대조 | | contrast, comparison | 対照一対照になる | 对照；成为对比(自动) |
| 대체로 | | on the whole, generally | 大体 / 一体 | 大概, 大致(副) |
| 대표 | | delegate | 代表 | 代表 |
| 대표적 | | representative | 代表的 | 代表的 |
| 대하여 | 에 대하여 | about, regarding, concerning | 対して | 针对~(动) |
| 대학 | | university, college | 大学 | 大学 |
| 대학교 | | university, college | 大学 | 大学校 |
| 대학생 | | university student | 大学生 | 大学生 |
| 대학원 | | graduate school | 大学院 | 研究生院 |
| 대한 | 에 대한 | about, regarding, concerning | * | 对于 |
| 대해서 | 에 대해서 | about, regarding, concerning | 対して | 关于~, 对于 |
| 대화 | | conversation, dialogue | 対話 | 对话 |
| 댁 | | home (honorific form) | お宅 | 家, 府上 |
| 더불어 | | together, with | 共に | 一同, 共同, 一块儿(副) |
| 더욱 | | more, more and more, still more, all the more | さらに | 越发, 更加(副) |

| 더위 | | the heat, hot weather | 暑さ | 热, 暑气 |
| 더 이상 | | not any more | * | 不可再~ |
| 더하다 | | to add up | 足す | 增加(动) |
| 던지다 | | to throw, to cast, to toss | 投げる | 抛, 扔(他动) |
| 덜 | | less | より少なめに | 不太~, 未完全(副) |
| 덥다 | | to be hot | 暑い | 热(形) |
| 데 | ~ 데 | place, point, spot | 所 / 場合 | 地方, 地点 |
| 데려가다 | | to take (a person) along, to take (a person) away | 連れて行く | 领走, 带走(他动) |
| 데려다 주다 | | * | 連れる | 领来, 带来(动) |
| 데우다 | | to warm, to heat up | 温める | 热~(他动) |
| 도구 | | tool, instrument | 道具 | 工具 |
| 도달하다 | | to arrive (in, at, on) | 到達する | 到达(动) |
| 도대체 | | (how, what, why) on earth | 一体 | 到底, 究竟(副) |
| 도서관 | | library | 図書館 | 图书馆 |
| 도시 | | city | 都市 | 都市, 城市 |
| 도시락 | | lunch box, lunch basket | 弁当 | 盒饭, 便当 |
| 도움 | | aid, help, assistance | 助け | 帮助 |
| 도움말 | | tips | 助言 | 助言 |
| 도자기 | | ceramics, pottery | 陶磁器 | 陶器 |
| 도전하다 | | to challenge | 挑戦する | 挑战(他动) |
| 도중 | | on the way | 途中 | 中途, 半路 |
| 도착점 | | destination | 到着点 | 到达点 |
| 도착하다 | | to arrive, to reach | 到着する | 到达(动) |
| 독감 | | the flu, influenza | インフルエンザ | 流感, 重感冒 |
| 독립되다 | | to be independent | 独立する | 独立, 实现独立(自动) |
| 독서 | | reading | 読書 | 读书 |
| 독신 | | single life, bachelorhood | 独身 | 独身 |
| 독어 | | the German language | ドイツ語ご | 德语 |
| 독자 | | reader, the reading public | 読者 | 读者 |
| 돈 | | money | お金 | 钱, 钱财 |
| 돌다 | | to turn | 回る | 转动(自动)；走访(他动) |
| 돌보다 | | to take care of, to look after, to attend to | 世話をする | 照料, 照顾(他动) |
| 돌아가다 | | to return, to go back | 帰る | 回去(自动) |
| 돌아다니다 | | to go around, to walk around | 歩きまわる | 走来走去, 到处溜达(自动) |

| | | | |
|---|---|---|---|
| 돌아오다 | to come back | 返る、戻る | 回来(自动) |
| 돕다 | to help | 手伝う, 助ける | 援助, 支援(动), 帮助 |
| 동네 | village, neighborhood | 村、町 | 村子, 村庄, 邻里 |
| 동대문 | Dongdaemun, The East Gate (in Seoul) | 東大門 | 东大门 |
| 동료 | colleague, fellow worker | 同僚 | 同事, 同僚 |
| 동물 | animal | 動物 | 动物 |
| 동물원 | zoo | 動物園 | 动物园 |
| [문법] 동사 | verb | 動詞 | 动词 |
| 동상 | statue | 銅像 | 铜像 |
| 동생 | younger brother/sister | 弟／妹 | 弟弟或妹妹 |
| 동시 | the same time | 同時 | 同时 |
| 동시적 | simultaneous | 同時的 | 同期的(形) |
| 동안 | period, space of time, while | 間 | 期间, ~的时候 |
| 동의 | agreement, consent | 同意 | 同意 |
| 동일 | identity, sameness | 同一 | 同一, 一致, 同样 |
| 동일하다 | to be identical (with), to be the same as | 同一である | 一致(形) |
| 동작 | action, movement, motion | 動作 | 动作 |
| 동전 | copper coin | コイン／銅貨 | 硬币 |
| [문법] 동족 목적어 | cognate object | * | 同族　宾语 |
| 동쪽 | the east side, the east | 東側 | 东边 |
| 동창생 | alumnus | 同窓生 | 同学, 校友 |
| 동화 | fairy tail | 童話 | 童话 |
| 돼지 | pig | 豚 | 猪 |
| 돼지꿈 | a dream about pig | 豚が出でる夢 | 梦见猪 |
| 되다 | to become, turn into | なる | 成 |
| 된장 | soybean paste | 味噌 | 大酱 |
| 두다 | to place | 置く | 放 |
| 두　　　두 개 | two | ふたつの一ふたつ | 两-两个 |
| 두루 | round, all around, all over | あまねく、もれなく | 没有遗漏(副) |
| 두부 | bean curd, tofu | 豆腐 | 豆腐 |
| 둘 | two | ふたつ、ふたり | 两(数) |
| 둘째 | number two, the second | 二番目 | 第二 |
| 둥글다 | to be round | 丸い | 圆(形) |
| 뒤 | back, behind | 後 | 后, 后边 |
| 뒷머리 | the back part of hair | 後頭部 | 后部 |
| 뒷문 | back gate, rear gate | 裏口 | 后门 |

| | | | | |
|---|---|---|---|---|
| [문법] 뒷소리 | | * | 不平、不満 | 闲语 |
| [문법] 뒷절 | | following clause | * | 后节 |
| 드러내다 | | to show, to indicate, to display, to expose | 目立たせる | 揭发, 露出, 显露(动) |
| [문법] 듣는이 | | listener | 聞き手 | 听众 |
| 듣다 | | to listen, to hear | 聞く | 听(动) |
| 들 | 친구들 | suffix of plural, -s, -es | たち | 们 |
| 들다[1] | 물건을 ~ | to hold | 持つ、持ち上げる | 举, 抬, 握, 拿(动) |
| 들다[2] | 손을 ~ | to raise | 挙げる | 举起--手儿 |
| 들다[3] | 마음에 ~ | to be pleased with | 気に入る | 可意 |
| 들다[4] | 돈이 ~ | to take money | かかる | 费--工夫, 钱 |
| 들다[5] | 나이가 ~ | be getting old | 年が寄る | 老, 上年纪 |
| 들다[6] | 진지를 ~ | to have a meal (honorific) | 召し上がる | 吃饭(敬语) |
| 들리다 | 소리가 ~ | to be heard | 聞こえる、耳にする | 听见 |
| 들려오다 | | to reach one's ears, to come into hearing | 聞こえてくる | 听到~(自动) |
| 들르다 | | to drop by | 立寄る | 顺便去, 顺路到(动) |
| 들어가다 | | to enter | 入る、入って行く | 进去(动) |
| 들어오다 | | to come in | 入って來る | 进来(动) |
| 들어 있다 | 가방에 돈이 ~ | to be in | * | 包里盛着~钱包 |
| 듯하다 | | to seem, to appear | のようだ、そうだ、らしい | 好像, 好似(动) |
| 등[1] | | back | 背中 | 脊背 |
| 등[2] | | et cetera (etc.), and so on, and so forth | など | 等等 |
| 등산 | | (mountain) climbing, mountaineering | 山登り | 登山 |
| 등산화 | | mountain-climbing boots | 登山靴 | 登山鞋 |
| 따뜻하다 | | to be warm | 温かい、暖かい | 暖和(形) |
| 따라 | ~에 따라 | in accordance with, according to | にしたがって | 根据…, 按…(动) |
| 따라서 | | accordingly, consequently, in accordance with | したがって | 根据…, 按…(副) |
| 따라오다 | | to follow, to tag along (with a person), to accompany | ついて來る | 跟来(动) |
| 따로 | | separately, apart | 離れて / 別途に、別に | 另外, 单独地(副) |
| 따르다 | | to follow, to go after | 従う | 跟随, 服从(动) |
| 따지다 | | to distinguish (between right and wrong), to criticize | 問う | 评理 |

| 딸 | | daughter | 娘 | 女儿 |
|---|---|---|---|---|
| 땀 | | sweat | 汗 | 汗, 汗水 |
| 땅 | | soil, earth, land | 土地 | 地, 土地 |
| 때 | ~ㄹ 때 | time, case, occasion, moment | 時 | 时间, ~的时候 |
| 때리다 | | to hit, to beat, to punch | 殴る、叩く、打つ | 打, 揍(动) |
| 때문 | ~기 때문에 | because of | (の)ために | 因为 |
| 떠나다 | | to start, to leave, to depart | 去る | 离开, 出发(动) |
| 떠들다 | | to make a noise | 騒ぐ | 吵嚷, 吵闹, 喧吵(动) |
| 떡 | | rice cake | もち | 糕, 糕饼 |
| 떡볶이 | | seasoned rice cake | トッポギ | 炒年糕 |
| 떨어지다 | 물건이 땅에 ~ | to fall down | 落ちる | 落下 |
| 또 | | and, also, as well, besides, moreover, once more | また | 又, 再, 还(副) |
| 또는 | | or | または | 或者(连) |
| 또한 | | besides, moreover, also, too, as well | やはり、また | 亦, 还有(连) |
| 똑같다 | | to be the same, to be identical | 全ったく同だ | 完全一样(形) |
| 똑같이 | | equally, evenly, in the same way | 同ように | 完全一样地(副) |
| 똑똑하다 | | to be smart | ハッキリしている / 頭がよい | 聪明, 伶俐(形) |
| 뛰다 | | to run, to jump, to leap | 走る | 跑 |
| 뛰어나오다 | | to run out | 飛び出す、走り出る | 急忙跑出来(自动) |
| 뜨겁다 | | to be hot | 熱い | 烫(形) |
| 뜨다 | 눈을 ~ | to open | (目を)明ける | 睁(眼睛)(他动) |
| 뜻 | | meaning, sense | 意味 | 意思 |
| 뜻풀이 | | meaning | * | * |
| 뜻하다 | | to mean | 意味する | 表示~的意思 |
| 띄어 쓰다 | | to write leaving space between words | * | 分写 |

## ㄹ

| 라면 | | ramyeon, instant noodle | ラーメン | 拉面 - 方便面 |

## ㅁ

| 마당 | | garden | 庭 | 庭院, 院子 |
| 마라 | 말다 | Don't do | (する)な―やめる | 表示禁止或中止的词尾 |

| 마라톤 | | marathon (race) | マラソン | 马拉松 |
|---|---|---|---|---|
| 마리 | 개 한 마리 | the number of animals | ひき | 只, 头, 匹等用来数动物的量词 |
| 마세요 | 말다 | Please don't do | ないでください | 请不要做~ |
| 마음 | | heart, mind, feeling, mood | 心、考え、心情 | 心, 心肠, 胸怀, 精神 |
| 마지막 | | the last, the end | 最後 | 最后, 最终 |
| 마찬가지 | | the (very) same, one and the same | 同こと | 根……一样, 相同 |
| 마치 | | just like, as if | まるで | 好像, 似乎(副) |
| 막다 | | to stop up (an opening), to block up, to prevent | ふさぐ | 堵, 阻止(动) |
| 막연하다 | | to be vague, to be obscure | 漠然とする | 模糊, 含混(形) |
| 막히다 | 길이 ~ | heavy traffic | ふさがる | 堵住, 梗塞(自动) |
| 만나다 | | to meet | 会う | 见面(动) |
| 만두 | | dumpling, bun | ぎょうざ、中華まん | 饺子, 包子 |
| 만들다 | | to make | 作る | 做, 制造(他动) |
| 만족스럽다 | | to be satisfactory | 満足だ | 感到满足的(形) |
| 만족하다 | | to be satisfied | 満足する | 满足, 满意(形) |
| 만지다 | | to touch | いじる、触る、なでる | 摸, 碰(他动) |
| 많다 | | to be many, to be much | 多い | 多(形) |
| 많이 | | a lot | 多く、たくさん | * |
| 말 | | speech | 言葉 | 话, 语言 |
| 말다¹ | 하다가 말다 | to stop | やめる | 半途而废 |
| 말다² | 밥을 물에 ~ | tp put (food) into soup | 汁をかける | 泡饭 |
| 말리다 | | to dry | 乾かす、干す | 晒干, 烘干, 晾干(他动) |
| 말뭉치 | | corpus | * | 语汇团 |
| 말씀 | | speech (honorific form) | お話し | 话语, 话(敬语) |
| 말씀하다 | | * | おっしゃる | 说话(敬语) |
| [문법] 말아주낮춤 | | plainest speech style | * | * |
| [문법] 말아주높임 | | most honorific speech style | * | 最尊敬的话 |
| [문법] 말조금낮춤 | | plainest speech style | * | 自卑的话 |
| [문법] 말조금높임 | | honorific speech style | * | 尊敬一点儿的话 |
| [문법] 말하는이 | | speaker | 話者 | 话者 |
| 말하다 | | to speak, to talk | 話す | 说(话), 谈, 讲 |
| 맛 | | taste | 味 | 味道 |
| 맛있다 | | to be delicious | おいしい | 好吃(形) |

| 한국어 | | 영어 | 일본어 | 중국어 |
|---|---|---|---|---|
| 망설이다 | | to hesitate | ためらう | 犹豫(动) |
| 맞다 | | to fit | 合う | 适合(形) |
| 맡기다 | | to entrust | 任せる / 預ける | 寄存, 托付(与格) |
| 맡다 | | to smell | 任せられる / 預かる | 负责, 承担; 闻(气味)(动) |
| 매 | | every, each | 毎 | 每~(形) |
| 매달 | | every month | 毎月 | 每月 |
| 매우 | | very | とても | 非常(副) |
| 매운 | 맵다 | spicy | 辛い | 辣 |
| 매운탕 | | spicy soup | メウンタン | 放入海鲜煮的辣汤 |
| 매일 | | everyday | 毎日 | 每天 |
| 맥주 | | beer | ビール | 啤酒 |
| 맨 | | the very, the extreme | もっとも、一番 | 光, 只 |
| 맨발 | | barefoot | 裸足 | 光脚 |
| 맨 처음 | | the very first time | 一番最初 | 最一开始, 最初 |
| 맵다 | | to be spicy | 辛い | 辣(形) |
| 맺다 | 열매를 ~ | to bear fruit | 結ぶ | 签(约), 结(盟)(动) |
| 머리¹ | 머리가 아프다 | head | 頭 | 头 |
| 머리² | 머리가 길다 | hair | 髪 | 头发 |
| 머릿기사 | | headline | 見出し | 标题 |
| 먹다 | | to eat | 食べる(飲む) | 吃(动) |
| 먼 친척 | | a distant(remote) relative | 遠い親類 | 远的(形) |
| 먼저 | | first | 先に | 先(副) |
| 멀다 | | to be far | 遠い | 远(形) |
| 멀리 | | far away | 遠く | 远远地(副) |
| 멈추다 | | to stop | 止む、止まる | 停, 停止(动) |
| 멋있다 | | to be stylish | 素敵だ | 帅, 潇洒(形) |
| 메모 | | memo | メモ | 记录 |
| 메모지 | | scratch paper | メモ用紙 | 记录纸, 便条 |
| 며칠 | | few days | 何日 / 数日 | 几天 |
| 명 | 5 명 | persons(units) (5 persons) | 人、名 | 个人 |
| 명령 | | order, command | 命令 | 命令 |
| 문법 명령문 | | imperative sentence | 命令文 | 命令文 |
| 명령하다 | | to order, to command | 命令を下す | 命令(动) |
| 명령형 | | imperative form | 命令形 | 命令形 |
| 문법 명사 | | noun | 名詞 | 名词 |
| 명예 | | honor | 名誉 | 名誉 |
| 몇 | | few | いくつ、どのくらい | 几, 多少 |
| 몇몇 | | some, several | いくらか、いくつか | 几个, 一些 |
| 모기 | | mosquito | 蚊 | 蚊子 |

| 한국어 | | 영어 | 일본어 | 중국어 |
|---|---|---|---|---|
| 모두 | | all | すべて | 全部, 都(副) |
| 모든 | | every | すべての | 所有的, 全部的(形) |
| 모르다 | | do not know | わからない、知らない | 不知道(动), 不懂, 不明白(动) |
| 모습 | | figure, appearance | 姿 | 样子, 模样 |
| 모시다 | | to escort, to have one's parents with | 仕える | 陪同, 侍奉, 伺候(动) |
| 모양 | | shape | 模様 | 样子, 形状, 外貌 |
| 모이다 | | to gather | 集まる、たまる | 聚集, 集合(自动) |
| 모임 | | meeting | 集まり、集会 | 聚会 |
| 모자 | | hat, cap | 帽子 | 帽子 |
| 모자라다 | | to be insufficient | 足りない | 不足, 不够, 缺乏(形) |
| 목¹ | | neck | 首 | 脖子 |
| 목² | 목이 붓다 | throat | のど | 嗓子眼 |
| 목걸이 | | necklace | マフラー | 项链 |
| 목소리 | | voice | 声 | 嗓音 |
| 목요일 | | Thursday | 木曜日 | 星期四 |
| 목욕 | | bath | 風呂、入浴 | 沐浴, 洗澡 |
| 목욕탕 | | public bath, bathroom | 風呂、風呂場、風呂屋 | 浴池, 澡堂 |
| 목적 | | purpose | 目的 | 目的 |
| [문법] 목적어 | | object | 客語 | 宾语 |
| 목표 | | target | 目標 | 目标 |
| 몰다 | | to drive (a car) | 運転する | 驾驶(动) |
| 몰라요 | 모르다 | don't know | わからない、知らない | 不知道(敬语) |
| 몸 | | body | 体 | 身体 |
| 몸살 | | general fatigue (from overwork) | (疲労からくる)病気 | 浑身酸痛 |
| 못 | | cannot | 釘 | 不, 不能, 不会(副) |
| 못마땅하다 | | to be displeased | 気に入らない | 不满意, 不顺心, (形) |
| 못하다 | | cannot do | できない | 不能, 不会(动) |
| 무겁다 | | to be heavy | 重い | 重, 沉(形) |
| 무게 | | weight | 重さ | 重量 |
| 무섭다 | | to be afraid | 怖い | 可怕, 害怕(形) |
| 무슨 | | what | どんな、なにか | 什么~(形) |
| 무엇 | | what | 何に、何の | 什么(名) |
| 문 | | door | 門、ドア | 门, 关口, 难关 |
| 문법 | | grammar | 文法 | 语法 |
| 문장 | | sentence | 文 | 文章 |
| 문제¹ | 문제가 생기다 | problem | 問題 | 问题 |

| 문제² | 문제가 어렵다 | question | 問題 | 试题 |
| 문화 | | culture | 文化 | 文化 |
| 묻다 | | to ask (a question) | 聞く、尋ねる | 沾上, 沾污 ; 埋(动), 问, 询问(动) |
| 물 | | water | 水 | 水 |
| 물건 | | thing, goods | 物、物品 | 东西, 货物 |
| 물건들 | | things | 物品 | 两个以上的东西 |
| 물고기 | | fish | 魚 | 鱼 |
| 물냉면 | | cold noodle | 冷麺 | 冷面 |
| 물러나다 | | to move backward | 退く、さがる | 后退, 退出 |
| 물론 | | of course | もちろん | 当然, 不用说, (副) |
| 물안경 | | (diver's) goggles | 水中めがね | 潜水镜 |
| 물어 보다 | | to ask (a question) | 聞く、尋ねる | 打听, 询问(动) |
| 뭐 | | what | 何に、何か | 什么？ |
| 뭘 | 무엇을 | what | 何を | 什么(宾格) |
| 미국 | | U.S.A | アメリカ | 美国 |
| 미끄럽다 | | to be slippery | つるつるする | 滑, 滑溜(形) |
| 미남 | | handsome man | 美男子 | 美男子 |
| 미래 | | future | 未来 | 未来 |
| 미리 | | in advance | 前もって | 提前(副) |
| 미안하다 | | to be sorry | すまない、ごめん | 抱歉, 对不起, 不好意思 |
| 미용실 | | beauty shop | 美容室 | 美容院 |
| 미워하다 | | to hate | 憎む | 讨厌, 憎恶, 不喜欢(他动) |
| 미치다¹ | | to get crazy | 狂う、夢中になる | 发疯, 着迷 ; 涉及, 波及(动) |
| 미치다² | 영향이 ~ | to reach, to affect | 及ぶ | 作用 |
| 믿다 | | to believe | 信じる | 相信(动) |
| 밀접하다 | | to be close | 密接する | 密切(形) |
| 밉다 | | to be hateful | 憎い、憎らしい | 可恶, 讨厌的(形), 难看, 丑(形) |

## ㅂ

| 바꾸다 | | to change | かえる | 换, 改, 改变(他动) |
| 바뀌다 | | to be changed | かわる | 变化, 改变(自动) |
| 바다 | | sea | 海 | 大海 |
| 바라다 | | to hope | 願う、請う | 希望, 期望(动) |
| 바람¹ | 바람이 불다 | wind | 風 | 风 |
| 바람² | 나의 바람 | wish | 願い、望み | 希望 |
| 바래다주다 | | to take a person to a place | 見送ってやる | 送行 |

| | | | | |
|---|---|---|---|---|
| 바로 | | immediately | まっすぐ | 直接, 马上(副) |
| 바르다 | 잼을 ~ | to paste | 貼る / 塗る | 涂, 抹(动) |
| 바보 | | fool | ばかもの | 傻瓜, 呆子 |
| 바쁘다 | | to be busy | いそがしい | 忙(形) |
| 바지 | | trousers, slacks | ズボン | 裤子 |
| 박물관 | | museum | 博物館 | 博物馆 |
| 밖 | | outside | 外 | 外, 外边, 表面 |
| 반 | | half | 半 | 半, 一半 |
| 반갑다 | | to be glad | 懐かしい、うれしい | 高兴 |
| 반대 | | opposite | 反対 | 反对, 反面, 相反 |
| [문법]반대말 | | antonym | 反対語 | 反义词 |
| 반드시 | | by all means, necessarily | 必ず | 一定, 务必, 必须(副) |
| [문법]반말 | | the low forms of speech | * | 非敬语 |
| 반박하다 | | to make a rebuttal | 反論する | 反驳(动) |
| 반복 | | repetition | 反復 | 反复 |
| 반복하다 | | to repeat | 繰り返す | 反复(动) |
| 반응 | | response | 反応 | 反应 |
| 반찬 | | side dishes | おかず | 菜, 下饭菜 |
| 반해 | ~는 데 반해 | on the contrary | 反して | 相反 |
| 반 | | half | 半 | 半 |
| 받다 | | to receive | もらう | 收, 接(动) |
| 받아들이다 | | to accept | 受け取る / 受け入れる | 接受(动) |
| [문법]받침 | | final consonant | * | * |
| 받침이 없는 말 | | word with a final consonant | * | * |
| 받침이 있는 말 | | word without final consonant | * | * |
| 발 | | foot | 足 | 脚 |
| 발견되다 | | to be found | 発見する | 被发现(自动) |
| 발끝 | | tiptoe | つま先 | 脚尖 |
| 발레리나 | | ballerina | バレリーナ | 芭蕾舞女演员 |
| 발생하다 | | to arise | 発生する | 发生(自动) |
| 발음 | | pronunciation | 発音 | 发音 |
| 발전 | | development | 発展 | 发展 |
| 밝다[1] | 달이 ~ | to be bright | 明るい | 明亮(形) |
| 밝다[2] | 날이 ~ | to dawn | 夜が明ける | 曙(动) |
| 밟히다 | | to be stepped on | 踏まれる | 被践踏, 被踩 |
| 밤 | | night | 夜 | 夜晚 |
| 밤새도록 | | all the night through | 夜通し | 竟夜 |

| 한국어 | 예 | English | 日本語 | 中文 |
|---|---|---|---|---|
| 밥 | | steamed rice | ごはん、食事 | 饭 |
| 방 | | room | 部屋 | 房间, 屋子, (一)发 |
| 방법 | | method | 方法 | 方法 |
| 방송국 | | TV station | 放送局 | 电视台, 广播电台 |
| 방식 | | way | 方式、やり方 | 方式 |
| 방학 | | vacation | 学校の休暇、休み | 放假 |
| 방향 | | direction | 方向 | 方向 |
| 밭 | | field | 畑 | 田 |
| 배[1] | 배가 고프다 | stomach | お腹 | 肚子 |
| 배[2] | 사과와 배 | pear | 梨 | 梨 |
| 배경 | | background | 背景 | 背景 |
| 배고프다 | | to be hungry | お腹がすく | 饿 |
| 배우다 | | to learn | 習う | 学 |
| 배탈 | | stomach upset | 食あたり、腹痛 | 伤食, 闹肚子 |
| 백 | | hundred | 百 | 百；白 |
| 백화점 | | department store | デパート | 百货店 |
| 버릇 | | habit | 癖 | 毛病, 习惯 |
| 버리다 | | to throw away | 捨てる | 丢弃, 扔掉, 离弃；毁掉, 损坏(动) |
| 버스 | | bus | バス | 公共汽车 |
| 번 | 한 번 | time | 番、回、度 | ~号；~次 |
| 번갈아 | | in turns | 代わる代わる | 轮流 |
| 번째 | 첫 번째 | (the first, second …) time | 番目、回目、度目 | 第~ |
| 벌 | 옷 한 벌 | a suit (of clothes) | そろい | 袭(量) |
| 벌다 | 돈을 ~ | to earn | 稼ぐ | 得利(动), 赚钱(动) |
| 벌써 | | already | もう | 早就, 早已(副) |
| 벌어지다 | 일이 ~ | to happen | 起こる | 发生 |
| 범위 | | area | 範囲 | 范围 |
| 벗다 | | to take off | 脱ぐ | 脱(衣服) |
| 베다 | | to cut | 切る、傷つける | 切, 割 |
| 벽 | | wall | 壁 | 墙 |
| 변하다 | | to change | 変わる | 变化(自动) |
| 변호사 | | lawyer | 弁護士 | 律师 |
| 변화하다 | | to change | 変化 | 变化 |
| 별로 | | not very much | あまり | 不怎么~ |
| 별 수 있나 | | there is no help for it | * | 没有办法 |
| 병 | 술 한 병 | bottle | ビン | 疾病, 瓶子 |
| 병아리 | | chick | ひよこ | 鸡雏 |

| 병원 | | a hospital | 病院 | 医院 |
| 보다 | | to see | 見る | 看(动) |
| 문법 보조 동사 | | auxiliary verb | * | * |
| 문법 보조 용언 | | auxiliary | * | * |
| 문법 보조사 | | particle | * | 补助词 |
| 보통 | | usually | 普通 | 普通 |
| 보호 | 환경보호 | protection | 保護ー環境保護 | 保护-环境保护 |
| 복권 | | lottery | 宝くじ | 彩票 |
| 복잡하다 | 지하철이 ~ | to be crowded | 込み合う、混雑している | 人多, 拥挤 |
| 문법 본말 | | full word | * | * |
| 문법 본용언 | | main verb | * | 本用言 |
| 볼펜 | | ballpoint pen | ボールペン | 圆珠笔 |
| 봄 | | spring | 春 | 春天 |
| 봄날 | | spring day | 春の日 | 春天 |
| 뵙다 | | to humbly see, to humbly meet | お目にかかる | 拜见, 看望, 看 |
| 부드럽다 | | to be smooth | やわらかい | 软, 嫩, 光滑 |
| 부디 | | please, at all costs | どうか、ぜひ | 千万, 一定(副) |
| 부르다 | | to call, to sing | 歌う、呼ぶ | 叫 呼; 唱(歌)(动), 饱形 |
| 문법 부르는 말 | | vocative | * | 称呼的话 |
| 부리다 | 욕심을 ~ | covetously | 欲張る | 使唤, 指使(动) |
| 부모 | | parents | 両親 | 父母 |
| 부모님 | | parents | 両親の尊敬語 | 父母(敬体) |
| 부부 | | married couple | 夫婦 | 夫妇 |
| 부분 | | part | 部分 | 部分 |
| 문법 부사 | | adverb | 副詞 | 副词 |
| 문법 부사어 | | adverbial | 副詞語 | * |
| 부산 | | Busan | 釜山 | 釜山 |
| 부엉이 | | owl | ミミズク | 夜猫子, 猫头鹰 |
| 부엌 | | kitchen | 台所 | 厨房 |
| 부인 | | wife | 婦人 | 夫人 |
| 부자 | | rich man | 金持ち | 富人 |
| 부정 | | negation | 否定 | 否定 |
| 문법 부정문 | | negative sentence | 否定文 | 否定文 |
| 부정적 | | negative | 否定的 | 消极 |
| 문법 부정 표현 | | negative form | * | 否定式 |
| 부정하다 | | to deny | 否定する | 否认, 否定(动) |
| 부족하다 | | to be insufficient | 不足する | 不足(形) |
| 부지런하다 | | to be industrious | 勤勉だ、まめまめしい | 勤快(形) |

| 부치다 | 편지를 ~ | to send, to mail | 送る、出す | 邮寄, 寄(动) |
|---|---|---|---|---|
| 부탁 | | favor, request | お願い、頼み | 托付 |
| 북쪽 | | north side | 北側 | 北边 |
| 분¹ | 10분 | minute | 分 | 分(时间) |
| 분² | 다섯 분 | persons(units)(honorific) | 方 | 位-人 |
| 분류하다 | | to classify | 分類する | 分类(动) |
| 분리하다 | | to separate | 分離する | 分开, 拆开(动) |
| 분명하다 | | to be clear, obvious | 明白だ | 分明, 明显(形) |
| 분위기 | | atmosphere | 雰囲気 | 气氛 |
| 불가능하다 | | to be impossible | 不可能だ | 不可能的(形) |
| 불고기 | | bulgogi, grilled beef | プルコギ | 烤肉 |
| 불구하고 | 는데도 ~ | in spite of | かかわらず | 尽管~ |
| 불다 | 바람이 ~ | to blow | (風が) 吹く | 吹(自动), 吹(他动) |
| 불평 | | complaint | 不平 | 抱怨, 牢骚 |
| 붓다 | 목이 ~ | to become swollen | はれる | 肿(动) |
| 붙다 | | to stick to | 付く | 粘上(动) |
| 붙들다 | | to catch, to seize | つかむ | 抓住, 不让走(动) |
| 붙이다 | | to attach | 付ける | 粘, 寄(他动) |
| 뷔페 | | buffet | ビッフェ | 自助餐 |
| 블라우스 | | blouse | ブラウス | 女式衬衫 |
| 비 | | rain | 雨 | 雨, 非 |
| 비교 | | comparison | 比較 | 比较 |
| 비교하다 | | to compare | 比べる | 比较(动) |
| 비닐 | | vinyl | ビニール | 塑料 |
| 비다 | 방이 ~ | to be empty | 空である、すいている | 空, 缺(形) |
| 비둘기 | | pigeon | 鳩 | 鸽子 |
| 비디오 | | video tape | ビデオ | 录像 |
| 비로소 | | for the first time | はじめて、ようやく | 才, ~之后才~ |
| 비바람 | | rainy wind | 風雨 | 风雨交加 |
| 비비다 | 밥을 ~ | to mix | こする / 混ぜ合わせる | 搓, 揉(动) |
| 비빔밥 | | bibimbap | ビビンバ | 拌饭 |
| [문법]비슷한말 | | synonym | 類義語 | 同义词 |
| 비슷하다 | | to be similar | 似ている | 差不多(形) |
| 비싸다 | | to be expensive | (価格が) 高い | 贵(形) |
| 비즈니스 클래스 | | business class | ビジネスクラス | 经济学, 课程 |
| 비키다 | | to step aside | どく、よける | 躲开(动) |
| 비하다 | ~에 비해 | compared with | 比べる | 比较(形) |
| 비행기 | | airplane | 飛行機 | 飞机 |
| 빌다 | | to pray | 祈る | 乞求, 请求 |

| | | | | |
|---|---|---|---|---|
| 빌리다 | | to borrow | 借りる | 借 |
| 빠르다 | | to be fast | 速い | 快(形) |
| 빠지다 | 물에 ~ | to sink | 落ち込む / おぼれる | 漏掉(自动) |
| 빨간색 | | red color | 赤色 | 红色 |
| 빨갛다 | | to be red | 赤い | 红(形) |
| 빨다 | | to wash | 洗濯する | 洗(衣服等)(动) |
| 빨래 | | laundry | 洗濯 | 要洗的衣物 |
| 빨리 | | fast, rapidly | はやく | 快(副) |
| 빵 | | bread | パン | 面包 |
| 빼다 | 살을 ~ | to get rid of | 抜く、除く | 减肥 |
| 빼앗기다 | | to be ripped off | 取られる | 被抢, 被夺(动) |
| 뽑다 | 이를 ~ | to take out | 抜く | 拔牙 |
| 뿌리다 | | to spread | まく、ばらまく | 撒, 洒(动) |
| 뿐 | | only | だけ、のみ | 只有~,不过~ |

**ㅅ**

| | | | |
|---|---|---|---|
| 사거리 | intersection | 交差点 | 十字路口 |
| 사건 | incident | 事件 | 事件 |
| 사고 | accident | 事故 | 事故 |
| 사과 | apple | りんご | 苹果 |
| 사귀다 | to make friends | 付き合う | 交(朋友等) |
| 사다 | to buy | 買う | 买(动) |
| [문법] 사동 표현 | causative | 使役動詞 | 使动形 |
| 사람 | person | 人 | 人 |
| 사람들 | people | 人たち | 人们 |
| 사람 이름 | one's personal name | (人の) 名前 | 名字, 人的名字 |
| 사랑 | love | 愛 | 爱 |
| 사랑하다 | to love | 愛する | 爱(动) |
| 사무실 | office | 事務室 | 办公室 |
| 사물 | things | 物事 | 事物 |
| 사실 | fact | 事実 | 事实 |
| 사업 | business | 事業 | 事业, 企业 |
| 사용되다 | to be used | 使われる | 被使用(动) |
| 사용하다 | to use | 使う | 使用(动) |
| 사위 | son in law | 婿 | 女婿 |
| 사이 | between | 間 | ~之间 |
| 사이즈 | size | サイズ | 大小, 尺码 |
| 사장님 | president | 社長の尊称 | 社长 |
| 사전 | dictionary | 辞書 | 词典 |

| 한국어 | | 영어 | 일본어 | 중국어 |
|---|---|---|---|---|
| 사정 | | circumstances | 事情 | 事情, 情况 |
| 사진 | | photo | 写真 | 照片 |
| 사촌 | | cousin | いとこ | 表兄妹 |
| 사탕 | | candy | 砂糖 | 糖 |
| 사회적 | | social | 社会的 | 社会的(形) |
| 산 | | mountain | 山 | 山 |
| 산책 | | walk, stroll | 散歩 | 散步 |
| 살 | 5살 | age, years | 年、才 | ~岁, 岁数 |
| 살다 | | to live | 生きる、暮す | 生活 |
| 살아 있다 | | to be alive | 生ている | 活下去(自动) |
| 살이 찌다 | | to gain weight | 太る | 长肉, 发胖(动) |
| 삼각형 | | triangle | 三角形 | 三角形 |
| 삼다 | 그 아이를 딸로 ~ | to make, to adopt | (と)する、(に)する | 接, 收, 娶(动), 采纳, 接受, 看作, 作为 |
| 삼촌 | | uncle | おじ | 叔叔 |
| 삼키다 | | to swallow | 飲み込む | 咽下(动) |
| 상관 | | correlation | 相關、かかわり | 相关 |
| 상관없다 | | to be irrespective | 関係がない、かかわりがない | 不相关 |
| 상관하다 | | to be related, to be connected | 干渉する / 関係する | 有关 |
| 상대 | | partner | 相手 | 对手, 对象 |
| 상대방 | | the opposite party | 相手方 | 对方 |
| 상대적 | | relative | 相対的 | 相对的(形) |
| 상식 | | common sense | 常識 | 常识 |
| 상처 | | injury | 傷 | 伤 |
| 상태 | | condition, state | 状態 | 状态 |
| 상품 | | product | 商品 | 商品 |
| 상황 | | situation | 状況 | 情况 |
| 새 | | bird | 鳥 | 鸟 |
| 새다 | 날이 ~ | to dawn | (夜が)明ける | 曙(动) |
| 새로 | | newly | 新しく | 重新(副) |
| 새롭다 | | to be new | 新しい | 新(形) |
| 새벽 | | daybreak, dawn | 夜明け | 凌晨 |
| 색 | | color | 色 | 颜色 |
| 색연필 | | color pencil | 色鉛筆 | 彩色铅笔 |
| 샌드위치 | | sandwitch | サンドイッチ | 三明治 |
| 생각 | | thought | 考え | 思想, 想法 |
| 생각되다 | | to be thought of | * | 被人为~ |

| | | | | |
|---|---|---|---|---|
| 생각하다 | | to think | 考える | 想 |
| 생기다 | 문제가 ~ | to happen | できる / 起こる | (外貌)长(得~)(动) |
| 생략 | | omission | 省略 | 省略 |
| 생략되다 | | to be omitted | * | 节略 |
| 생명 | | life | 生命 | 生命 |
| 생산하다 | | to produce | 生産する | 生产(动) |
| 생선 | | fish | 鮮魚、魚 | 鱼 |
| 생선회 | | sliced raw fish | 刺身 | 生鱼片 |
| 생일 | | birthday | 誕生日 | 生日 |
| 생활 | | life | 生活 | 生活 |
| 샤워 | | shower | シャワー | 淋浴 |
| 샴푸 | | shampoo | シャンプー | 洗发水 |
| 서다 | | to stand | 立つ | 站(动) |
| 서두르다 | | to hurry | 急ぐ | 急忙做, 赶紧做(动) |
| 서로 | | each other | お互いに | 互相(副) |
| 문법 서술문 | | declarative sentence | 敍述文 | 记叙文 |
| 문법 서술어 | | predicate | 敍述語 | 谓语 |
| 서술하다 | | to describe | 叙述する | 叙述(动) |
| 문법 서술형 | | declarative | 敍述形 | 记叙形 |
| 서울 | | Seoul | ソウル | 首尔 |
| 서울역 | | Seoul station | ソウル駅 | 首尔(火车)站 |
| 서 있다 | | to stand | 立っている | 站 |
| 서점 | | book store | 書店 | 书店 |
| 서쪽 | | west side | 西側 | 西边 |
| 석유 | | coal oil | 石油 | 石油 |
| 선교사 | | missionary | 宣教師 | 传教士 |
| 선글라스 | | sunglasses | サングラス | 太阳镜 |
| 선물 | | present | プレゼント | 礼物 |
| 선배 | | senior | 先輩 | 学长, 师哥或师姐 |
| 선생 | | teacher, Mister | 先生 | teacher-老师 / Mister-先生 |
| 선생님 | | teacher | 先生の尊称 | 老师(敬语) |
| 선수 | | player | 選手 | 选手 |
| 선택 | | choice | 選択 | 选择 |
| 선택되다 | | to be chosen | 選択する | * |
| 선택하다 | | to choose | 選択する | 选择(动) |
| 설거지 | | dish-washing | お茶碗洗い、後片づけ | 刷碗, 收拾碗筷 |
| 설명 | | explanation | 説明 | 说明 |
| 섬 | | island | 島 | 岛 |

| 한국어 | | 영어 | 일본어 | 중국어 |
|---|---|---|---|---|
| 섭섭하다 | | to be sorry, to be sad | 名残惜しい、心寂しい、残念だ | 遗憾, 伤心(形) |
| 성 | | family name | 姓 | 姓 |
| 성공하다 | | to succeed | 成功する | 成功(自动) |
| 성립되다 | | to bo formed | 成立する | 成立(自动) |
| 성명 | | (full) name | 姓名 | 姓名 |
| 성인 | | adult | 成人 | 成人 |
| 성적 | | score, record | 成績 | 成绩 |
| 성질 | | nature, character | 性質 | 性质 |
| 세 | | three | さん、みっつ | 三 |
| 세계적 | | worldwide | 世界的 | 世界的(形) |
| 세기 | | century | 世紀 | 世纪 |
| 세다 | 수를 ~ | to count | 数える | 数(动) |
| 세대 | | generation | 世代 | 世代, 代 |
| 세상 | | world | 世の中 | 世上, 世间 |
| 세수 | | face washing | 洗面、顔を洗うこと | 洗脸 |
| 세탁물 | | laudry | 洗濯物 | 需要洗的衣物 |
| 셈 | | counting, calculation | 計算／勘定 | 数数 |
| 셋 | | three | さん、みっつ | 三 |
| 셋째 | | third | 三番目、三つ目 | 第三 |
| 소개하다 | | to introduce | 紹介する | 介绍(动) |
| 소금 | | salt | 塩 | 盐 |
| 소리 | | sound | 音 | 声音 |
| 소리치다 | | to shout | 叫ぶ、大聲を出す | 嚷, 号(动), 喊, 叫(动) |
| 소문 | | rumor | うわさ | 风闻, 传闻 |
| 소설책 | | novel | 小説 | 小说(集) |
| 소식 | | news | 消息 | 消息 |
| 소용 | | use, usefulness | 使いみち | 用处 |
| 소원 | | wish | 願い、念願 | 夙愿, 愿望 |
| 소주 | | Soju | 焼酎 | 烧酒 |
| 소중하다 | | to be precious | 大切だ | 珍贵, 宝贵 |
| 소파 | | sofa | ソファー | 沙发 |
| 소풍 | | picnic | ピクニック、遠足 | 郊游, 野餐 |
| 소화 | | digestion | 消化 | 消化 |
| 속 | | inside | 中、中身 | 里边, 内部 |
| 속담 | | proverb | ことわざ | 俗谈 |
| 속이다 | | to deceive | だます | 骗(动) |
| 속하다 | | to belong to | 属する | 属于(动) |
| 손 | | hand | 手 | 手 |

| 손가락 | finger | 指 | 手指 |
| 손님 | guest, customer | お客さん | 客人 |
| 손윗사람 | one's older, one's elder | 目上 | 长辈, 前辈 |
| 송아지 | calf | 子牛 | 牛犊 |
| 수 | number | 数 | 数 |
| 수건 | towel | タオル | 毛巾 |
| 수고하다 | to have a hard job | 苦労する | 辛苦, 劳苦(动) |
| 수단 | means | 手段 | 手段 |
| 수도꼭지 | faucet | 水道の栓 | 首都 |
| 수박 | water melon | すいか | 西瓜 |
| 수식 | modification | 修飾 | 修饰 |
| 수식되다 | to be modified | 修飾される | * |
| [문법] 수식 어미 | adnominalizer | * | * |
| 수업 | lesson | 授業 | 课 |
| 수영 | swimming | 水泳 | 游泳 |
| 수영복 | swim suit | 水着 | 泳装 |
| 수영장 | swimming pool | 水泳場 | 游泳池 |
| 수영하다 | to swim | 泳ぐ | 游泳(动) |
| 숙제 | homework | 宿題 | 作业 |
| 순간 | moment | 瞬間 | 瞬间 |
| 순서 | order | 順序 | 順序 |
| 숟가락 | spoon | スプーン | 勺子 |
| 술 | liquor | 酒 | 酒 |
| 술값 | drink charge | 酒代 / 飲み代 | 酒钱 |
| 술집 | bar, drinking house | 飲み屋 | 酒店, 酒家, 酒吧 |
| 숨기다 | to hide | 隠す | 把~藏起来(动) |
| 쉬다 | to relax | 休む | 休息(自动) |
| 쉽다 | to be easy | 易しい | 容易(形) |
| 슈퍼 | super | スーパー | 小卖店 |
| 스스로 | by oneself | ひとりでに / 自みずから | 自己, 自个儿(副) |
| 스키 | ski | スキー | 滑雪 |
| 스파게티 | spaghetti | スパゲティー | 意大利面 |
| 스포츠 | sports | スポーツ | 体育 |
| 슬퍼하다 | to grieve | 悲しむ | 伤感(动) |
| 습관적 | habitual | 習慣的 | 习惯性的(形) |
| 승리 | victory | 勝利 | 胜利 |
| 시 〈세 시〉 | o'clock | 時 何時 | ~点 |
| 시간 | time | 時間 | 时间 |
| 시계 | watch | 時計 | 钟表 |

| | | | | |
|---|---|---|---|---|
| 시골 | | country | 田舎 | 乡村 |
| 시끄럽다 | | to be noisy | うるさい | 吵，喧闹(形) |
| 시내 | | downtown | 市内 | 市内，市中心 |
| 시내버스 | | downtown bus | 市内バス | 市内公共汽车 |
| 시원하다 | | to be cool, to be refreshing | 涼しい | 舒服(形) |
| 시작 | | beginning | 始まり | 开始 |
| 시작되다 | | to be started | 始まる | * |
| 시작하다 | | to start | 始める | 开始(动) |
| 시작점 | | starting point | 出発点 | 起点 |
| 시장 | | market | 市場 | 市场 |
| [문법] 시제 | | tense | 時制 | 时态 |
| 시키다 | | to make (a person do) | させる | 吩咐，命令 |
| [문법] 시킴 | | force, order, to do | * | 吩咐，命令，预订 |
| 시험 | | exam | 試験 | 考试 |
| 식당 | | restaurant, dining room | 食堂 | 饭店，食堂 |
| 식사 | | meal | 食事 | 吃饭，进餐 |
| 신 | | god | 神 | 神 |
| 신경 쓰다 | | to mind | 気を遣う | 费心(动) |
| 신나게 | | excitingly | 得意になって、興がわいて | 兴奋地(副) |
| 신다 | 구두를 ~ | to wear | 履く | 穿(鞋)(动) |
| 신맛 | | sourness | 酸い味 | 酸的味道 |
| 신문 | | newspaper | 新聞 | 报纸 |
| 신발 | | shoes | 履物 | 鞋 |
| 신용 카드 | | credit card | クレジットカード | 信用卡 |
| 신체 | | human body | 身体 | 身体 |
| 실력 | | ability | 実力 | 实力，能力 |
| 실례지만 | | excuse me | 失礼ですが | 劳驾；打扰了 |
| 실망하다 | | to be disappointed | がっかりする | 失望(形) |
| 실수 | | mistake | 失敗 | 失误 |
| 실제 | | fact | 実際 | 实际，事实 |
| 실제로는 | | actually | 実際には | 实际上 |
| 실크 | | silk | シルク | 丝绸 |
| 실패하다 | | to fail in, to be unsuccessful in | 失敗する | 失败 |
| 싫다 | | to dislike | 嫌だ、嫌いだ | 不喜欢，讨厌(动) |
| 싫어하다 | | to hate | 嫌う | 讨厌，不喜欢(他动) |
| 심하다 | | to be excessive | ひどい | 严重，深重，过分(形) |

| | | | | |
|---|---|---|---|---|
| 싱겁다 | | to taste flat | 水っぽい、味が薄い | 淡(形) |
| 싸다 | | to be cheap | 安い | 便宜(形) |
| 싸우다 | | to fight | けんかする | 打架(自动) |
| 쌀 | | rice | 米 | 米, 大米 |
| 쌓이다 | | to be piled up | 積もる、たまる | 积, 积压, 堆积(自动) |
| 써 있다 | | it says | * | 写 |
| 쏘다 | | to shoot | 射いる、撃うつ / 刺さす | 射, 放枪(动) |
| 쏟아지다 | | to pour down | (一度いちどに多おおくのものが)こぼれ落おちる、群むらがり來くる | 洒(自动) |
| 쓰기주의 | | * | * | * |
| 쓰다¹ | 편지를 ~ | to write | 書く | 写(他动) |
| 쓰다² | 돈을 ~ | to spend | 使う | 化--钱 |
| 쓰다³ | 약이 ~ | to be bitter | 苦い | 苦 |
| 쓰레기 | | waste | ゴミ | 垃圾 |
| 쓰이다 | | to be used | 使われる | 有用处, 被使用(自动) |
| 씨 | 유미 씨 | Mr., Mrs. | (名前) さん | ~氏, 用在姓氏后表示尊敬 |
| 씩 | | each | ずつ | 每~ |
| 씹다 | | to chew | かむ | 咀嚼 |
| 씻다 | | to wash | 洗う | 洗(动) |

## ㅇ

| | | | |
|---|---|---|---|
| 아기 | baby | あかちゃん | 娃娃, 婴儿 |
| 아까 | a while ago | 少し前に | 刚才 |
| 아나운서 | announcer | アナウンサー | 播音员 |
| 아내 | wife | 妻 | 妻子 |
| 아니 | no | いいえ、いや | 不, 不是, 不对(副) |
| 아니요 | no | いいえ | 不, 不是, 不对(副)(敬体) |
| 아들 | son | 息子 | 儿子 |
| 아래 | under, below | 下 | 下边, 下 |
| 아랫사람 | one's junior | 目下の人 | 下属, 下级, 晚辈 |
| 아르바이트 | part-time job | アルバイト | 兼职 |
| 아름답다 | to be beautiful | 美しい | 美, 美丽 |
| 아마 | maybe | 多分 | 大概, 恐怕(副) |
| 아마도 | perhaps | 恐らく | 可能 |
| 아무 | any | どの、何の、どんな | 任何人或事物 |
| 아무거나 | whatever | 何でも、どれでも | 随便哪一个 |
| 아무것도 | nothing | どんなものでも | 什么都(不) |
| 아무나 | anybody | 誰でも | 不论是谁~ |

| 한국어 | | 영어 | 일본어 | 중국어 |
|---|---|---|---|---|
| 아무도 | | nobody | 誰も | 谁也(不), 没有人…… |
| 아무래도 | | by no means, anyhow | どうにも / どうやっても | 还是, 怎么也(连) |
| 아무리 | | no matter how | いくら(～ても) | 不管~, 就算~再 |
| 아버지 | | father | 父親、お父さん | 爸爸, 父亲 |
| 아빠 | | dad | お父さん | 爸爸, 父亲 |
| 아쉬워하다 | | to miss, to feel regret at | 残念がる | 惋惜(动) |
| 아예 | | from the beginning | 初めから / 絶対に | 干脆；从来……(副) |
| 아울러 | | in addition | 同時に / 一緒にして | 并且, 除此以外 |
| 아유 | | oh | おべっか | 哎呀(感) |
| 아이 | | child | 子供 | 孩子, 儿子或女儿 |
| 아이고 | | oh | ああ、あら、やれやれ | 哎呀(感) |
| 아이들 | | children | 子供たち | 一群孩子 |
| 아저씨 | | uncle, Mister | おじさん | 大叔, 大伯(对已婚男子的称呼) |
| 아주 | | very much | 非常に、とても、全く | 非常(副) |
| 아주머니 | | aunt, ma'am | おばさん | 大婶, 大娘(对已婚女子的称呼) |
| 아줌마 | | ma'am | おばさん | 大婶, 大娘(对已婚女子的称呼) |
| 아직 | | not yet | まだ | 还没~ |
| 아침 | | morning | 朝 | 早上 |
| 아침밥 | | breakfast | 朝ごはん | 早饭 |
| 아프다 | | to be sick | 痛い | 疼, 疼痛(形) |
| 아홉 | | nine | きゅう、ここのつ | 九 |
| 안¹ | 방 안 | inside, interior | 中 | 里边, 内部 |
| 안² | 안 가다 | not | ない | 不--去 |
| 안경 | | glasses | めがね | 眼镜 |
| 안녕하세요 | | hello, How are you | おはようございます / こんにちは / こんばんは | 您好, 你好！(见面时的问候语) |
| 안녕히 | | peacefully | 安泰で | 平安地(副) |
| 안다 | | to hold in one's arms, to hug | 抱く | 抱, 搂(动) |
| 안부 | | regards | 安否 | 问候 |
| 안에 | | inside | 中に | 在里边 |
| 안타까워하다 | | to feel regret at | 不憫がる / もどかしがる | 为~而难过(自动) |
| 앉다 | | to sit | 座る | 坐(自动) |
| 앉아 있다 | | to be seated | * | 坐在~ |
| 알다 | | to know | 知る | 知道, 认识(动) |
| 알려 주다 | | to let a person know | 知らせる | 面授 |

| 알려지다 | to be known | 知しられる | 被知道；有名(动) |
| --- | --- | --- | --- |
| 알리다 | to inform | 知らせる | 告诉, 通知(他动) |
| 알맞다 | to be appropriate | 適当だ、程よい | 恰好, 合适(形) |
| 알아보다 | to recognize | 見分ける | 认出(动) |
| 알약 | pill | 錠剤 | 片剂(药) |
| 앓다 | to suffer | 病む | 患病(动) |
| 앗 | oops | あつ あつ、熱あつい | 啊!(感叹) |
| 앞 | front | 前 | 前面, 前 |
| 앞뒤 | front and rear | 前後 | 前后 |
| 앞머리 | the head, the front end | 前髪 | 前部 |
| [문법] 앞절 | preceding clause | * | 前节 |
| 앞쪽 | front side | 前のほう | 前边 |
| 애 | child | 子こどもの縮約形 | 婴儿 |
| 애인 | one's boyfriend | 恋人 | 情人, 女朋友 |
| 야근 | night work | 夜勤 | 夜班 |
| 야단 | scolding | 叱り | 责备 |
| 야단맞다 | to be scolded | 叱られる | 挨责备 |
| 야단치다 | to scold | 叱る | 责备(他动) |
| 약 | medicine | 薬 | 药 |
| 약사 | pharmacist | 薬剤師 | 药剂师 |
| 약속 | appointment, promise | 約束 | 约会；承诺 |
| 약속하다 | to promise | 約束する | 约 |
| 약하다 | to be weak | 弱い | 弱(形) |
| 약해지다 | to weaken | 弱くなる | 变弱(自动) |
| 양 | quantity | 量 | 量 |
| 양보하다 | to concede | 譲歩じょうほする、譲ゆずる | 让步(自动) |
| 양복 | suit | せびろ | 洋装 |
| 양해 | understanding | 了解 | 谅解 |
| 얕잡다 | to despise, to underestimate | 侮る | 轻视, 瞧不起(动) |
| 얘 | this child | この子 | 这孩子 |
| 얘기 | story | 話し | 话语 |
| [문법] 어간 | stem(of a verb) | 語幹 | * |
| 어느 | which, some | ある、どの | 哪一个~ |
| 어둠 | darkness | 暗さ | 黑暗 |
| 어디 | where | どこ／どこか | 哪里, 哪儿 |
| 어떠하다 | to be how | どういうふうになっている、どんな | 怎么样 |
| 어떡하다 | to do how | いかにする、どうする | 怎么办 |

| | | | |
|---|---|---|---|
| 어떤 | what kind of, what | ある / どんな | 怎么样的~ |
| 어떻게 | how | どんなに、いかに | 怎么~(副) |
| 어렵다 | to be difficult | 難しい | 难, 困难(形) |
| 어른 | adult | 大人、目上の人 | 大人 |
| 어리다 | to be young | 幼い | 年幼；幼稚, 不懂事(形) |
| 어린이 | child | 子供 | 儿童, 孩子 |
| 어머나 | Oh, My goodness | あら、まあ | 哎哟, 天啊 |
| 어머니 | mother | 母、お母さん | 妈妈, 母亲 |
| [문법] 어미 | ending | 語尾 | * |
| 어울리다 | to suit, to match | 似合う | 相配, 相协调(动) |
| 어제 | yesterday | 昨日 | 昨天 |
| 어젯밤 | last night | 昨夜 | 昨夜, 昨晚 |
| 어쨌든 | anyway | とにかく | 不管怎么样 |
| 어찌나 | so, too | どう / どうして / どんなに | 多么~(感叹) |
| 어치　　만 원어치 | worth | 分量、程度、分 | 价值 |
| 어휴 | Ugh, Oh | ああ、はあ | 哎~(感叹) |
| [문법] 억양 | intonation | 抑揚 | 语调 |
| 언니 | elder sister | 姉、姉さん | 女性对姐姐的称呼 |
| 언어 | language | 言語 | 语言 |
| 언제 | when | いつ | 什么时候 |
| 언제든지 | any time, whenever | いつでも | (可以)--哪儿 |
| 얻다 | to get | もらう、得える、受ける、拾ひろう | 得, 获得(动) |
| 얼굴 | face | 顔かお | 脸 |
| 얼마 | how much | いくら、どれほど | 多少；多少钱 |
| 얼마나 | how much | いくらぐらい、どれほど | 多么, 何其 |
| 얼음 | ice | 氷 | 冰 |
| 엄마 | mom | お母さん | 妈妈, 母亲 |
| 없다 | there is no, have no | ない | 没有(动) |
| 에이 | Oh | えい、もう | 哎呀(感) |
| 에이즈 | AIDS | エイズ | 艾兹病 |
| 여기 | here | ここ | 这里 |
| 여기다 | to consider | 思う | 认为, 当做(动) |
| 여러 | several, many | 多くの | 一些, 许多 |
| 여러 가지 | several things | いろいろの | 多种多样 |
| 여러분 | everyone | みなさん | 各位, 诸位 |
| 여럿 | many people, many things | 多数、多くの人 | 许多人 |

| 여름 | summer | 夏 | 夏天 |
| --- | --- | --- | --- |
| 여보게 | Hi there | 君 | 大人之间称呼的"喂" |
| 여보세요 | Hello | もしもし | 喂(打电话时) |
| 여섯 | six | ろく、むっつ | 六 |
| 여자 | woman | 女の人、女子 | 女子, 女性 |
| 여자들 | women | 女の人たち | 她们 |
| 여행 | travel, trip | 旅行 | 旅行 |
| 여행 가방 | luggage | * | 行李, 提箱 |
| 역 | train station | 駅 | 车站 |
| 역시 | as well | また / やはり | 又, 也(副) |
| [문법] 연결 어미 | conjunctive ending | 連結語尾 | * |
| 연결되다 | to be connected | 繋がる | 接通 |
| [문법] 연결 준꼴 | contracted conjunctive ending | * | * |
| 연결하다 | to connect | 連結する | 连接 |
| 연구 | research | 研究 | 研究 |
| 연극 | play | 演劇 | 戏剧 |
| 연락하다 | to contact | 連絡する | 联系 |
| 연습하다 | to practice | 練習する | 练习 |
| 연필 | pencil | 鉛筆 | 铅笔 |
| 열 | fever | じゅう、とお、 | 热 |
| 열다 | to open | 開ける、開く | 开(门等)(动) |
| 열두 | twelve | 十二 | 十二 |
| 열심히 | hard | 熱心に | 努力地(副) |
| 영어 | english | 英語 | 英语 |
| 영향 | effect, influence | 影響 | 影响 |
| 영화 | movie | 映画 | 电影 |
| 영화관 | movie theater | 映画館 | 电影院 |
| 영화배우 | movie actor (actress) | 映画俳優 | 电影演员 |
| 영화표 | movie ticket | 映画のチケット | 电影票 |
| 옆 | side, next | 横 | 旁边 |
| 예 | example | 例 | 例 |
| 예를 들다 | to take an example | 例をあげる | 举一个例子 |
| 예문 | example sentence | 例文 | 例句, 例文 |
| 예뻐 보이다 | to look pretty | * | 看得见美 |
| 예쁘다 | to be beautiful | きれいだ | 漂亮(形) |
| 예상하다 | to predict, expect | 予想する | 预想, 预测 |
| 예술 | art | 美術 | 艺术 |
| 예약하다 | to make a reservation | 予約する | 预订 |

| 예정 | | schedule, prearrangement | 予定 | 预定的安排 |
| --- | --- | --- | --- | --- |
| 옛날 | | old days, old times | むかし | 从前, 以前 |
| 옛날이야기 | | fairy tale | むかしばなし | 故事, 古话 |
| 오 | 5 명 | five | 五 | 五(数) |
| 오 | | oh | * | 哦 |
| 오늘 | | today | 今日 | 今天 |
| 오늘밤 | | tonight | 今晩 | 今晚 |
| 오다 | | to come | 来る | 来(自动) |
| 오래 | | long time | 長く | 久, 长时间 |
| 오래되다 | | to be old | 古い、久しい | 古老, 很久(自动) |
| 오랜만 | | after long time | ひしぶり | 好久, 许久 |
| 오랫동안 | | for a long time | 長い間 | 好久, 长久, 很长时间 |
| 오렌지 | | orange | オレンジ | 橙子 |
| 오르다 | 산에 ~ | to climb up | 登る | 上, 爬；上升, 上涨(动) |
| 오른쪽 | | right side | 右側 | 右边 |
| 오이 | | cucumber | きゅうり | 黄瓜 |
| 오전 | | a.m. | 午前 | 上午 |
| 오직 | | only | ただ、ひたすら | 只, 光, 只是(副) |
| 오천 | 5천 명 | five thousand | 五千 | 五千 |
| 오해 | | misunderstanding | 誤解 | 误会 |
| 오후 | | afternoon | 午後 | 下午 |
| 온갖 | | all kinds of | あらゆる、すべての | 所有的, 各式各样 |
| 온통 | | entirely, wholly | すべて | 一片, 满, 都, 整个(副)(名) |
| 올라가다 | | to go up | 上がる、登る | 上去(自动) |
| 올라오다 | | to come up | 上がって来る、登る | 上来(自动) |
| 올리다[1] | 억양을 ~ | to raise | 挙げる、揚げる | 举起, 提高(他动) |
| 올리다[2] | 편지를 ~ | to write | 手紙を差し上げる | 呈一函 |
| 올림픽 | | Olympic | オリンピック | 奥林匹克 |
| 올여름 | | this summer | 今年の夏 | 今年夏天 |
| 올해 | | this year | 今年 | 今年夏天 |
| 옮겨가다 | | to move (to) | 移していく | 搬走(自动) |
| 옮겨 말하다 | | to quote | 翻訳する | 翻译 |
| 옮기다 | 회사를 ~ | to move | 移る | 搬, 挪动(他动) |
| 옮기다 | 말을 ~ | to pass words on to another | * | 传--话 |
| 옳다 | | to be right, to be rightful | 正しい | 正当, 对, 不错(形) |
| 옷 | | clothes | 服 | 衣服 |

| | | | |
|---|---|---|---|
| 옷걸이 | clothes rack, coat hanger | ハンガー | 衣挂 |
| 완결되다 | to be completed | 完結する | 完结 |
| 완료 | completion | 完了 | 完了 |
| 완료되다 | to be finished | * | 完了(他动) |
| 완료하다 | to finish | * | 完了(自动) |
| 완전히 | completely | 完全に | 完全地(副) |
| 왜 | why | なぜ | 为什么 |
| 외국 | foreign country | 外国 | 外国 |
| 외국 사람 | foreigner | 外国人 | 外国人 |
| 외국어 | foreign language | 外国語 | 外语 |
| 외국인 | foreigner | 外国人 | 外国人 |
| 외모 | appearance | 外見 | 外貌 |
| 외에   그 외에 | besides | 外に | ~之外 |
| 외우다 | to memorize, to learn by heart | そらんじる、暗記する | 背, 背诵(动) |
| 외출하다 | to go out | 外出する | 外出 |
| 외투 | coat | 外套、オーバー | 外套, 大衣 |
| 왼쪽 | left side | 左側 | 左边 |
| 요구 | request | 要求 | 要求 |
| 요구하다 | to request | 要求する | 要求(动) |
| 요금 | fee, charge, rate | 料金 | 费用 |
| 요리 | cooking | 料理 | 料理 |
| 요즘 | these days, nowadays | この頃 | 最近, 这阵子, 近来 |
| 요청 | request | 要請 | 邀请 |
| 요청하다 | to request | 要請する | 要请 |
| 욕심 | greed, desire | 欲 | 欲望, 贪欲, 欲念 |
| 용돈 | pocket money | おこづかい | 零用钱 |
| [문법] 용언 | declinable word | 用言 | 谓词 |
| 우리 | we | 私たち | 我们 |
| 우리나라 | our country | わが国 | 我国 |
| 우산 | umbrella | 傘 | 雨伞 |
| 우선 | to begin with | 優先 | 优先, 首先 |
| 우수하다 | to be excellent | 優秀だ | 优秀(形) |
| 우습다 | to be funny | おもしろい / ばからしい | 可笑, 滑稽(形) |
| 우승 | victory | 優勝 | 优胜 |
| 우연히 | by accident | 偶然に | 偶然地(副) |
| 우유 | milk | 牛乳 | 牛奶 |
| 우체국 | post office | 郵便局 | 邮局 |
| 우표 | stamp | 切手 | 邮票 |

| 한국어 | | 영어 | 일본어 | 중국어 |
|---|---|---|---|---|
| 운동¹ | | exercise, sport | 運動 | 运动 |
| 운동² | 환경 운동 | movement, campaign | 運動 | 运动 |
| 운동장 | | playground, stadium | 運動場 | 运动场 |
| 운동하다 | | to take exercise | 運動する | 运动(动) |
| 운동화 | | sports shoes, sneakers | 運動靴 | 运动鞋 |
| 운전 | | driving | 運転 | 驾驶, 开车 |
| 운전하다 | | to drive | 運転する | 开, 驾驶 |
| 울다 | | to cry | 泣く | 哭, 哭泣(自动) |
| 움직임 | | movement | 動き | 动态, 动向, 移动 |
| 웃다 | | to laugh | 笑う | 笑(动) |
| 원¹ | | gee | * | 唉呀! |
| 원² | 100원 | Korean Won | ウォン | 韩币单位 |
| 원료 | | raw material | 原料 | 原料 |
| 원인 | | cause | 原因 | 原因 |
| 원피스 | | one-piece | ワンピース | 连衣裙 |
| 원하다 | | to want | 願う、求める | 要, 想要(动) |
| 월급 | | salary | 月給 | 月薪 |
| 월드컵 | | world cup | ワールドカップ | 世界杯 |
| 월요일 | | Monday | 月曜日 | 星期一 |
| 웬일 | | what matter, what cause | どうしたこと、何事 | 怎么回事 |
| 위 | | on, over | 胃 | 上, 上边 |
| 위장병 | | gastroenteric disorder | 胃腸病 | 胃肠疾病 |
| 위치 | | location | 位置 | 位置 |
| 위험하다 | | to be dangerous | 危険だ | 危险(形) |
| 위협하다 | | to threaten | 威嚇する、おどす | 威胁(动) |
| 윗사람 | | one's senior, one's elder | 目上の人 | 长辈；上司 |
| 유명하다 | | to be famous | 有名だ | 有名(形) |
| 유지되다 | | to be maintained | 維持される | 维持, 保持；保护(他动) |
| 유지하다 | | to maintain | 維持する | 维持, 保持；保护(自动) |
| 유학 | | studying abroad | 留学 | 留学 |
| 육 | | six | ろく、むつ、む | 六 |
| 윷놀이 | | game of yut, playing yut | ユンノリ | 尤茨游戏 |
| 은행 | | bank | 銀行 | 银行 |
| 음료수 | | drink | 飲料水、飲み物 | 饮料 |
| 음식 | | food | 食べ物 | 食物 |
| 음악 | | music | 音楽 | 音乐 |
| 응 | | yes | うん、ああ | 嗯(感) |
| 의견 | | opinion | 意見 | 意见 |
| 의도 | | intention | 意図 | 意图 |

| 의도적으로 | | intentionally | 意図的に | 有意地(副) |
|---|---|---|---|---|
| 의무 | | duty | 義務 | 义务 |
| 의문 | | doubt | 疑問 | 疑问 |
| [문법] 의문문 | | interrogative sentence | 疑問文 | 疑问文 |
| [문법] 의문사 | | interrogative | 疑問詞 | 疑问词 |
| 의미 | | meaning | 意味 | 意义 |
| 의미 항목 | | list of meanings | 意味項目 | 意义项 |
| 의사 | | doctor | 医者 | 医生 |
| 의자 | | chair | 椅子 | 椅子, 凳子 |
| [문법] 의존 명사 | | incomplete noun | * | 依存名词 |
| 의지 | | willingness | 意志 | 依靠, 依赖 |
| 의지하다 | | to depend | もたれる | 依 |
| 의한 | ~에 의한 | depending on, based on | よる | 依靠~的(形) |
| 이곳 | | this place | この場所 | 这里, 此处 |
| 이거 | | this one | これ、これは、こりゃ | 这个 |
| 이것 | | this one | これ | 这个, 此 |
| 이것저것 | | this one and the other, this and that | あれこれ | 这个那个, 这那, 种种 |
| 이게 | 이것이 | this | これが、これ | 这个 |
| 이기다 | | to win | 勝つ | 赢, 胜(自动) |
| 이끌어 가다 | | to guide, to lead | 引っ張る / 導く | 拉, 引领, (动) |
| 이동 | | movement | 移動 | 移动, 转移；变动 |
| 이따가 | | later | 少し後で | 待会儿, 过一会儿 |
| 이때 | | this time | この時、今 | 这时 |
| 이러다 | | to do this way | こうしていては | 这样下去 |
| 이러하다 | | to be such, to be like this | こうである | 是这样的(动) |
| 이런 | | like this, such | このような、こんな | 这样的(形) |
| 이렇게 | | like this, so much | このように | 这样, 这么(副) |
| 이루어지다 | | to get accomplished | 成る | 实现, 取得(自动) |
| 이르다¹ | 약속 장소에 ~ | to get to | 至る、着く | 达到 |
| 이르다² | 선생님에게 ~ | to tell, to inform | 言いつける | 告诉 |
| 이름 | | name | 名前 | 名字 |
| 이리 | | this way | こちらへ、こちらに | 这里 |
| 이만 | 이만 원 | twenty thousands | 二万 | 到此, 到这个程度 |
| 이메일 | | e-mail | メール | 电子邮件 |
| 이미 | | already, yet | 既に | 已经(副) |
| 이발소 | | barber shop | 理髪店 | 理发店 |
| 이번 | | this time | 今回、この度 | 这次, 此次 |

| 이번 가을 | | this fall | * | 这次秋天 |
| 이분 | | this person | この方 | 这位 |
| 이사 | | moving | 引っ越し | 搬家, 迁徙 |
| 이상 | 둘 이상의 | over | 以上 | 以上, 超过, 多于 |
| 이상하다 | | to be strange | おかしい、変へんだ | 奇怪, 异常(形) |
| 이야기 | | story | 話し | 故事 |
| 이야기하다 | | to say | 話す | 谈 |
| 이외의 | | except | 以外の | 除此以外 |
| 이용하다 | | to use | 利用する | 利用, 使用(他动) |
| 이웃사촌 | | better is a neighbor that is near than a brother far off | いとこや兄弟のように親しい近所の人 | 远亲不如近邻 |
| 이유 | | reason | 理由 | 理由 |
| 이제 | | now | 今、もう | 现在, 此刻 |
| 이쪽 | | this way | こちら、こちら側 | 这边儿 |
| 이해되다 | | to be understood | 理解される | * |
| 이해하다 | | to understand | 理解する | 懂 |
| 익숙해지다 | | to get used to | 慣れる | 变得熟练(自动) |
| 인간 | | human being | 人間 | 人, 人类 |
| 인기 | | popularity | 人気 | 人气, 受欢迎 |
| 인류 | | mankind | 人類 | 人类 |
| 인사 | | greeting | 挨拶 | 问候, 招呼 |
| 인사말 | | greetings | 挨拶の言葉 | 问候语 |
| 인삼 | | ginseng | 高麗人参 | 人参 |
| 인생 | | human life, one's life | 人生 | 人生 |
| 인용 | | quotation, citation | 引用 | 引用 |
| 인용되다 | | to be quoted | * | * |
| [문법] 인용문 | | quotation | 引用文 | 引用文 |
| [문법] 인용 어미 | | quotation ending | * | * |
| [문법] 인용 조사 | | quotation particle | * | * |
| 인용하다 | | to quote | 引用する | 引用(动), 引自 |
| 인정하다 | | to admit | 認める | 首肯, 认 |
| 인터넷 | | internet | インターネット | 网络 |
| 일 | 일이 많다 | work | 仕事、用事 | 日, 事情, 工作 |
| 일기 | | diary | 日記 | 日记 |
| 일단 | | once, first | いったん | 一旦；首先(副) |
| 일반 | | standard | 一般 | 一般 |
| 일반적 | | general | 一般的 | 一般的 |
| 일반적으로 | | generally | 一般的に | 一般来讲 |

| 일반화되다 | | to be generalized | 一般化される | 一般化 |
| --- | --- | --- | --- | --- |
| 일본 | | Japan | 日本 | 日本 |
| 일본어 | | the Japanese language | 日本語 | 日语 |
| 일본 사람 | | Japanese people | 日本人 | 日本人 |
| 일부 | | part of | 一部 | 一部分 |
| 일상적 | | daily | 日常的 | 日常的(形) |
| 일어나다[1] | 아침에 ~ | to get up | 起きる | 起来, 起床(自动) |
| 일어나다[2] | 사건이 ~ | to happen | 起こる | 发生 |
| 일어나다[3] | 자리에서 ~ | to stand up | 立つ | 起席 |
| 일어서다 | | to stand up | 立つ、立ち上がる | 站起来(自动) |
| 일요일 | | Sunday | 日曜日 | 星期日 |
| 일자리 | | job, position | 職、勤め口 | 职业, 工作岗位 |
| 일정한 | | fixed | 一定する | 一定的, 固定的(形) |
| 일주일 | | one week | 一週間 | 一周, 一星期 |
| 일찍 | | early | 早く | 很早地(副) |
| 일치되다 | | to coincide | 一致する | 一致(动) |
| 일하다 | | to work | 仕事をする | 干活(自动) |
| 읽다 | | to read | 読む | 读(动) |
| 읽히다 | | to make a person to read | 読ませる | 领读(使动) |
| 잃어버리다 | | to lose | なくす | 丢失 |
| 임무 | | duty, task | 任務 | 任务 |
| 입 | | mouth | 口 | 嘴 |
| 입구 | | entrance, way in | 入り口 | 入口 |
| 입다 | | to put on | 着る | 穿(衣服)(动) |
| [문법] 입말 | | spoken language | 口語 | 口语 |
| 입산금지 | | keep out of the mountain | * | 禁止上山 |
| 입술 | | lip | くちびる | 嘴唇 |
| 입원하다 | | to go into hospital | 入院 | 住院 |
| 입장 | 나의 입장 | one's situation | 立場 | 立场 |
| 입장하다 | | to enter | 入場 | 入场, 进场 |
| 입히다 | | to dress | 着せる | 给~穿上(动) |
| 잇다 | | to join, to link | つなぐ | 接, 拼, 连接 |
| 잇달아 | | successively, consecutively | つづいて | 连续, 不断地(副) |
| 있다 | | to be, to exist | ある / いる | 有, 在(动) |
| 잊어버리다 | | to forget | すっかり忘れてしまう | 忘掉(动) |
| 잊혀지다 | | to be forgotten | (自然しぜんと)忘れられる | 被淡忘(动) |

## ㅈ

| 한국어 | | 영어 | 일본어 | 중국어 |
|---|---|---|---|---|
| 자격 | | qualification | 資格 | 资格 |
| 자기 | | oneself, one's self | 自己、自分 | 自己 |
| 자기소개 | | self-introduction | 自己紹介 | 自我介绍 |
| 자꾸 | | again and again | ひっきりなしに | 屡次, 再三, 总是 |
| 자네 | | you | 君 | 你(尊称) |
| 자다 | | to sleep | 寝る | 睡, 睡觉(自动) |
| 자동차 | | car, automobile | 自動車 | 汽车 |
| 자랑스러워하다 | | to be proud | 自慢がる | 感到骄傲, 自豪(动) |
| 자랑스럽다 | | to be proud | 自慢だ | 值得自豪, 值得骄傲(形) |
| 자랑하다 | | to brag, to boast | 自慢する | 炫耀, 骄傲 |
| 자르다 | | to cut | 切る / 首にする | 切断, 剪断(动) |
| 자리 | | seat | 席 | 位子 |
| 자세하다 | | to be detailed | 詳細だ | 详细, 仔细(形) |
| 자식 | | one's sons and daughters | 子供 | 子女, 孩子 |
| 자신 | | oneself, self | 自身 | 自身 |
| 자연 | | nature | 自然 | 自然 |
| 자연스럽다 | | to be natural | 自然だ | 自然(形) |
| 자전거 | | bicycle | 自転車 | 自行车 |
| 자주 | | often | たびたび | 常常, 经常(副) |
| 자체 | | itself | 自体 | 本身 |
| 자취하다 | | to cook food for oneself | 自炊する | 自己做饭而生活 |
| 자칫하면 | | at the slightest wrongdoing | まかり間違えば | 一不小心(就会……) |
| 작년 | | last year | 去年 | 去年 |
| 작다 | | to be small | 小さい | 小(形) |
| 작은형 | | second eldest brother | 下の兄 | 二哥 |
| 잔 | 한 잔 | cup, glass | 杯、一杯 | 杯子, 杯盏 |
| 잔소리 | | nagging | 小言 | 唠叨; 申斥 |
| 잔소리하다 | | to nag | 小言を言う | 絮嘴 |
| 잘 | | well | よく | 好好地(副) |
| 잘난 척하다 | | to behave snobbishly | 偉いふりをする | 自以为是, 自觉了不起 |
| 잘라지다 | | to be cut | 切られる / 首くびになる | 被剪断(自动) |
| 잘못[1] | 잘못을 하다 | mistake, error, fault | 間違い、誤り、間違え | 不是, 过错 |
| 잘못[2] | 잘못 듣다 | by mistake, wrongly | 誤って、間違えて | 错 |
| 잘못하다 | | to do wrong | 間違える、誤る、過つ | 弄错 |
| 잘생기다 | | to be good-looking, to be handsome | ハンサムだ | 帅(形) |
| 잘하다 | | to do well | 上手だ | 擅长~; 干得好(动) |

| 잠 | | sleep | 眠り | 觉, 睡眠 |
| --- | --- | --- | --- | --- |
| 잠기다 | 물에 ~ | to sink | 沈む | 被锁上；淹没(动) |
| 잠깐 | | moment, while | 少しの間 / ちょっと | 一会儿, 片刻, 暂且 |
| 잠시 | | moment, while | しばらくの間、しばらく | 暂时, 片刻, 一会儿 |
| 잡다¹ | 손을 ~ | to hold, to take | 取る、握る | 抓, 拿, 捉(他动) |
| 잡다² | 물고기를 ~ | to catch | 捕る | 捕捉 |
| 잡수시다 | | to eat (honorific form) | 召し上がる | 吃, 用(吃的敬语) |
| 잡지 | | magazine | 雑誌 | 杂志 |
| 잡히다 | | to be caught | 握られる / 捕られる | 被抓住(动) |
| 장가 | | taking a wife | 妻をめとること | 娶妻 |
| 장갑 | | glove | 手袋 | 手套 |
| 장난감 | | toy | おもちゃ | 玩具 |
| 장사 | | commerce, trade | 商売 | 买卖, 生意 |
| 장소 | | place, location | 場所 | 场所 |
| 장인 | | father-in-law | 職人 | 岳父 |
| 재래시장 | | traditional market | 市場 | 农贸市场 |
| 재료 | | material, ingredient | 材料 | 材料 |
| 재미있다 | | to be interesting | おもしろい | 有趣, 好玩儿(形) |
| 재산 | | property, fortune | 財産 | 财产 |
| 재확인시키다 | | to reconfirm | 再確認させる | 再次进行核实, 确认(动) |
| 쟤 | | that guy | あの子 | 那个人(非敬体) |
| 저¹ | 저는 | I, me | わたくし | 我 |
| 저² | 저 책 | that (over there) | あの | 那 |
| 저건 | 저것은 | that one | あれは / あいつは | 那个(主格) |
| 저것 | | that one | あれ | 那个 |
| 저게 | 저것이 | that one | あれが / あいつが | 那个 |
| 저금하다 | | to save money | 貯金する | 储蓄, 存款 |
| 저기 | | over there | あそこ、あちら | 那里 |
| 저녁 | | evening | 夕方 / 夕飯 | 晚上 |
| 저렇게 | | like that | あんなに | 那样(副) |
| 저리 | | that way | あっちに、あちらに | 往那边儿(副) |
| 저분 | | that person (honorific form) | あの方 | 那位 |
| 저 사람 | | that person | あの人 | 那个人 |
| 저절로 | | by itself | 自然に、ひとりでに | 自然而然地(副) |
| 저쪽 | | that way | あっち、あちら | 那边儿 |
| 저축 | | saving, storing | 貯蓄 | 储蓄 |
| 저희 | | we, us | わたくしども | 我们 |
| 적다¹ | 돈이 ~ | to be few | 少ない | 少(形) |

| 적다² | 주소를 ~ | to write down | 書く | 写 |
| 전 | 저는 | I | わたくしは | 我 |
| 전공 | | one's major, one's academic speciality | 専攻 | 专业 |
| 전달하다 | 내용을 ~ | to notify | 伝達する | 传达, 传递 |
| 전부 | | all | 全部 | 全部 |
| 전시회 | | exhibition | 展示会 | 展览会 |
| 전에 | ~기 전에 | before | 前に, 前は | 之前 |
| 전자레인지 | | microwave oven | 電子レンジ | 微波炉 |
| 전제 | | presupposition | 前提 | 前提 |
| 전제하다 | | to presuppose | 前提とする | * |
| 전철 | | metro, subway | 電車 | 地铁 |
| 전체 | | whole | 全体 | 全体, 全部 |
| 전체적인 | | overall | 全体的な | 整体的(形) |
| 전체 참고 | | * | * | * |
| 전하다 | | to convey | 伝える | 传送；转达(动) |
| 전혀 | | never | 全然 | 全然(不), 压根儿(不)(副) |
| 전화 | | telephone, phone | 電話 | 电话 |
| 전화번호 | | telephone number | 電話番号 | 电话号码 |
| [문법]절 | | clause | * | 节 |
| 절 | 저를 | me | わたくしを | 我 |
| 절대로 | | absolutely | 絶対に | 绝对地(副) |
| 절반 | | half | 折半、半分 | 一半 |
| 젊다 | | to be young | 若い | 年轻(形) |
| 젊은이 | | young person, youngster | 若者 | 年轻人 |
| 점심 | | lunch | 昼食 | 中午；午饭 |
| 점심시간 | | lunch time | 昼食時 | 中午时间 |
| 점점 | | little by little, gradually | だんだん | 逐渐地, 越来越(副) |
| [문법]접사 | | suffix | 接辞 | * |
| [문법]접속 조사 | | conjunctive particle | * | * |
| 접시 | | plate | 皿 | 盘子, 碟子 |
| 정기 검사 | | periodical inspection | 定期検査 | 定期检查 |
| 정도 | | degree, level | 程度 | 程度 |
| 정류장 | | bus stop, taxi stop | 停留所 | 停车站, 车站 |
| 정말 | | really, truly | 本当に | 真的, 实在 |
| 정보 | | information | 情報 | 信息 |
| 정상적 | | normal | 正常の | 正常的(形) |
| 정신 | | spirit | 精神 | 精神, 心神 |
| 정의하다 | | to define | 定義する | 下定义(动) |

| 정중하게 | | politely | 丁重だ | 郑重, 庄重(形) |
| 정해지다 | | to be decided, to be settled | 決まる | 确定下来(动) |
| 젖다 | | to get wet | 濡れる | 淋湿, 湿(形) |
| 제$^1$ | 제 동생 | my, my own | わたくしの | 我的, 我自己的(谦虚说法) |
| 제$^2$ | 제가 | I | わたくしが | 我 |
| 제기하다 | | to raise a question | 提起する | 键子 |
| 제발 | | please, for heaven's sake | ぜひ, どうか | 千万, 求求你, 请 |
| 제법이에요 | | he/she is quite good | 結構です, かなりいいです | 象那样子, 像那么回事儿 |
| 제안하다 | | to propose, suggest | 提案する | 提案 |
| 제약 | | restriction, constraint | 制約する | 制约, 限制 |
| 제외하다 | | to exclude | 除外する | 除外, 排除 |
| 제일 | | the first, the most | 第一、もっとも | 第一, 最~ |
| 제한되다 | | to be restricted | 制限される | 限制, 界限 |
| 조건 | | condition, requirement | 条件 | 条件 |
| 조금 | | little, small quantity | ちょっと | 一点儿 |
| 조금씩 | | little by little | 少しづつ | 零拉八碎 |
| [문법] 조사 | | case marker | 助詞 | 助词 |
| 조사하다 | | to investigate | 調査する | 调查 |
| 조심하다 | | to be careful | 気をつける | 小心(动) |
| 조용히 | | quietly, silently | 静に | 静悄悄地(副) |
| [문법] 존대 | | honorifics | * | 尊敬 |
| 졸리다 | | to feel sleepy | 眠い | 困, 发困(形) |
| 졸업하다 | | to graduate | 卒業 | 毕业 |
| 졸음 | | sleepiness, drowsiness | 眠気 | 睡意, 困劲儿 |
| 좀$^1$ | 돈이 좀 있다 | bit, little | ちょっと | 一点儿 |
| 좀$^2$ | 물 좀 주세요 | please | * | 请~ |
| 좀더 | | little more | もう少し | 再多~一点儿 |
| [문법] 종결 어미 | | sentence ending final ending | * | * |
| [문법] 종결 준꼴 | | contracted sentence ending | * | * |
| 종이 | | paper | 紙 | 纸 |
| 종일 | | all day (long) | 一日中 | 一整天 |
| 좋다 | | to be good | いい | 好(形) |
| 좋아지다 | | to become better, to improve | 良くなる | 变好, 好起来 ; 提高(自动) |
| 좋아하다 | | to like | 喜ぶ / 好だ、好く | 喜欢(动) |
| 좋은 점 | | good point | 長所 | 好处, 优点 |

| | | | | | |
|---|---|---|---|---|---|
| 죄송하다 | | to be sorry | 申し訳ない | 抱歉(动) |
| 주¹ | 다음 주 | week | 週 | 周 |
| 주² | 주여 | Lord | * | 天主 |
| 문법 주격 조사 | | subject case marker | 主格助詞 | * |
| 주고받다 | | to give and take | 取り交わす | 给与和接受 |
| 주다 | | to give | あげる | 给(动) |
| 주로 | | mainly | 主に | 以……为主地, 主要地(副) |
| 주말 | | weekend | 週末 | 周末 |
| 주무시다 | | to sleep (honorific form) | お休になる | 就寝(敬语) |
| 주사 | | injection, shot | 注射 | 注射 |
| 주소 | | address | 住所 | 住址, 地址 |
| 주스 | | juice | ジュース | 果汁 |
| 주식 | | stock, shares | 株式 | 股票, 证券 |
| 문법 주어 | | subject | 主語 | 主语 |
| 주어지다 | | to be given | 与えられる | 被赋予(动) |
| 주의 | | attention, warning | 注意 | 注意 |
| 주의 사항 | | matter for attention | 注意事項 | 注意事项 |
| 주인 | | owner | 持ち主 | 主人 |
| 주장하다 | | to insist | 主張する | 主张 |
| 문법 주절 | | main clause | * | 主句 |
| 문법 주제 | | theme, Thema | 主題 | 主题 |
| 주차하다 | | to park a car | 駐車する | 停车 |
| 주차장 | | parking lot | 駐車場 | 停车场 |
| 주체 | 행위의 주체 | subject(of the act) | 主体 | 主体 |
| 죽 | | porridge | おかゆ | 粥 |
| 죽겠다 | | to be dying (figuratively) | 死にそうだ | ~死了(夸张说法) |
| 죽다 | | to die | 死ぬ | 死 |
| 죽이다 | | to kill | 殺す | 杀 |
| 문법 준꼴 | | an abbreviated word | * | * |
| 문법 준말 | | a shortened word | * | 简语 |
| 준비 | | preparation | 準備 | 准备 |
| 준비하다 | | to prepare | 準備する | 准备(动) |
| 줄어들다 | | to contract | 縮む | 减少 |
| 줄여 쓰다 | | to abbreviate, to abridge | * | * |
| 중 | 그 중에 | among | 中 | ~中~ (几个中一个) |
| 중 | 수업 중 | in the middle of | 中 | ~中 |
| 중국어 | | chinese language | 中国語 | 汉语 |
| 중단되다 | | to be interrupted | 中断される | 中断 |
| 중앙 | | center | 中央 | 中央 |

| 한국어 | | 영어 | 일본어 | 중국어 |
|---|---|---|---|---|
| 중에서 | | among | 中に | ~中~ |
| 중요하다 | | to be important | 重要だ | 重要(形) |
| 중학생 | | middle school student | 中学生 | 中学生 |
| 즉 | | namely, in other words | すなわち、つまり | 即 |
| 즉시 | | instantly, immediately | 即時、早速／当座とうざ、その場ば | 立刻, 马上, 当场 |
| 즐기다 | | to enjoy | 楽しむ | 喜爱 |
| 즐겁다 | | to be enjoyable | 楽しい／うれしい | 高兴, 愉快 |
| 지각하다 | | to be late | 遅刻する | 迟到(动) |
| 지갑 | | purse, wallet | 財布 | 钱夹, 钱包 |
| 지구 | | earth | 地球 | 地球 |
| 지금 | | now | 今 | 现在 |
| 지나가다 | | to pass by | 通り過ぎる | 过去, 走过(动) |
| 지나다 | | to pass by | 経過する、通り過ぎる | 经过, 通过(动) |
| 지나치다 | | to exceed | 度を越す | 过火, 过分(动) |
| 지난 | | last, past | この間の | 过去的, 上个~(形) |
| 지난번 | | last time | この間 | 上次 |
| 지내다 | | to spend, to get along | 過す、暮す | 过, 过日子, 生活(自动) |
| 지니다 | | to keep, to preserve | 所持する、所有する | 带, 携；有, 具有(动) |
| 지다 | 잠을 ~ | to carry on the back | 背負う | 担 |
| 지르다 | 소리를 ~ | to yell, to scream | 叫ぶ、大聲を出す | 叫喊(动) |
| 지방 | | region, province | 地方 | 地方, 地区 |
| 지속되다 | | to be lasted | 持続される | 持续 |
| 지속적 | | continuous | 持続的 | 持续的(形) |
| 지시 | | indication, instruction | 指示 | 指示 |
| 지시하다 | | to indicate | 指示する | * |
| 지우개 | | eraser | 消しゴム | 橡皮 |
| 지위 | | status, position | 地位 | 职位 |
| 지적되다 | | to be indicated | 指摘される | * |
| 지적하다 | | to indicate, point out | 指摘する | 指摘 |
| 지점 | | a point, a spot | 地點 | 地點 |
| 지정하다 | | to designate | 指定する | 指定 |
| 지치다 | | to be exhausted | 疲れる | 筋疲力尽 |
| 지키다 | | to keep | 守る | 守卫, 遵守, 保守(动) |
| 지하철 | | subway | 地下鉄 | 地铁 |
| 지하철역 | | subway station | 地下鉄の駅 | 地铁站 |
| 직업 | | job, profession, occupation | 職業 | 职业 |
| 직장 | | one's place of work | 職場 | 工作单位 |
| 직장상사 | | boss | 職場の上司 | 公司上司 |

| 직접 | directly | 直接 | 体尝, 直接 |
| 문법 직접 인용 | direct quotation | 直接引用 | 直接引用 |
| 직접적 | direct | 直接的 | 直接的(形) |
| 진리 | truth | 眞理 | 真理 |
| 진지 | meal (honorific form) | お食事 | 饭(敬语) |
| 진짜 | real, genuine | 本物 / 本当 / 本気 | 真的, 真货 |
| 진행 | progress | 進行 | 进行 |
| 진행되다 | to be proceeded | * | * |
| 진행하다 | to proceed | 進行する | * |
| 질 | quality | 質 | 质, 质量 |
| 질문 | question | 質問 | 提问, 问题 |
| 질문하다 | to ask a question | 質問する | * |
| 질서 | order, system, method, discipline, regularity | 秩序 | 秩序, 纪律 |
| 짐작 | judgment, guess, estimation | 推測 | 斟酌, 估计 |
| 짐작하다 | to guess | 推測する | * |
| 집 | house | 家 | 家, 房子 |
| 집단 | group, mass | 集団 | 集团 |
| 집밖 | outside of the house | 家の外 | 家外 |
| 집안 | inside of the house | 身内、家柄、家庭 | 家里 |
| 집안일 | housework | 家事 | 家务事, 家里的事情 |
| 짓다 집을 ~ | to build | 建てる | 盖(房子) |
| 짜다 | to be salty | 塩辛い | 编织, 编制(动)；咸(形) |
| 짧다 | to be short | 短い | 短(形) |
| 쪽에 이 쪽에 | on the side of | 方に、側に | 在~方向 |
| 쫓기다 | to be pursued | 追われる | 被追赶, 被驱使(动) |
| 쯤 | about, approximately | 程 / 頃 | 大概~左右, ~上下 |
| 찌개 | pot stew | チゲ | 杂拌酱汤 |
| 찌다 살이 ~ | to gain weight | 太る | 胖 |
| 찌르다 | to pierce, to prick | 突き刺す / 差し込む | 刺, 扎(动) |
| 찍다 사진을 ~ | to take a picture | (写真を)取る | 照(相) |
| 찢어 버리다 | to tear, to rip | 引き裂く | 撕, 扯(动) |

ㅊ

| 차¹ | car | 車 | 车, 车 |
| 차² | tea | お茶 | 茶 |
| 차갑다 | to be chilly | 冷たい | 凉(形) |
| 차값 | the price of tea | お茶代 | 茶钱 |
| 차도 | roadway, driveway | 車道 | 车道, 行车道 |

| | | | | |
|---|---|---|---|---|
| 차라리 | | rather (than), better (than) | むしろ | 干脆(副) |
| 차례 | | order, one's turn | 順序 | (轮到)~的順序 |
| 차선책 | | the next best way | 次善策 | 次善之策 |
| 차이 | | difference | 違い | 差异 |
| 차츰 | | gradually, little by little | だんだん | 逐渐地, 越来越(副) |
| 착하다 | | to be good | 善良だ、おとなしい | 善良；乖(形) |
| 참 | | truly | 実に、本当に、非常に | 的确, 真的(副) |
| 참견하다 | | to interfere | おせっかいする | 干涉, 多嘴, 过问 |
| 참고 | | reference, consulation | 参考 | 参考 |
| 참다 | | to put up with, to endure | 我慢する | 忍耐(动) |
| 창문 | | window | 窓 | 窗户 |
| 찾다 | | to search, to look for, to find | 探す / 探る | 找, 寻找；查(动) |
| 찾아가다 | | to visit, to take back | 訪ねる、訪問する | 去找；取, 提(货)(动) |
| 찾아보다 | | to look for | * | 找 |
| 채 | ~ㄴ 채 | just as it is | まま | ~着(+动)(表示在某种状态下) |
| 채소 | | vegetable | 野菜、青物 | 蔬菜 |
| 책 | | book | 本 | 书 |
| 책상 | | desk | 机 | 书桌 |
| 처음 | | the beginning, the start, the first time | 最初、初め | 第一次, 头一次 |
| 처하다 | 상황에 ~ | to be placed in | 処する | 深陷~(困境等) |
| 척하다 | ~ㄴ 척하다 | to pretend | ふりをする | 假装~；装出~的样子 |
| 천 | 천 원 | thousand | 千 | 千 |
| 천재 | | genius | 天才 | 天才 |
| 천천히 | | slowly | ゆっくりと、ゆったりと | 慢慢地, 不着急地(副) |
| 첨가되다 | | to be added | 添加される | 添加 |
| 첨가시키다 | | to add | * | * |
| 첨가하다 | | to add | 添加する | * |
| 첫 | | the first | 初の、最初の | 头一次的, 最初的(形) |
| 첫째 | | the first, the foremost | 第一の | 第一 |
| 청바지 | | blue jeans | ブルージーンズ | 牛仔裤 |
| 청소 | | cleaning | 掃除 | 打扫, 清扫 |
| 청소하다 | | to clean | 掃除する | * |
| 청소년들 | | teenagers | 青少年達 | 青少年们 |
| 문법 청유문 | | propositive sentence | * | * |
| 문법 청유형 | | propositive | * | * |

| 한국어 | | 영어 | 일본어 | 중국어 |
|---|---|---|---|---|
| [문법] 체언 | | substantive | 体言 | 体词 |
| 체육관 | | gymnasium, gym | 体育館 | 体育馆 |
| 체하다 | ~는 체하다 | to pretend | ふりをする | 装腔 |
| 초급용 | | books for beginners | 初級用 | 初级用 |
| 초대하다 | | to invite | 招待する | 邀请 |
| 초등학교 | | primary school, elementary school | 初等しょとう教育きょういく | 小学校 |
| 촛불 | | candlelight | ろうそくの火 | 蜡烛 |
| 총 | | gun, rifle | 銃 | 枪 |
| 최고 | | the best | 最高 | 最高, 最好 |
| 최선 | | the best, one's best | 最善さいぜん | 全力, 最大努力 |
| 최 선생님 | | Mr. Choi | 崔 先生 | (姓)老师 |
| 최소한의 | | minimum | 最小限の | 至少的(形) |
| 최후의 | | last, final, ultimate | 最後の | 最后的(形) |
| 추다 | 춤을 ~ | to dance | 踊る | 跳(舞)(动) |
| 추워지다 | | to be getting cold | 寒くなる | 转冷 |
| 추정 | | estimate, presumption | 推定 | 推断, 推定 |
| 추측 | | guess | 推測 | 推测 |
| 추측하다 | | to guess | 推測する | * |
| 축구 | | soccer | サッカー | 足球 |
| 축약되다 | | to be contracted | * | 简略 |
| 축하하다 | | to congratulate | 祝う | 祝贺(动) |
| 출근 | | going to work | 出勤 | 上班 |
| 출발 | | departure, leaving | 出発しゅっぱつ 出発しゅっぱつする | 出发(自动) |
| 출발하다 | | to leave | 出発する | * |
| 출입 | | going in and out | 出入り | 出入 |
| 출입문 | | entrance door | 出入口 | 出入门 |
| 출장 | | business trip, official trip | 出張しゅっちょう | 出差(动) |
| 춤 | | dance, dancing | 踊り | 舞蹈 |
| 춥다 | | to be cold | 冷たい, 寒い | 冷(形), 心冷(形) |
| 충격 | | shock | 衝撃, ショック | 打击, 震惊；冲击 |
| 충고하다 | | to advise | 忠告 | 忠告 |
| 충분하다 | | to be enough, to be sufficient | 十分だ | 足够(形) |
| 충분히 | | enough, sufficiently | 十分に | 充分地(副) |
| 취미 | | interest, hobby, pastime | 趣味 | 爱好 |
| 취직 | | taking a job, getting employment | 就職 | 就业 |

| 취직하다 | | to get a job | 就職する | * |
| 취하다¹ | 술에 ~ | to get drunk | 酔う | 醉(形) |
| 취하다² | 형식을 ~ | to adopt, to take | 取る | 拿取 |
| 치과 | | dentist's | 歯科 | 牙科 |
| 치다¹ | 무엇을 ~ | to hit | 打つ | 打, 敲 |
| 치다² | 피아노를 ~ | to play the piano | 弾く | 打 |
| 치다³ | 야단을 ~ | to scold | 叱りつける | 痛斥 |
| 치마 | | skirt | スカート | 裙子 |
| 치우다 | | to put away, to take away, to remove | 移す / 片付ける、捨てる | 清理, 收拾 ; 拆掉(动) |
| 친구 | | friend | 友達 | 朋友 |
| 친근하다 | | to be close, to be familiar | 親しい | 亲近, 亲密(形) |
| 친절하다 | | to be kind | 親切だ | 亲切, 热情(形) |
| 친척 | | relative, kin | 親戚 | 亲戚 |
| 친하다 | | to be friends with | 親しい | 亲密, 关系很好(形) |
| 문법 친한사이 말낮춤 | | familiar plain speech style | * | * |
| 문법 친한사이 말높임 | | familiar honorific speech style | * | * |
| 칠판 | | black board | 黒板 | 黑板 |
| 침대 | | bed | ベッド | 床 |
| 침실 | | bedroom | 寝室 | 卧室 |
| 칫솔 | | toothbrush | 歯ブラシ | 牙刷 |

ㅋ

| 카드 | card | カード | 卡 |
| 카페 | cafe | * | 咖啡厅 |
| 칼 | knife | 刃物 | 刀 |
| 캄캄하다 | to be pitch-dark, to be dark | 真っ暗だ | 漆黑(形) |
| 커피 | coffee | コーヒー | 咖啡 |
| 컴퓨터 | computer | コンピューター | 电脑 |
| 컵 | cup | カップ | 杯子 |
| 케이크 | cake | ケーキ | 蛋糕 |
| 코 | nose | 鼻 | 鼻子 |
| 코끼리 | elephant | 象 | 大象 |
| 코트 | overcoat | コート | 大衣, 外套 |
| 콜라 | coke | コーラ | 可乐 |
| 콜택시 | call taxi | コールタクシー | 打电话后, 上门服务的出租汽车 |

| 콩 | | bean, pea | 豆、大豆 | 豆子 |
| --- | --- | --- | --- | --- |
| 쿵 | | plump, with a bang, heavily | どすん / ごとん | 扑腾, 咕咚(象声) |
| 크다 | | to be big | 大きい | 大, 高(形), 长大, 成长(动) |
| 큰소리 | | loud voice, shout, yell | 大声 | 大声, 大话 |
| 큰일나다 | | to get into trouble, to be in difficulty | 大変なことになる | 不得了, 出大事；糟糕 |
| 큰형 | | one's eldest brother | 長兄 | 大哥 |
| 키 | | one's height | 背 | 个子 |
| 키우다 | | to bring up | 育てる / 養う | 养育；培养(动) |

# ㅌ

| 타다 | 버스를 ~ | to take | 乗る | 坐, 乘 - 公共汽車 |
| --- | --- | --- | --- | --- |
| 태도 | | attitude, manner, behavior | 態度 | 态度 |
| 태어나다 | | to be born | 生まれる | 出生(自动) |
| 태우다 | 아이를 버스에 ~ | to take (a person) on board | 乗せる | 讓( )坐 - 公共汽車 |
| 택시 | | taxi, cab | タクシー | 出租汽车 |
| 택하다 | | to choose, to pick out of, to select | 選ぶ | 选择(动) |
| 테니스 | | tennis | テニス | 网球 |
| 텔레비전 | | television | テレビ | 电视 |
| 토요일 | | Saturday | 土曜日 | 星期六 |
| 통하다 | | to go through, to pass through | 通じる | 通过, 经过(动) |
| 퇴근 | | leaving the office | 退勤 | 下班 |
| 퇴근하다 | | to leave the office | 退勤する | * |
| 튀김 | | fritters, fried food | てんぷら、揚げ物 | 油炸的食品 |
| 트럭 | | truck, lorry | トラック | 卡车, 载重汽车 |
| 특별하다 | | to be special | 特別だ | 特别(形) |
| 특별히 | | specially | 特別に | 特别地(副) |
| 특성 | | a peculiarity | 特性 | 特性 |
| 특징 | | special feature | 特徴 | 特征 |
| 특히 | | especially | 特に | 特别是, 尤其是 |
| 틀리다 | | to be wrong | 間違う | 糟糕, 不对, 错(形) |
| 틀림없이 | | certainly, surely, without fail | 間違いなく | 肯定(副) |
| 틈 | | interval | 間隔、すき間、間隙 | 缝儿, 闲工夫；空处 |
| 티셔츠 | | T-shirt, tee shirt | Tシャツ | T恤衫 |
| 티켓 | | ticket | チケット | 票 |
| 팀 | | team | チーム | 组, 班, 队 |

## ㅍ

| 파마 | | perm | パーマ | 烫发 |
|---|---|---|---|---|
| 파리 | | fly | ハエ | 蝇 |
| 파티 | | party | パーティー | 宴会, 聚会 |
| 판단 | | judgement | 判断 | 判断 |
| 판단하다 | | to judge | 判断する | * |
| 팔다 | | to sell | 売る | 卖(动) |
| 팔짱 | 팔짱을 끼다 | to fold one's arms | 腕組み | 胳膊, 抱胳膊, 交臂 |
| 팬 | | fan, enthusiast | ファン | 崇拜者, 爱好者, ~迷 |
| 펴다 | 책을 ~ | to open | あける | 打开, 翻开 ; 弄直 ; 展开, 铺开(动) |
| 편 | 키가 큰 편 | side | 側、方, 方だ | * |
| 편리하다 | | to be convenient | 便利だ | 便利, 方便(形) |
| 편지 | | letter | 手紙 | 信 |
| 편찮으시다 | | to be ill, to be sick (honorific) | ご病気である / お楽でない | 不舒服, 欠安(形) |
| 편하다 | | to be comfortable, to be handy | 安らかだ / 便利だ | 舒服, 安稳 ; 方便(形) |
| 평일 | | weekday | 平日 | 平时, 周中的时间 |
| 평화 | | peace | 平和 | 和平 |
| 포기하다 | | to give up, to abandon | 放棄する | 放弃 |
| 포도 | | grape | ぶどう | 葡萄 |
| 포함되다 | | to be included | 含まれる | 包括 |
| 포함시키다 | | to include | 含める | * |
| 표 | | ticket | 切符、票 | 票 |
| 표시 | | indication | 表示 | 标记, 标识 |
| 표시하다 | | to indicate | 表示する | * |
| 표어 | | slogan, motto, catchword | 標語、スローガン | 标语 |
| 표준어 | | the standard language | 標準語 | 普通话 |
| 표지판 | | sign, sign board | 表示板 | 标示牌, 指示牌 |
| 표현 | | expression | 表現 | 表达 |
| 표현되다 | | to be expressed | 表現される | * |
| 표현하다 | | to express | 表現する | * |
| 푹 | | deeply, completely | すっぽり / ぐっすり / 十分 | 深深地, 透透地, 完全地(副) |
| 풀다 | 문제를 ~ | to solve | 解く | /解, 解开, 调放(动) |
| 풀이되다 | | to be explained | * | 解说, 说明 |
| 문법 품사 | | part of speech | 品詞 | 品词 |
| 품질 | | quality | 品質 | 质量 |

| 플라스틱 | | plastic | プラスチック | 塑料 |
| --- | --- | --- | --- | --- |
| 피곤하다 | | to be tired | 疲れる | 累, 疲劳(形) |
| 피다 | 꽃이 ~ | to bloom | 咲く | 开(花)(动) |
| 문법 피동문 | | passive sentence | * | 被动文 |
| 피아노 | | piano | ピアノ | 钢琴 |
| 피우다 | 담배를 ~ | to smoke | 吸う | 抽(烟) |
| 피자 | | pizza | ピザ | 比萨饼 |
| 핀잔 | | reprimand, rebuke | 面責 | 训斥, 数落, 呲儿 |
| 핀잔하다 | | to rebuke | 面責する | * |
| 필수 조건 | | essentiality condition | 必須 | 必需, 必备 |
| 필요 | | need, necessity | 必要 | 需要, 必要 |
| 필요하다 | | to need | 必要だ | * |

## ㅎ

| 하나 | | one | ひとつ | 一, 一个 |
| --- | --- | --- | --- | --- |
| 하늘 | | sky | 天 | 天空 |
| 하다 | | to do, to perform | する | 做 |
| 하락 | | decline | 下落 | 下跌, 下落, 跌落 |
| 하락하다 | | to decline | 下落する | * |
| 하루 | | single day, one day | 一日 | 一天 |
| 하루 종일 | | all day long | 一日中 | 一整天 |
| 하마터면 | | almost, nearly | 危うく | 差一点儿 |
| 하숙집 | | boarding house | 下宿屋 | 寄宿处 |
| 하여금- | ~로 하여금 | letting, making, forcing | ~せしめる | 因~而~ |
| 하지만 | | but, however | しかし | 但是, 然而(连) |
| 학교 | | school | 学校 | 学校 |
| 학년 | | school year | 学年 | 学年 |
| 학문 | | studies | 学問 | 学问 |
| 학부모 | | parents of students | 児童や生徒の父母 | 学生家长 |
| 학비 | | schooling expenses, educational expenses | 学費 | 学费 |
| 학생 | | student | 学生 | 学生 |
| 학생들 | | students | 学生達 | * |
| 학습 | | learning | 学習 | 学习 |
| 학원 | | (educational) institute | 学院 | 学院 |
| 한가운데 | | the very middle, the center, the heart | 真中 | 正中间 |
| 한계 | | bounds, limit, limitation | 限界 | 极限, 界限 |
| 한국말 | | the Korean language, Korean | 韓国語 | 韩国语 |

| 한국 사람 | Korean | 韓国人 | 韩国人 |
| 한국어 | the Korean language, Korean | 韓国語 | 韩国语 |
| 한글 | the Korean alphabet | ハングル | 韩国字 |
| 한꺼번에 | at once, at a time, all together | 一度に | 一下子(副) |
| 한번  한번 먹어 보다 | once | 一回、一度 | 一次 |
| 한복 | korean dress | 韓国古来の服 | 韩国传统服装 |
| 한식 | Korean-style food, Korean meal | 韓食 | 韩国式食品 |
| 한자어 | a word composed of Chinese characters | 漢字語 | 汉字词 |
| 한잔 하다 | to have a drink | 一杯やる | (一)杯 |
| 한정하다 | to limit, to restrict | 限定する | 限定, 限制(动) |
| 한턱내다 | to treat | ごちそうする | 招待, 请客 |
| 할머니 | grandmother | 祖母、おばあさん | 奶奶 |
| 할아버지 | grandfather, grandpa | 祖父、おじいさん | 爷爷 |
| 함께 | together | 一緒に | 一起 |
| 합격하다 | to success in an examination, to pass an exam | 合格する | 合格, 通过(考试) |
| 합하다 | to put together | 合わせる | 合并(动) |
| 항상 | always | いつも | 总是, 从来都~ |
| 해결하다 | to resolve | 解決する | 解决 |
| 해당하다 | to correspond | 該当する | 符合, 适用(动) |
| 핸드폰 | cellular phone, mobile phone | 携帯電話 | 手机 |
| 햇볕 | the warmth of the sun | 太陽の日、照り | 阳光 |
| 행동 | action | 行動 | 行动, 表现 |
| 행복하다 | to be happy | 幸せだ | 幸福(形) |
| 행위 | act, deed, behavior | 行為 | 行为, 做法, 行径 |
| 향하여 | towards | 向かって、向いて | 朝~, 向~ |
| 허락 | permission, allowance | 許可 | 许可 |
| 허락하다 | to be allowed | 許可する | * |
| 헤매다 | to wander about | さまよう | 徘徊, 因~而处境困难(动) |
| 헤어지다 | to separate, to leave (a person) | 別れる | 分开, 分手(动) |
| 현관 | front door | 玄関 | 玄关, 门口 |
| 현금 | cash | 現金 | 现金 |
| 현실 | reality, actuality | 現実 | 现实 |

| 한국어 | | 영어 | 일본어 | 중국어 |
|---|---|---|---|---|
| 현실적 | | realistic, practical, down-to-earth | 現実的 | 现实的(形) |
| 현재 | | the present time | 現在 | 现在 |
| [문법]현재 시제 | | present tense | 現在時制 | 现在时态 |
| 현재형 | | the form of present tense | * | * |
| 협박하다 | | to threat, to menace | 脅迫 | 胁迫, 要挟 |
| 형 | | elder brother | 兄 | 男性对哥哥的称呼 |
| 형님 | | elder brother (honorific) | 兄の尊称 | 男性对哥哥的尊称 |
| [문법]형용사 | | adjective | 形容詞 | 形容词 |
| 형태 | | form | 形態 | 形态 |
| [문법]형태 정보 | | information of combined form | * | 形态信息 |
| 형편 | | circumstances, situation | 成り行き、都合 | 情况, 情形 |
| 호텔 | | hotel | ホテル | 酒店, 宾馆 |
| 혹시 | | if, in case (of), by any chance | もし、万一 | 或者, 万一, 如果 |
| 혼나다¹ | 선생님께 ~ | to be scolded | 叱られる | 挨批评, 挨呲儿；吃苦头 |
| 혼나다² | 매워서 혼났다 | to have a hard time | ひどい目にあう | 艰苦 |
| 혼자 | | alone | ひとり/ひとりで | 自己, 单独 |
| 혼잣말 | | talking to oneself | ひとり語 | 自言自语 |
| 화 | | anger, rage, resentment | 怒り | 火气, 脾气 |
| 화나다 | | to get angry, to get mad | 怒る | 发火, 发脾气, 生气(动) |
| 화분 | | flowerpot | 植木鉢 | 花盆 |
| 화장 | | makeup | 化粧 | 化妆 |
| 화장실 | | restroom | 化粧室、トイレ | 洗手间, 卫生间 |
| 화장품 | | cosmetics | 化粧品 | 化妆品 |
| 화제 | | topic, subject (of conversation) | 話題 | 话题 |
| 확실하다 | | to be certain, to be sure | 確実だ、確かだ | 确实的, 确凿的(形) |
| 확인하다 | | to confirm | 確認する | 确认 |
| 확정되다 | | to be decided | 確定される | 确定 |
| 환경 | | environment, surroundings | 環境 | 环境 |
| 환경 보호 운동 | | green movements | 環境保護運動 | 环境保护运动 |
| 환경오염 | | pollution | 環境汚染 | 环境污染 |
| 환자 | | patient | 患者 | 患者, 病人 |
| 활용 | | inflection | * | 词尾变化 |

| | | | | |
|---|---|---|---|---|
| [문법] 활용형 | | inflectional form | * | * |
| 회사 | | company | 会社 | 公司 |
| 회사원 | | office worker | 会社員 | 公司职员 |
| 회상 | | recollection, reflection, reminiscence | 回想 | 回想, 回忆 |
| 회상하다 | | to look back on | 回想する | * |
| 회색 | | gray | 灰色 | 灰色 |
| 회식 | | dining together | 会食 | 聚餐 |
| 회의 | | meeting | 会議 | 会议 |
| 회장 | | chairman | 會長 | 董事长 |
| 횡단보도 | | crosswalk | 横断歩道 | 人行横道 |
| 효과 | | effect | 効果 | 效果 |
| 후회 | | repentance, regret, remorse | 後悔 | 后悔 |
| 후회하다 | | to regret | 後悔する | * |
| 훔쳐가다 | | to steal | 盗んでいく | 偷走(动) |
| 훨씬 | | much, by far, considerably | 遙かに、ずっと | 更加, ~得多 |
| 휴가 | | vacation | 休暇 | 休假 |
| 휴식 시간 | | rest, respite, recess | 休息、休み | 休息时间 |
| 휴일 | | holiday, day off | 休日 | 休息日 |
| 흉 | | defect, fault scar | 傷跡 / 欠点 | 缺点, 丢人的事儿 |
| 흐르다¹ | 물이 ~ | to flow, to stream | 流れる | 流淌；流逝(动) |
| 흐르다² | 시간이 ~ | to pass | 流れる | 流逝 |
| 흐리다 | 날씨가 ~ | to be cloudy | 曇っている | 天阴, 阴(自动) |
| 흔들리다 | | to shake, to be shaken, to rock, to sway | 揺れ動く、揺れる | 摇摆, 动摇；挥动(动) |
| 흔히 | | commonly, ordinarily, generally, often | よく、多く | 常常, 普遍地(副) |
| 흥미 | | interest | 興味 | 兴趣 |
| 희다 | | to be white | 白い | 白(形) |
| 희망 | | hope | 希望 | 希望 |
| 흰색 | | white | 白色 | 白色 |
| 힘 | | (physical) strength, force, power, energy | 力 | 劲儿, 力气 |
| 힘들다 | | to be hard, to be tough, to be difficult | 大変だ | 费劲儿, 吃力, 困难(动) |
| 힘없다 | | to be weak, to be feeble | 力や気力がない | 无力, 乏力；无能为力(动) |
| 힘없이 | | feebly | 力なく | * |
| 힘주다 | | to put stress on | 力を込める，強調する | 强调 |
| [문법] 힘줌말 | | emphatic word | * | 强调语 |